U0554110

权威·前沿·原创

皮书系列为
"十二五""十三五"国家重点图书出版规划项目

# BLUE BOOK

智 库 成 果 出 版 与 传 播 平 台

少数民族非遗蓝皮书

**BLUE BOOK** OF
INTANGIBLE CULTURAL HERITAGE OF ETHNIC MINORITIES

# 中国少数民族非物质文化遗产
# 发展报告（2020）

REPORT ON THE DEVELOPMENT OF ETHNIC MINORITY
INTANGIBLE CULTURAL HERITAGE IN CHINA(2020)

## 少数民族非遗的传承人保护研究

主　　　编／肖远平（彝）　柴　立（满）
常务副主编／王伟杰
副　主　编／王月月　李　霞（仡佬）

社会科学文献出版社
SOCIAL SCIENCES ACADEMIC PRESS（CHINA）

图书在版编目（CIP）数据

中国少数民族非物质文化遗产发展报告.2020：少
数民族非遗的传承人保护研究/肖远平，柴立主编.－－
北京：社会科学文献出版社，2021.8
　（少数民族非遗蓝皮书）
　ISBN 978－7－5201－8513－4

　Ⅰ.①中…　Ⅱ.①肖…　②柴…　Ⅲ.①少数民族－民
族文化－非物质文化遗产－研究报告－中国－2020　Ⅳ.
①K28

　中国版本图书馆 CIP 数据核字（2021）第114634号

少数民族非遗蓝皮书

中国少数民族非物质文化遗产发展报告（2020）
　　——少数民族非遗的传承人保护研究

主　　编/肖远平（彝）　柴　立（满）
常务副主编/王伟杰
副 主 编/王月月　李　霞（仡佬）

出 版 人/王利民
责任编辑/王　展
文稿编辑/李小琪　刘　燕　李惠惠
责任印制/王京美

出　　版/社会科学文献出版社·皮书出版分社（010）59367127
　　　　　地址：北京市北三环中路甲29号院华龙大厦　邮编：100029
　　　　　网址：www.ssap.com.cn
发　　行/市场营销中心（010）59367081　59367083
印　　装/天津千鹤文化传播有限公司

规　　格/开　本：787mm×1092mm　1/16
　　　　　印　张：20.5　字　数：306千字
版　　次/2021年8月第1版　2021年8月第1次印刷
书　　号/ISBN 978－7－5201－8513－4
定　　价/128.00元

本书如有印装质量问题，请与读者服务中心（010－59367028）联系

国家民族事务委员会人文社会科学重点研究基地
南方少数民族非物质文化遗产研究基地建设项目

**主编单位**

贵州民族大学人文科技学院
南方少数民族非物质文化遗产研究基地
民族民间文化教育传承创新重点研究基地（高等院校）
贵州省仁怀市茅台镇酒文化坊有限公司

**参与单位**

贵阳孔学堂文化传播中心
贵州民族大学民族文化产业发展研究中心
多彩贵州文化协同创新中心
中南大学中国文化法研究中心

# 少数民族非物质文化遗产蓝皮书编委会

王砂砂　王燕妮（土家）　　叶宝忠　刘　宸

李光明（彝）　　张　驰（彝）　　金潇骁（苗）

赵尔文达（苗）　　龚　翔（苗）

**参 编 人 员**（按姓氏笔画为序）

刘明文　何蜜月　汪　月　陈品冬　俞　杰

梁　海（土家）

# 主编简介

肖远平  彝族，贵州民族大学兼职教授，博士生导师，享受国务院政府特殊津贴。贵州师范大学党委副书记、校长，文学博士，二级教授。暨南大学、华中师范大学兼职教授，博士生导师。国家"万人计划"哲学社会科学领军人才、中宣部文化名家暨"四个一批"人才、全国民族教育专家委员会委员、国家重大工程——中国民间文学大系出版工程学术委员会委员、中国智库创新人才"先锋人物"、黔灵学者、贵州省高校哲学社会科学学术带头人、贵州省区域一流学科带头人、贵州省人民政府学科评议组成员、贵州省委办公厅决策咨询专家。国家民委人文社会科学重点研究基地——南方少数民族非物质文化遗产研究基地主任、首席专家，教育部民族教育发展中心重点研究基地——民族民间文化教育传承创新重点研究基地（高等院校）主任、首席专家，国家社科基金重大招标项目首席专家，全国民族教育研究重大招标项目首席专家。兼任阳明心学与当代社会心态研究院副院长、"少数民族非遗蓝皮书"主编、《民族文学研究》编委、《中国大百科全书·民族文学卷》编委。

主要从事中国民间文学（民俗学）、民族文化产业和民族教育等方向的研究。主持国家社科基金重大、一般项目，教育部全国民族教育研究重大招标项目、重点委托项目，国家民委项目，贵州省哲社重大项目等13项；获国家民委全国民族研究优秀成果奖二等奖、贵州省文艺奖一等奖、贵州省哲学社会科学优秀成果奖一等奖等省部级以上奖励10余项；在《民俗研究》《民族文学研究》等各级各类刊物发表论文70余篇；出版《彝族"支嘎阿鲁"史诗研究》《苗族史诗〈亚鲁王〉形象与母题研究》等著作10余部。

柴　立　满族，贵州宏宇健康产业集团（筹）股份有限公司董事长兼首席执行官，医药化工高级工程师，贵州民族大学教授、硕士生导师，世界传统医学荣誉博士，贵州省康养产业商会会长。贵州省"省管专家"、省科学技术协会常务委员；贵州省"科技兴企之星"、贵阳市专业技术带头人、中国优秀民营科技企业家、贵阳市促进非公有制经济发展先进个人、"第三届中国经济百名诚信人物"，享受贵州省人民政府"有特殊贡献专家津贴"。主要从事中医中药、民族医药文化体系的整理与临床应用、民族芳香药物的研究开发及应用体系等领域研究。

先后开发国家级新药"金喉健喷雾剂""保妇康泡沫剂"等品种，获国家发明专利 13 项。在《中医杂志》《中草药》等国家级学术期刊上发表《试论中医"肾"的物质基础》《HPLC 法测定三拗汤不同煎液中苦杏仁苷》等多篇论文。近年来主持完成国家计委批复立项的中药现代化重大专项"500 万瓶保妇康泡沫剂高技术产业化示范工程项目"、科技部两个"十五"重大科技攻关项目"贵州中药现代化科技产业基地关键技术研究"和"西部开发科技行动计划——贵州天麻、杜仲等地道药材规范种植"，参与完成两个国家自然科学基金项目"单味中药精制颗粒的化学研究"及"中药配方颗粒汤剂与传统汤剂的化学组成及药效学研究"。曾获贵州省科学技术进步奖三等奖、华夏医学科技奖一等奖。

# 摘　要

少数民族非物质文化遗产（以下简称"少数民族非遗"）是我国非遗资源的重要组成部分，既具有特别重要的价值性，也具有特殊的"濒危性"。非物质文化遗产传承人既是非遗传承的主体，也是非遗保护的主体之一，是体现非遗"活态性"的重要载体。目前，文化和旅游部已经公布了五批国家级非物质文化遗产代表性项目代表性传承人名单，各省（自治区、直辖市）、市（自治州）、县（自治县、区）也公布了非遗代表性传承人名单，形成了四级保护体系。经过多年的保护实践，我国在非遗传承人的保护方面进行了卓有成效的探索，取得了一些重要成就，但也面临传承人老龄化严重等问题。我国少数民族非遗传承人总数较多、技艺精湛，回顾和总结我国少数民族非遗传承人的保护经验，并探索进一步推动非遗传承人保护和培养的路径，突破后继乏人的困境，具有重要的现实意义和学术意义。《中国少数民族非物质文化遗产发展报告（2020）》由国家民委人文社会科学重点研究基地——南方少数民族非物质文化遗产研究基地、教育部民族教育发展中心民族民间文化教育传承创新重点研究基地（高等院校）、贵州民族大学人文科技学院负责编写，由贵州省仁怀市茅台镇酒文化坊有限公司、贵阳孔学堂文化传播中心、贵州民族大学民族文化产业发展研究中心等多方科研团队共同参与研究并发布。

本书以"少数民族非物质文化遗产的传承人保护研究"为主题，收录了少数民族非遗保护和传承的相关最新研究成果；同时在《中国少数民族非物质文化遗产发展报告（2019）》的基础上，继续对我国四批国家级非遗代表性项目名录和五批国家级非遗代表性项目代表性传承人名录进行了分民族、分地区的统计分析，并结合各类非遗保护和传承的基本现状，利用文献

资料法、定性研究法、定量研究法、案例分析法、比较研究法等研究方法，指出了未来少数民族非遗发展的多元化模式和可行性路径。

本书主要分七个部分。

第一部分为总报告。主要回顾了 2007～2019 年我国少数民族非遗传承人的保护及发展现状，并针对当前非物质文化遗产传承人保护和发展过程中存在的问题、面临的困境，相应地提出未来发展建议。

第二部分为民族篇。主要对 2006～2019 年景颇族、普米族、鄂温克族等 3 个少数民族的省级以上的非遗代表性项目及代表性传承人进行了统计和分析，指出其中存在的问题，提出相应的解决措施和发展建议。

第三部分为区域篇。主要对 2006～2019 年云南省、湘西土家族苗族自治州、甘南藏族自治州等 3 个地区省级以上的非遗代表性项目及代表性传承人进行了统计和分析，指出其中存在的问题，提出相应的解决措施和发展建议。

第四部分为理论篇。主要对国家文化生态保护区建设、少数民族国家级非遗传承人保护机制、非遗扶贫视阈下迪庆藏族传统技艺保护及发展研究等方面进行了深入探讨。

第五部分为扶贫篇。主要从"非遗 + 扶贫"的背景出发，对后扶贫时代非遗品牌、贵州传统美食制作技艺、贵州少数民族特色村寨旅游扶贫、苗族饮食文化品牌等的发展现状及建构路径进行了研究。

第六部分为非遗立法篇。主要从非遗立法的角度，对《中华人民共和国非物质文化遗产法》的修改、非物质文化遗产法制理论的研究现状、非物质文化遗产与刑法的冲突等方面进行了探讨。

第七部分为大事记。主要统计了 2019 年我国政府层面和学界层面发生的与少数民族非遗密切相关的重要事件。

**关键词：** 非遗　非遗传承　非遗保护　"非遗 + 扶贫"

# 目　录

## Ⅳ 理论篇

## Ⅴ 扶贫篇

## Ⅵ 非遗立法篇

# Ⅶ 大事记

皮书数据库阅读**使用指南** ☞

# 总 报 告

## General Report

**B.1**

# 2007~2019年中国少数民族非物质文化
# 遗产传承人保护现状、经验及未来
# 发展对策*

肖远平　王伟杰　徐小玲　赵　艺**

**摘　要：** 非物质文化遗产传承人是非遗传承的主体，也是非遗保护的

---

* 本报告系国家民委人文社科重点研究基地"南方少数民族非物质文化遗产研究基地建设项目"
（民委发〔2014〕37号）的阶段性研究成果。本报告只针对我国的国家级非物质文化遗产代表性
项目代表性传承人进行数据统计和分析，相关数据截止日期为2019年12月31日，并探讨以非遗
传承人为核心的非遗保护路径。所有数据及学术观点仅代表"少数民族非遗蓝皮书"课题组意
见，在此郑重明示，不妥之处敬请批评指正。
** 肖远平，贵州民族大学兼职教授、博士生导师，贵州师范大学党委副书记、校长，国家民委
人文社会科学重点研究基地——南方少数民族非物质文化遗产研究基地主任、首席专家，研
究方向为民俗学；王伟杰，博士，贵州民族大学民族文化产业发展研究中心教授、硕士生导
师，研究方向为文化遗产与文化产业；徐小玲，贵州民族大学社会学与公共管理学院硕士研
究生，研究方向为民俗学；赵艺，贵州民族大学民族学与历史学学院硕士研究生，研究方向
为民族学。

主体之一，是体现非遗"活态性"的重要载体。自 2007 年首批非遗代表性传承人名单确定至今，我国文化和旅游部已相继公布了五批国家级非遗代表性项目代表性传承人名单，各省（自治区、直辖市）、市（自治州）、县（自治县、区）也公布了非遗传承人名单，形成了四级保护体系。其中在国家级非遗传承人中，有 27.87% 为少数民族非遗传承人。本报告在认真统计和分析我国国家级非遗传承人的基础上，总结了相关保护经验及特征，指出少数民族非遗传承人的保护中存在传承人老龄化严重、逐步呈现"个体化、职业化、市场化"、监管机制不完善等问题，并提出了扩大少数民族非遗传承人身份的范围、完善相关考评机制和奖惩机制、建立社会监管与专家帮扶制度、继续实施传承人群研修培训计划的建议。

**关键词：** 少数民族　非遗传承人　非遗传承人保护

非物质文化遗产（以下简称"非遗"）传承人是非遗传承的主体，也是非遗保护的主体之一，是体现非遗"活态性"的重要载体。自 2007 年我国公布了首批国家级非遗代表性传承人①名单至今，已相继公布了五批国家级非遗代表性项目代表性传承人名单，各省（自治区、直辖市）、市（自治州）、县（自治县、区）也公布了非遗传承人名单，形成了四级保护体系。在五批国家级非遗传承人名单中，有近 1/3 为少数民族非遗传承人。少数民族非遗传承人在传承和传播我国民族地区民族民间文化中发挥着至关重要的

---

① 2007 年，文化部公布第一批国家级非物质文化遗产项目代表性传承人名单，传承人全称为"国家级非物质文化遗产项目代表性传承人"；2018 年，文化和旅游部公布了第五批国家级非物质文化遗产代表性项目代表性传承人名单，传承人全称为"国家级非物质文化遗产代表性项目代表性传承人"，本报告中统一简称"非遗传承人"，代指各级非遗代表性项目代表性传承人。

作用。认真统计和分析我国国家级少数民族非遗传承人的数量和分布情况，研究其生产生活现状，将有效助力传承我国少数民族在历史发展过程中所产生的民族文化心理底层结构和思维方式的文明基因，以彰显各少数民族的特殊性。

# 一 少数民族非遗传承人的概念及新定位

## （一）传承人的概念及政策回顾

非遗是活的文化形态，"活"体现在其以传承人的实践、创新为载体，传承人在非遗得以延续和发展上起到了关键作用。传承人的概念在政府与学术界的定义不同，政府界定的传承人多指国家级、省级、市（州）级以及县级等代表性传承人，获得国家或政府的授权和命名，受到相应的法律保护，承担相应的法律责任。我国传承人的认定就是伴随着非遗项目的认定产生的。[①]

联合国教育、科学及文化组织 1989 年公布的《保护传统文化和民俗的建议》、1998 年颁布的《宣布人类口头和非物质遗产代表作条例》和 2003 年通过的《保护非物质文化遗产公约》都没有明确提出"非遗传承人"的概念。1997 年 5 月，我国《传统工艺美术保护条例》（中华人民共和国国务院令第 217 号）发布，没有提出传承人的概念，但可以针对自成流派且技艺精湛的个人"经评审委员会评审，国务院负责传统工艺美术保护工作的部门可以授予中国工艺美术大师称号"；2013 年 7 月修订后，改由行业协会组织评审为"中国工艺美术大师"。2004 年 4 月，文化部、财政部联合发出《关于实施中国民族民间文化保护工程的通知》（文社图发〔2004〕11 号），提出了"建立民族民间文化传承人（传承单位）的认定和培训机制，通过

---

① 冯骥才：《科学地保证文化的传承——传承人"释义"学术研讨会致辞》，冯骥才主编《传承人"释义"学术研讨会论文集》，文化艺术出版社，2019，第 4 页。

采取资助、扶持等手段，鼓励民族民间文化的传承与传播"。此时的"民族民间文化传承人"与非遗传承人的概念大致相同。2005年至今，宋俊华提出我国国家级非遗传承人的认定和管理大概经历了三个发展阶段。①

2005年3月，《国务院办公厅关于加强我国非物质文化遗产保护工作的意见》（国办发〔2005〕18号）第三点提出"为保障非物质文化遗产得到有效保护和后继有人，鼓励代表性传承人通过教育、政策、资金的扶持、授名奖励等形式促进非遗传承人的传习活动"，在政府层面有了明确的"非遗代表性传承人"的概念。随后2005年12月，《国务院关于加强文化遗产保护的通知》（国发〔2005〕42号）中提到"要有计划地资助和鼓励非遗传承人开展活动，促进优秀非遗的传承和发展"。2006年11月，《国家级非物质文化遗产保护与管理暂行办法》（中华人民共和国文化部令第39号）提出了"国家级非物质文化遗产项目代表性传承人"概念，将代表性传承人限定在非遗具体项目上，并提出了评选标准和较为简单的取消规定。

2008年5月，文化部颁布了《国家级非物质文化遗产项目代表性传承人认定与管理暂行办法》（中华人民共和国文化部令第45号，以下简称《暂行办法》），其中对非遗传承人的概念、申请、认定材料与过程，以及传承人的义务等做了详细的说明，是指"经国务院文化行政部门认定的，承担国家级非物质文化遗产名录项目传承保护责任，具有公认的代表性、权威性与影响力的传承人"。2011年2月，第十一届全国人民代表大会常务委员会通过了《中华人民共和国非物质文化遗产法》（中华人民共和国主席令第42号，以下简称《非遗法》），提出了"非物质文化遗产代表性项目名录"的概念，第四章也规定了申请传承人的条件、支持开展的传习活动与应履行

① 第一阶段从2005年3月国务院办公厅发布《关于加强我国非物质文化遗产保护工作的意见》（国办发〔2005〕18号）到2008年5月文化部发布《国家级非物质文化遗产项目代表性传承人认定与管理暂行办法》之前；第二阶段从2008年5月《暂行办法》到2019年11月文化和旅游部发布《国家级非物质文化遗产代表性传承人认定与管理办法》之前；第三阶段从2019年11月《管理办法》正式发布起。

的义务，为传承人的认定和支持提供了法律保障。从 2006 年国务院前后公布四批国家级非遗代表性名录后，国家级非遗代表性传承人也陆续评出，从 2007 年到 2018 年先后公布了五批国家级非遗代表性传承人名单，共计 3068人。在国家的带动下，各省级、市级、县级等政府文化部门也积极推进传承人申请与认定工作，创新传承人的保护机制与非遗的传承机制，这极大地推进了我国非遗传承人的保护和发展。2010 年 2 月，《文化部关于加强国家级文化生态保护区建设的指导意见》（文非遗发〔2010〕7 号）提出要"加强非物质文化遗产名录项目代表性传承人的保护……对高龄和无固定经济来源的代表性传承人，可发放一定的生活补贴，对传承工作有突出贡献的代表性传承人给予表彰、奖励；对学艺者采取助学、奖学等方式，鼓励其学习、掌握非物质文化遗产，成为后继人才"，以缓解非遗传承人后继无人的尴尬境地。2012 年 2 月，《文化部关于加强非物质文化遗产生产性保护的指导意见》（文非遗发〔2012〕4 号）规定"健全传承机制，落实扶持措施"，尤其是有市场潜力的代表性项目，鼓励采取"项目＋传承人＋基地""传承人＋协会"等模式，发展文化旅游、民俗节庆活动等，开展生产性保护，为一些身怀绝技的传承人融入当地文化产业发展并获得一定的经济利益提供了政策支持。2012 年 5 月，《国家非物质文化遗产保护专项资金管理办法》（财教〔2012〕45 号）规定"国家级代表性传承人补助费，用于补助国家级代表性传承人开展传习活动的支出"，规范了非遗传承人补助费的支出名目。2016 年文化部开始实施中国非遗传承人群研修研习培训计划，并连续多年公布了参与院校名单，以全面提高非遗保护传承水平，并提出了"传承人群"的概念；2017 年 1 月，《文化部关于印发〈中国非物质文化遗产传承人群研修研习培训计划（2017）〉的通知》（文非遗发〔2017〕2 号），将非遗传承人群作为培训的主体，也为集体性非遗项目的传承提供了新思路。2017 年 3 月，国务院发布了《国务院办公厅关于转发文化部等部门中国传统工艺振兴计划的通知》（国办发〔2017〕25 号），提出了"扩大非物质文化遗产传承人队伍"的主要任务。2018 年 5 月，《文化和旅游部关于公布第五批国家级非物质文化遗产代表性项目代表性

传承人的通知》（文旅非遗发〔2018〕8 号），将非遗传承人的全称改为
"非物质文化遗产代表性项目代表性传承人"①。2018 年 7 月，《文化和旅
游部办公厅关于大力振兴贫困地区传统工艺助力精准扶贫的通知》（办非
遗发〔2018〕40 号）提出 "加强贫困地区非遗传承人群培养"，并 "支
持传统工艺项目优秀代表性传承人、工艺师到贫困地区开展讲习活动"；
《文化和旅游部办公厅 国务院扶贫办综合司关于支持设立非遗扶贫就业
工坊的通知》（办非遗发〔2018〕46 号），提出要 "聘请非遗传承人作
为工艺导师，组织在非遗扶贫就业工坊或其他适宜场所开展传统工艺手
艺培训，帮助建档立卡贫困户学习传统工艺相关技艺技能"，并鼓励非遗
代表性传承人参与的专家团队 "解决工艺难题、提升产品品质"。2018
年 12 月，文化和旅游部发布《国家级文化生态保护区管理办法》（中华
人民共和国文化和旅游部令第 1 号），明确规定了要对包含国家级传承人
在内的各级非遗传承人提供传习活动支持，并组织实施非遗传承人群研
修研习培训；2019 年 3 月，《文化和旅游部办公厅关于贯彻落实〈国家
级文化生态保护区管理办法〉的通知》（办非遗发〔2019〕47 号）更是
明确要求各地文化部门要严格贯彻落实支持非遗传承人的相关政策。
2019 年 7 月，《文化和旅游部关于印发〈曲艺传承发展计划〉的通知》
（文旅非遗发〔2019〕92 号）中提出了 "坚持以传承人群为核心" 的工
作原则，以 "充分尊重传承人群的主体地位，着力提高传承人群的传承
能力，保障传承人群的合法权益"，并鼓励 "技艺精湛、符合条件的曲艺
类非遗中青年传承人，申报并进入各级非遗代表性传承人队伍"，将传承
人群的地位进一步提升，也为未来保持曲艺类非遗传承人队伍的稳定性
和连续性提出了有效对策。

　　2019 年 11 月 29 日，文化和旅游部发布《国家级非物质文化遗产代
表性传承人认定与管理办法》（中华人民共和国文化和旅游部令第 3 号，

---

①　此次名称改变与非遗项目的名称改变相关：2014 年 11 月，国务院发布了《国务院关于公
布第四批国家级非物质文化遗产代表性项目名录的通知》（国发〔2014〕59 号），将 "国
家级非物质文化遗产名录" 名称调整为 "国家级非物质文化遗产代表性项目名录"。

以下简称《管理办法》），指出"国家级非遗代表性传承人，是指承担国家级非遗代表性项目传承责任，在特定领域内具有代表性，并在一定区域内具有较大影响，经文化和旅游部认定的传承人"，与《暂行办法》的定义基本吻合。2019 年 12 月，《文化和旅游部办公厅 国务院扶贫办综合司关于推进非遗扶贫就业工坊建设的通知》（办非遗发〔2019〕166 号）中，提出了积极支持"非遗代表性传承人……参与深度研培及交流、展示、传播等各项活动，提高保护传承能力和社会影响力"，以培育其作为贫困村创业致富带头人。

代表性传承人是需经国务院、省（自治区、直辖市）、市（自治州）、县（自治县、区）文化部门筛选和认定，掌握某项非遗并积极传承，同时具有一定公信力与影响力的传承者；也可以是某项具体的非遗的传承者，肩负延续这项非遗的文化命脉之使命，彰显这项非遗最高超的实践能力，并能对其进行创新，促进该项非遗能够融入新的时代并发挥独一无二的作用。学术界对传承人的定义是多样的：包括自然传承人和代表性传承人，自然传承人不具有法律效应。冯骥才先生认为官方所认为的代表性传承人是政府保护非遗的一个抓手，是政府命名的一个或多个人承担起保护非遗责任的精英，而学术界认为传承人是某一种代代相传的民间技艺的执有群体[1]，他更欣赏"自然传人"[2] 这个概念，在其倡导抢救民间文化之初多用"守望者"的称谓[3]；并指出传承人是民间文化的主体，是个体或群体，承担起继承和传承某项民间文化的责任，促进其顺应发展，发挥集体智慧与创造力的领军人物[4]。罗杨认为"传承人"不仅是一种法定身份，还是一种文化身份，是集

---

① 冯骥才先生在乌丙安先生《论民间故事传承人》中所写"题记"，具体见冯骥才主编《传承人"释义"学术研讨会论文集》，文化艺术出版社，2019，第 6 页。

② 冯骥才：《科学地保证文化的传承——传承人"释义"学术研讨会致辞》，冯骥才主编《传承人"释义"学术研讨会论文集》，文化艺术出版社，2019，第 4 页。

③ 罗杨：《从守望者到传承人》，冯骥才主编《传承人"释义"学术研讨会论文集》，文化艺术出版社，2019，第 26 页。

④ 刘茜：《冯骥才：重新定义"传承人"科学地保证文化的传承》，光明网，2018 年 10 月 11 日，http://share.gmw.cn/politics/2018-10/11/content_31652336.htm。

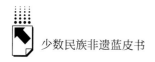

发明家、艺术家、手工艺家等多重身份或职业于一身的人；既是一种历史范畴，也是一种文化范畴，是人类非遗传承的主体。① 苑利、顾军认为非遗传承人是指参与到非遗实践活动和传承工作中的某些自然人或群体。②

### （二）少数民族非遗传承人的界定

我国少数民族文化众多，在收录的国家级非遗代表性传承人中，少数民族非遗传承人达 27.87%，是我国传统优秀文化的重要组成部分。目前，我国对少数民族非遗传承人的认定和保护也是依靠《非遗法》和《管理办法》，对于少数民族非遗传承人的概念没有明确的界定。苑利、顾军认为少数民族非遗传承人是指进行少数民族非遗实践活动，在继承和创新下促进少数民族非遗的发展与保护的传承者。③ 陈桂波认为少数民族非遗传承人包括保护少数民族非遗文化的行动主体，行动主体间地位身份平等，且能推动少数民族非遗的传承发展与创新。④ 王宪昭认为少数民族非遗传承人是一种特殊群体，其作为少数民族技艺或文化的依赖和载体，代表着该民族的优秀文化，并对该民族的文化承担着"传"和"承"的双重任务。⑤

本报告认为，少数民族非遗传承人除要有政府部门制定的非遗传承人的认定准则中规定的应履行的法律义务与职责外，还应具有以下的能力。一是要有与非遗项目的民族归属相同或亲近的民族身份，即在具备少数民族非遗项目的传承技能外，既能获得传承少数民族非遗项目的民族身份，又能获得当地民众的认同和理解，即使是民族成分不同，也能在当地群众中获得认可，取得民众的理解和信任，以便更好地开展相关传授和培训工作；二是要有少数民族文化精英般的文化坚守，冯骥才先生曾指出"守住传统，并将

① 罗杨：《从守望者到传承人》，冯骥才主编《传承人"释义"学术研讨会论文集》，文化艺术出版社，2019，第 28 页。
② 苑利、顾军：《非物质文化遗产学》，高等教育出版社，2009，第 7 页。
③ 苑利、顾军：《非物质文化遗产学》，高等教育出版社，2009，第 69 页。
④ 陈桂波：《论少数民族非物质文化遗产保护人的概念及其类型》，《河南教育学院学报》（哲学社会科学版）2014 年第 4 期。
⑤ 王宪昭：《对少数民族民间口头文化传承人的思考》，《文化遗产》2011 年第 3 期。

优秀的历史文明与当代生活贯通与融合，是当代社会的文化使命之一"①，少数民族非遗传承人应当以传承和传播本民族的优秀传统文化为己任，在少数民族优秀传统文化的创新性发展和创造性转化中，做先进文化的引路者，做优秀传统文化的忠诚坚守者，以极大的文化自觉传承本民族的文化价值和文化精神；三是做好少数民族文化的"传"和"承"，少数民族非遗传承人是少数民族文化的薪火相传者，传承人需要通过非遗的实践活动和一定的传习工作将非遗文化传授给更多的人。同样，少数民族非遗传承人要持续学习，保证自身与非遗技艺、文化能够在保持内涵的基础上与时代接轨。

## （三）新时期赋予少数民族非遗传承人的新定位

随着时代的变迁，传承人的内涵越来越丰富，少数民族非遗传承人也被赋予了新的定位，传承人不仅要满足传承一项非遗、具有代表性、愿意传授给后人等这些基本条件，更要在传承非遗的过程中创造非遗的价值，做到社会效益与经济效益协同发展。特别是在部分少数民族地区，由于地理位置偏僻、交通不便，第二产业和第三产业发展滞后，因此传承人应充分利用当地非遗文化资源，在传承非遗的过程中创造价值，引领当地民族民间文化走出国门，走入大众的视野，并在此基础上带动当地人民脱贫致富，给予人们自觉传承和创造非遗的信心，以更有效地促进非遗的可持续发展。新时期少数民族非遗传承人的新定位主要表现为以下三个方面。

一是从单一的传承者到多重身份的转变。少数民族非遗传承人，在非遗传承中不仅要成为讲授者，将自身的技能转变为教学知识传授给民众，也是培训课程和培训教材的制定者，同时在传承人群研修培训中，其自身又成为新知识新技能的接受者，这就要求传承人适应身份的转换，在不断学习中适

---

① 史竞男、张辛欣、向定杰：《让非遗不再"沉睡"，靠产业织就致富路——代表委员热议非遗传承保护与扶贫工作结合》，新华网，2017 年 3 月 7 日，http：//www.xinhuanet.com//mrdx/2017-03/07/c_136108210.htm。

应时代的发展，同时融入非遗并传授民众，并要把握新时代文化价值与经济价值的融合度，要在寻求新的传世价值的同时确保非遗的原貌和内涵。二是要有坚持本真的精品意识和现代化的市场意识。少数民族非遗要走样本传承和活态保护两条路子：一方面要进行本真性保护，保持少数民族非遗的灵韵，因此应该坚持本民族的审美标准和文化价值，保障原生态的非遗表现形式代代相传；另一方面应当走生产性保护之路，通过传统与现实的互动，将非遗同现代生活联系起来，打造生产与市场需求相适应的文化产品，追求社会效益与经济效益的双赢，才能使民众脱离贫困，唤醒更深层次的文化自觉。三是民族文化价值的多渠道传输与特色品牌的建立。少数民族地区经营文化产品的企业具有小、散、弱等特征，文化产品多同质化，这不仅会让不了解民族文化内涵的人们产生混淆、产生视觉疲劳，也无法传输本民族的文化价值，因此少数民族地区传承人承担起了对本土少数民族非遗进行创造的引领者与非遗作品向文化产品转化的研发者的角色，坚持高要求、高标准地生产文化附加值高的文化产品，并针对人群设计生产美观、实用性较强的中高端文化产品，做出特色、做出品牌，从而传输少数民族地方文化价值，推动少数民族企业和民族地区的发展。

## （四）少数民族非遗传承人对非遗传承的巨大意义

向家驹提出非遗是一种传人文化、人体文化，非遗与非遗传承人共存亡。因此少数民族非遗传承人是少数民族非遗文化保护和传承的主体和核心所在，其传承的技艺与文化承载了一个民族的传统风俗、习俗规范、生产实践和表演方式，少数民族非遗传承人对非遗的保护传承具有重要意义。

一是促进非遗的活态传承。非遗的发展是活态的，少数民族非遗传承人在传承和发展少数民族非遗时也不是一成不变的，而是跟随社会的变迁、文化和民族的融合等多重因素变动的，特别是少数民族地区，在教育方面欠缺，甚至有些少数民族无文字，加之非遗的非物质性特点，非遗的传承无法用文字、图像等形式保存，只能依靠口传心授来传播，导致我国少数民族地区一些优秀文化逐渐流失，因此少数民族传承人承担起了保护本土非遗的重任，靠着天赋和才能在以上背景下保留了民族文化特色，传承了少数民族非遗文化，保证了少数民族非遗文化的内涵和主要内容的传承。二是激发非遗内在生命力。少数民族非遗传承人作为少数民族地区非遗的传承者和创造者，通过举办非遗传习班、非遗作品与文化产品展演展示活动等，寻找和培养非遗文化热爱者，特别是年轻群体，传统精华与当今潮流碰撞擦出不一样的火花，并不断集聚非遗传承实践人群，把所习得的技能、文化传授给民众，提升少数民族地区民众的文化自觉意识，激发少数民族地区民众的文化自信。同时我国组织的针对传承人的学习、培训能够不断提升其素养、专业能力、审美情趣等，增强其传承实践和再创造能力，促进少数民族地区非遗的创造性转化。此外，少数民族地区非遗传承人在秉承传统、保持本真的基础上，对民族非遗文化产品进行创新，通过文化产品传递非遗文化，促进传统工艺和文化走入现代生活，从而促进非遗的传承和发展。三是推动非遗文化前进。进化是非遗发展的客观规律，少数地区非遗传承人通过多渠道、多手段传输民族文化价值观，推动非遗文化向前发展。如通过政企与传承人合作的形式，让群众参与到非遗保护与脱贫致富中来，为非遗的传承打下生存基础、提供政策保障，让非遗"活"起来。通过互联网手段举办非遗研讨、文创比赛、短视频比赛、非遗博览会等，多渠道地传输少数民族非遗的文化内涵，提升少数民族地区非遗文化的影响力，从而扩大对外文化交流，为少数民族地区非遗的保护、传承、弘扬贡献力量。四是少数民族非遗传承人在部分民族地区的脱贫攻坚战中功不可没。其文化坚守是传统工艺品销量的品质保证，是民族文化传播与传承的重要保障。作为少数民族非遗代表性项目的传承者和传播者，传承人凭借其高超的技艺获得了归属感、自豪感和不菲的经济收入，从而强化了其自身蕴含的文化自信。在有组织的、有周期性的、科学的技艺传输过程中，传承人不仅将传统技艺传授给群众，更将技艺背后的文化内涵（少数民族的文化符号、民族精神、文化性格）传授给民族地区的困难群

众，使之更坚定了传承中华民族优秀传统文化的决心，从而内化为自身的民族文化自觉，为未来民族地区乡村振兴战略的有效实施提供了重要抓手。

## 二 基于少数民族非遗传承人名单统计的保护特征及经验

### （一）国家级少数民族非遗传承人基本数据统计

国家文化主管部门先后于 2007 年、2008 年、2009 年、2012 年、2018 年命名了五批国家级非遗传承人。

1. 十大类传承人数量分布

在我国相继公布的五批国家级非遗传承人中，十大类的少数民族非遗传承人也不尽相同。五批国家级非遗传承人共计 3068 人，其中少数民族非遗传承人为 855 人，占总数的 27.87%。在具体的类别中，拥有最多少数民族非遗传承人的是传统音乐类，为 152 人，占总数的 17.78%；其次是传统舞蹈类 150 人、传统技艺类 139 人、民间文学类 86 人，分别占总数的 17.54%、16.26% 和 10.06%；再次是民俗类 83 人、传统美术类 78 人、传统戏剧类 64 人，分别占总数的 9.71%、9.12%、7.49%；最后是传统医药类，曲艺类，传统体育、游艺与杂技类，分别为 44 人、36 人、23 人，分别占总数的 5.15%、4.21%、2.69%。从不同类别的非遗传承人内部看，少数民族非遗传承人比重最高的前三类是民间文学、民俗和传统舞蹈，分别为 69.92%、51.88% 和 50.34%，分别超过了所属类别的所有国家级非遗传承人总数的一半；其次是传统音乐 40%，传统医药 33.33%；再次是传统技艺 26.83%，传统体育、游艺与杂技 26.14%，传统美术 20.63%；最后是曲艺和传统戏剧，分别为 17.39% 和 8.16%（见表 1）。这与非遗项目名录的情况基本类似，因此少数民族非遗项目名录的数量直接影响着少数民族非遗传承人的数量。

表1　国家级非遗十大类中少数民族非遗传承人的数量及比重

| | 民间文学 | 传统音乐 | 传统舞蹈 | 传统戏剧 | 曲艺 | 传统体育、游艺与杂技 | 传统美术 | 传统技艺 | 传统医药 | 民俗 |
|---|---|---|---|---|---|---|---|---|---|---|
| 少数民族非遗传承人数量（人） | 86 | 152 | 150 | 64 | 36 | 23 | 78 | 139 | 44 | 83 |
| 非遗传承人总数（人） | 123 | 380 | 298 | 784 | 207 | 88 | 378 | 518 | 132 | 160 |
| 少数民族非遗传承人比重（%） | 69.92 | 40 | 50.34 | 8.16 | 17.39 | 26.14 | 20.63 | 26.83 | 33.33 | 51.88 |

2. 各少数民族非遗传承人数量分布

在我国相继公布的五批国家级非遗传承人名单中，并不像非遗名录一样我国55个少数民族都有国家级非遗传承人，在五批国家级非遗传承人中普米族和高山族两个少数民族没有对应的国家级少数民族非遗传承人。其中，国家级少数民族非遗传承人数量最多的是藏族，为182人；其次是蒙古族93人、苗族64人、维吾尔族53人、土家族46人、回族45人、满族38人、彝族37人、侗族31人；再次是瑶族22人、哈萨克族18人，壮族和傣族都为17人，布依族和土族都为14人，朝鲜族11人，柯尔克孜族、白族和黎族都为10人；又次是哈尼族和羌族都为8人，达斡尔族、鄂伦春族和傈僳族都为7人，锡伯族、塔吉克族和纳西族都为6人，畲族、撒拉族和东乡族都为5人，鄂温克族、水族、拉祜族、裕固族、赫哲族、佤族和保安族7个少数民族都为4人，德昂族为3人；最后是国家级非遗传承人数量较少的少数民族，京族、仫佬族、阿昌族、布朗族、毛南族、景颇族和俄罗斯族7个少数民族都为2人，门巴族、仡佬族、怒族、珞巴族、基诺族、乌孜别克族、独龙族和塔塔尔族8个少数民族都为1人（见表2）。

表2　我国国家级非遗传承人中各少数民族非遗传承人具体数量

单位：人

| 民族 | 藏族 | 蒙古族 | 苗族 | 维吾尔族 | 土家族 | 回族 | 满族 | 彝族 | 侗族 | 瑶族 |
|---|---|---|---|---|---|---|---|---|---|---|
| 非遗传承人数量 | 182 | 93 | 64 | 53 | 46 | 45 | 38 | 37 | 31 | 22 |
| 民族 | 哈萨克族 | 壮族 | 傣族 | 布依族 | 土族 | 朝鲜族 | 柯尔克孜族 | 白族 | 黎族 | 哈尼族 |
| 非遗传承人数量 | 18 | 17 | 17 | 14 | 14 | 11 | 10 | 10 | 10 | 8 |
| 民族 | 羌族 | 达斡尔族 | 鄂伦春族 | 傈僳族 | 锡伯族 | 塔吉克族 | 纳西族 | 畲族 | 撒拉族 | 东乡族 |
| 非遗传承人数量 | 8 | 7 | 7 | 7 | 6 | 6 | 6 | 5 | 5 | 5 |
| 民族 | 鄂温克族 | 水族 | 拉祜族 | 裕固族 | 赫哲族 | 佤族 | 保安族 | 德昂族 | 京族 | 仫佬族 |
| 非遗传承人数量 | 4 | 4 | 4 | 4 | 4 | 4 | 4 | 3 | 2 | 2 |
| 民族 | 阿昌族 | 布朗族 | 毛南族 | 景颇族 | 俄罗斯族 | 门巴族 | 仡佬族 | 怒族 | 珞巴族 | 基诺族 |
| 非遗传承人数量 | 2 | 2 | 2 | 2 | 2 | 1 | 1 | 1 | 1 | 1 |
| 民族 | 乌孜别克族 | 独龙族 | 塔塔尔族 | 总计 855 | | | | | | |
| 非遗传承人数量 | 1 | 1 | 1 | | | | | | | |

3. 十大类中不同性别少数民族传承人的数量对比

从传承人的性别来看，不同类别的非遗项目名录中的传承人都呈现"男多女少"的情况。在不同类别的少数民族传承人中，传统音乐类的女性传承人最多，为40人；其次是传统美术类34人，传统技艺类32人；再次是民俗类25人，传统舞蹈类22人，民间文学类、传统戏剧类和曲艺类都是13人；最后是传统体育、游艺与杂技类和传统医药类都是3人。传统舞蹈类的男性传承人最多，为128人；其次是传统音乐类112人，传统技艺类107人；再次是民间文学类73人，民俗类58人，传统戏剧类51人，传统美术类44人，传统医药类41人；最后是曲艺类23人，传统体育、游艺与杂技类20人。在各类少数民族传承人中，女性传承人比重最高的是传统美术类，为43.59%；其次是曲艺类36.11%，民俗类30.12%，传统音乐类26.32%，传统技艺类23.02%，传统戏剧类20.31%；再次是民间文学类15.12%，传统舞蹈类14.67%，传统体育、游艺与杂技类13.04%；比重最低的是传统医药类，为6.82%（见表3）。

**表3 国家级少数民族非遗传承人中不同性别传承人数量及女性传承人比重**

| | 民间文学 | 传统音乐 | 传统舞蹈 | 传统戏剧 | 曲艺 | 传统体育、游艺与杂技 | 传统美术 | 传统技艺 | 传统医药 | 民俗 |
|---|---|---|---|---|---|---|---|---|---|---|
| 女性少数民族传承人数量（人） | 13 | 40 | 22 | 13 | 13 | 3 | 34 | 32 | 3 | 25 |
| 男性少数民族传承人数量（人） | 73 | 112 | 128 | 51 | 23 | 20 | 44 | 107 | 41 | 58 |
| 女性少数民族传承人比重（%） | 15.12 | 26.32 | 14.67 | 20.31 | 36.11 | 13.04 | 43.59 | 23.02 | 6.82 | 30.12 |

4. 各个省（区、市）少数民族非遗传承人数量分布

在我国相继公布的五批国家级非遗传承人名单中，各个省（区、市）的少数民族非遗传承人数量更是差别较大。其中新疆维吾尔自治区最多，为110人；第二位是云南省，为108人；第三位是西藏自治区，为96人；第四位是贵州省，为84人；第五位为青海省，为72人；其次是内蒙古自治区71人，湖南省45人，四川省40人；再次是广西壮族自治区35人，甘肃省28人，湖北省19人，黑龙江省和辽宁省都为18人，北京市17人，重庆市、宁夏回族自治区和吉林省都为13人，海南省10人；其他省（区、市）的少数民族非遗传承人都在10人以下（见表4）①。

---

① 申报单位不是具体省级政府而是企事业单位或者社会团体研究机构的，如果是全国性单位如中国艺术研究院、中国国家博物馆、中国中医科学院、故宫博物院则归属该传承人为中央；如果是中国北京同仁堂（集团）有限责任公司则归属该传承人为北京；如果是西藏医学院则归属该传承人为西藏自治区。

表4　国家级少数民族非遗传承人中各省（区、市）非遗传承人的具体数量

单位：人

| 省（区、市） | 新疆 | 云南 | 西藏 | 贵州 | 青海 | 内蒙古 | 湖南 | 四川 | 广西 | 甘肃 |
|---|---|---|---|---|---|---|---|---|---|---|
| 非遗传承人数量 | 110 | 108 | 96 | 84 | 72 | 71 | 45 | 40 | 35 | 28 |
| 省（区、市） | 湖北 | 黑龙江 | 辽宁 | 北京 | 重庆 | 宁夏 | 吉林 | 海南 | 河南 | 河北 |
| 非遗传承人数量 | 19 | 18 | 18 | 17 | 13 | 13 | 13 | 10 | 7 | 6 |
| 省（区、市） | 天津 | 江苏 | 广东 | 福建 | 中央 | 浙江 | 陕西 | 上海 | 山东 | |
| 非遗传承人数量 | 5 | 5 | 5 | 4 | 4 | 3 | 2 | 2 | 2 | |

## （二）国家级少数民族非遗传承人的特点

通过对国家级少数民族非遗传承人的基本数据进行统计分析，可以发现国家级少数民族非遗传承人具有以下三个特点。

### 1. 少数民族非遗传承人分布不均衡

首先，从项目类别来看，各类别数量差距较大。根据表1，可以发现，在十大类中，传统音乐类的少数民族非遗传承人人数最多，为152人，而传统体育、游艺与杂技类的人数最少，只有23人，与传统音乐类相差甚远。在十大类别中，少数民族非遗传承人超过100人的只有三类，分别是传统音乐类、传统舞蹈类和传统技艺类，而其他类别都在100人以下。

其次，从各个少数民族人数来看，少数民族非遗传承人数量悬殊。据表2统计，五批国家级非遗传承人中人数最多的是藏族，为182人；最少的有8个少数民族，都为1人。其中，超过100人的只有藏族；10～100人的有18个少数民族；10人以下的有34个少数民族，而普米族和高山族没有对应的国家级少数民族非遗传承人。

最后，从地域分布来看，各省（区、市）国家级少数民族非遗传承人数量参差不齐。据表4数据统计，可以发现国家级少数民族非遗传承人多集中于我国的西南、西北、东北以及部分中部地区，部分省（区、市）没有国家级少数民族非遗传承人，如山西省、安徽省、江西省等。

2. 少数民族非遗传承人男女比例失调严重

从表3可以看出，国家级少数民族非遗传承人共计855人，其中男性传承人为657人，约占76.84%；而女性传承人仅有198人，约占23.16%。男性传承人人数约是女性传承人人数的3倍。女性传承人数量最多的是传统音乐类，为40人，男性传承人数量最多的是传统舞蹈类，为128人。男性传承人100人以上的有三个类别，而女性传承人在十大类别中都没有超过100人。男性传承人数量最少的是传统体育、游艺与杂技类，为20人，而女性传承人在这一类别中只有3人。总体来看，国家级少数民族非遗传承人性别比例差距较大，分布不均衡，呈现一种"男性居多、女性偏少"的状态。

3. 各批次少数民族非遗传承人人数总体呈现递增趋势

2007年6月，文化部公布了第一批国家级非遗项目代表性传承人①，含民间文学、杂技与竞技、民间美术、传统手工技艺、传统医药等五大类226名；2008年1月26日，文化部公布了第二批国家级非遗项目代表性传承人民间音乐、民间舞蹈、传统戏剧、曲艺、民俗等五大类551名②；2009年5月26日，文化部公布了第三批国家级非遗项目代表性传承人名单711名③；2012年12月20日，文化部公布了第四批国家级非遗项目代表性传承人共498名④；2018年5月8日，文化和旅游部公布了第五批国家级非遗传承人共1082人⑤，共计3068人。在第一批国家级非遗项目代表性传承人中少数民族传承人共73人，占32.30%；第二批国家级非遗项目代表性传承人中

① 《文化部关于公布第一批国家级非物质文化遗产项目代表性传承人的通知》（文社图发〔2007〕21号）。
② 《文化部关于公布第二批国家级非物质文化遗产项目代表性传承人的通知》（文社图发〔2008〕1号）。
③ 《文化部关于公布第三批国家级非物质文化遗产项目代表性传承人的通知》（文非遗发〔2009〕6号）。
④ 《文化部关于公布第四批国家级非物质文化遗产项目代表性传承人的通知》（文非遗发〔2012〕51号）。
⑤ 《文化和旅游部关于公布第五批国家级非物质文化遗产代表性项目代表性传承人的通知》（文旅非遗发〔2018〕8号）。

少数民族传承人共 135 人，占 24.50%；第三批国家级非遗项目代表性传承人中少数民族传承人共 178 人，占 25.04%；第四批国家级非遗项目代表性传承人中少数民族传承人共 130 人，占 26.10%；第五批国家级非遗传承人中少数民族传承人共 339 人，占 31.33%。从数据可得出，在五批国家级非遗传承人中，少数民族非遗传承人数量总体上呈现递增趋势（见图1）。

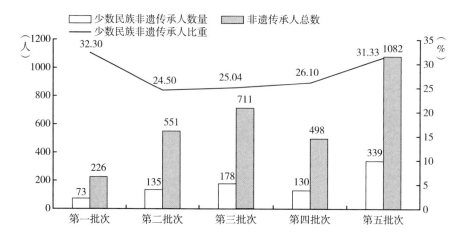

图1　五批国家级非遗传承人中少数民族非遗传承人的数量及比重

### （三）我国少数民族非遗传承人的保护经验

我国在少数民族非遗传承人保护方面，经过十余年的探索实践，已经形成了官方组织与社会各界共同积极参与的"中国经验"。

1. 构筑"金字塔"式的四级非遗传承保护体系

自 2006 年起，各地通过申报已经建立完善的国家、省、州、县市四级非遗项目名录及传承人体系。2007 年、2008 年、2009 年、2012 年、2018 年我国先后公布五批国家级非遗传承人名单，逐渐将各省（区、市）的国家级非遗传承人纳入各级人民政府的法律保护范围。各级地方文化部门也在国家级非遗传承人名单的基础之上，结合自身实际情况，对本地区的非遗传承人进行收集、整理相关资料，积极评选出了各类优秀的非遗传承人，构筑起四级传承保护"金字塔"，为非遗传承人的全方位保护与传承打下了坚实的基础。各省（区、市）的非遗传承人在建立起来的四级传承保护体系中，不仅能够有效地保护和传承当地所具有的民族民间文化，也使自身以传承人的身份重新回到已经渐行渐远的当代社会文明的生产方式和生活方式之中。

2. 完善传承机制以实现活态传承

非遗是活的财富，具有活态传承的特点，因此非遗传承必须依赖于特定的人群。而活态传承就是在非遗生成发展的环境当中进行保护和传承，在人民群众生产生活过程当中进行保护和传承。[1] 我国在保护国家级少数民族非遗传承人方面，通过不断地摸索，建立起完善的传承机制，实现活态传承。例如，在当地建立了众多的民族艺术村落，邀请少数民族非遗传承人进行专门指导和培训，让更多的人了解到当地的少数民族文化资源；给国家级非遗传承人授予称号、给予表彰奖励以及每年给予国家级非遗传承人传习补助等，支持国家级非遗传承人开展传习活动，鼓励非遗传承人，提高其传承积极性；积极开展非遗传承人进校园活动，在各个学校开展各种非遗活动，邀请非遗传承人讲述课程，培养潜在的非遗传承人，提高学生对非遗文化的兴趣，吸引"新鲜血液"注入非遗项目，创新传承思维；等等。

3. 整合非遗传承人资源，形成整体性保护

非遗传承的多样性、丰富性特点离不开其生存的特定环境，也离不开整体性保护模式的有效实施。整体性保护是指要保护文化遗产所拥有的全部内容和形式，也包括传承人和生态环境。[2] 整体性保护就是将分散的、碎片化的非遗项目同传承人整合起来，制定一套完整的保护措施。目前，我国在整体性保护层面已经建立了一套完整的保护措施。

第一，传承人的认定制度。非遗传承人的认定是保护传承人的首要前提，由于少数民族非遗传承人的民族归属问题较为复杂，所以对于少数民族

---

① 苑潇卜：《非物质文化遗产的活态传承路径探索》，《大众文艺》2018 年第 24 期。
② 王文章：《非物质文化遗产概论》（修订版），教育科学出版社，2013，第 309 页。

非遗传承人的认定就变得极为重要。2008 年 5 月文化部通过的《暂行办法》实施已有 10 年有余，与新时代背景下非遗传承人保护实际存在不相适应之处，同时在国家级非遗传承人的认定和与管理方面也出现了相应的问题，因此文化和旅游部根据新时代非遗传承人保护新情况和新问题，全面修订和完善国家级非遗传承人认定办法，于 2019 年 12 月 10 日发布《管理办法》，通过梳理总结近年来我国非遗传承人认定与管理中的宝贵经验，出台新时代非遗传承人更加规范和固定的认定制度，极具科学性、前瞻性、连续性，必将有效激励我国非遗传承人传承非遗的积极性和主动性。

第二，传承人生活补贴、津贴制度。自 2008 年开始，我国对国家级非遗传承人施行补助制度，标准是每人每年 0.8 万元，之后通过不断调整，提高到每人每年 2 万元，各省（区、市）也根据实际情况对省级非遗传承人进行相应的补助，缓解非遗传承人在传习活动中所面临的经济困难，以给予非遗传承人最大的资金支持力度，直接助力了各地少数民族非遗传承人专注于非遗传承事业。

第三，定期表彰和收录非遗传承人的人生经历和技艺。传承人是非遗的重要载体和传者者，掌握并承载着非遗项目的历史文化和精湛技艺，国家为鼓励和支持非遗传承人的积极性，会定期举办各种表彰活动，授予传承人荣誉称号，提高其社会地位，如"2020 年度优秀非遗传承人评选"活动，通过开展各种表彰活动，夯实非遗传承人在社会上的核心地位。此外，各省（区、市）还积极收录非遗传承人的个人资料，通过整理编写成册或者建立传承人数据库，如贵州省文化厅、贵州省非物质文化遗产保护中心编撰的《传衍文脉：贵州省非物质文化遗产项目代表性传承人小传》一书，收录了贵州省内的国家级非遗传承人的个人事迹，记录了非遗传承人的技艺传承过程以及他们对技艺的认识。

4. 出台相关政策法规，实施法律保护

首先，从国际保护来看，1985 年 11 月我国加入了与少数民族非遗保护相关的《保护世界文化和自然遗产公约》；2004 年 8 月加入《保护非物质文化遗产公约》；2006 年 12 月加入《保护和促进文化表现形式多样性公约》等国际公约，并积极吸收这些国际公约中有益的保护措施和经验，结合我国非遗传承人中所遇到的实际情况，有效地保护我国少数民族非遗传承人。

其次，从国内立法来看，我国为了推进国家级非遗传承人保护工作，出台了许多的相关保护政策，这在一定程度上为保护少数民族非遗传承人提供了法律保障。例如，文化部于 2006 年 11 月 2 日颁发《国家级非物质文化遗产保护与管理暂行办法》，其中第十二条对国家级非遗项目代表性传承人的认定标准、权利、义务及管理作出了具体规定①；2008 年 5 月发布的《暂行办法》中进一步规定并细化了对代表性传承人的保护与管理，在第十一、十二、十四、十五条中②，具体规定了国家主管部门和项目保护单位对国家级非遗项目代表性传承人如何进行管理，亦即对传承人保护应做的工作和应采取的措施。2019 年 12 月 10 日发布的《管理办法》，更是新时代我国开展非遗传承人保护工作的重要指南。通过国家层面出台传承人保护和监督政策，可以使少数民族非遗传承人和少数民族非遗项目的保护成效更加显著。

最后，从地方政策来看，2011 年 6 月 1 日《非遗法》正式实施以后，各省、市、县等地方部门结合本地的实际情况，纷纷积极推进配套法规政策的制定与出台。如《内蒙古自治区非物质文化遗产保护条例》《海南省少数

---

① 第十二条规定，国家级非物质文化遗产项目代表性传承人应当符合以下条件：（一）完整掌握该项目或者其他特殊技能；（二）具有该项目公认的代表性、权威性与影响力；（三）积极开展传承活动，培养后继人才。

② 第十一条规定，国家级非物质文化遗产项目保护单位应采取文字、图片、录音、录像等方式，全面记录该项目代表性传承人掌握的非物质文化遗产表现形式、技艺和知识等，有计划地征集并保管代表性传承人的代表作品，建立有关档案。第十二条规定，各级文化行政部门应对开展传习活动确有困难的国家级非物质文化遗产项目代表性传承人予以支持，支持方式主要有：（一）资助传承人的授徒传艺或教育培训活动；（二）提供必要的传习活动场所；（三）资助有关技艺资料的整理、出版；（四）提供展示、宣传及其他有利于项目传承的帮助。对无经济收入来源、生活确有困难的国家级非物质文化遗产项目代表性传承人，所在地文化行政部门应积极创造条件，并鼓励社会组织和个人进行资助，保障其基本生活需求。第十四条规定，省级文化行政部门应于每年年底前将本行政区域国家级非物质文化遗产项目代表性传承人的情况报送国务院文化行政部门。第十五条规定，国务院文化行政部门应当建立国家级非物质文化遗产项目代表性传承人档案。国务院文化行政部门对做出突出贡献的国家级非物质文化遗产项目代表性传承人，给予表彰和奖励。

民族文化保护与开发条例》《保亭黎族苗族自治县非物质文化遗产保护条例》《玉屏侗族自治县非物质文化遗产保护条例》《三都水族自治县水书文化保护条例》等，都在制定与少数民族非遗及非遗传承人保护相关的地方性法规，为非遗的保护和传承提供了健全的法律保障。

### （四）我国少数民族非遗传承人的保护特征

对我国国家级少数民族非遗传承人名单进行统计后发现，少数民族传承人名单中存在较多的特殊性与复杂性，对我国少数民族非遗传承人保护与传承机制造成了众多的直接影响和间接影响。仔细研究并了解这些特殊性与复杂性，对于顺利解决少数民族非遗传承人保护与传承中的诸多难题有着多重的现实意义。

1. 非遗在流布和传承中出现传承人身份变更情况

非遗在区域间、代际口耳相传时，出现了代表性传承人与非遗项目名录的民族归属不相统一的状况，这是民族交流与融合的结果，更是多民族国家共同创造了灿烂丰富的中华文明的例证。其中有汉族传承人继承少数民族非遗项目的现象，也有少数民族传承人继承汉族非遗项目的情况，更有一个少数民族非遗项目被另一个少数民族传承人传承的现象。在非遗传承人民族归属的统计中，我们更注重的是传承人的民族成分，而不是依赖其非遗项目名录的民族属性来决定其民族归属，因此就出现了传承人与非遗名录民族属性不对应的特殊情况。如中国工程院院士吴咸中（非遗传承人序号为01 - 0202）为第一批国家级非遗项目名录传统医药类"中医生命与疾病认知方法"（IX - 1）的传承人，虽然是传统的汉族非遗，但吴咸中为满族人。第一批非遗项目名录中传统医药类非遗藏医药（IX - 9）是藏族人民智慧的结晶，但第三批非遗传承人桑杰（非遗传承人序号为03 - 1459）却为蒙古族人。第一批国家级非遗项目名录中的传统技艺类非遗加牙藏族织毯技艺（VIII - 22）为青海安多藏区和康巴藏区的藏族同胞制作藏毯的传统手工技艺，但第一批非遗传承人杨永良（非遗传承人序号为01 - 0141）却为汉族人。

2. 多个少数民族非遗传承人共享一个非遗项目

国家级非遗传承人名单中存在多个少数民族非遗传承人共享一个非遗项目的情况。一种情况是同一种非遗项目由多个少数民族非遗传承人传承和延续。如第二批国家级少数民族非遗传承人巴德玛、额日格吉德玛、莫德格、宝音德力格尔等传承人就是共享同一个非遗项目——蒙古族长调民歌（Ⅱ-3），而这种情况在五批国家级非遗传承人名单中极为常见。另一种情况与部分非遗复合型项目一样，将不同地区、不同民族的非遗传承人集中在一起，从而形成了一个复合型项目。在具体的国家级非遗代表性项目名录统计中，由于其民族归属过于复杂，可统一将其归为"综合类"。例如在第五批国家级非遗代表性项目格萨（斯）尔（Ⅰ-27）中，传承人金巴扎木苏、巴旦、格日尖参和才智四位少数民族传承人的民族归属不同，分别是蒙古族、藏族、藏族、藏族，并且该项目的申报地区也不同，分别是内蒙古自治区、西藏自治区、青海省、青海省，包含了不同地区、不同民族的非遗项目，属于较为复杂的综合项目，与复合型项目相似。

3. 非遗传承中少数民族构成变化明显

根据表5数据，第一批国家级汉族非遗传承人有153人，占比67.70%，少数民族非遗传承人有73人，占比32.30%；第二批国家级汉族非遗传承人有416人，占比75.50%，少数民族非遗传承人有135人，占比24.50%；第三批国家级汉族非遗传承人有533人，占比74.96%，少数民族非遗传承人有178人，占比25.06%；第四批国家级汉族非遗传承人有368人，占比73.90%，少数民族非遗传承人有130人，占比26.10%；第五批国家级汉族非遗传承人有743人，占比68.67%，少数民族非遗传承人有339人，占比31.33%。从数据中可以看出，虽然前两批国家级少数民族非遗传承人占比有所下降，但就整体而言，在第二批国家级少数民族非遗传承人之后，便一直呈稳步增长的态势，这说明我国对于少数民族非遗传承人的保护越来越重视，保护力度也在逐年加大。

表5　我国国家级非遗传承人民族构成的数量和占比

| 批次 | 汉族非遗传承人 | | 少数民族非遗传承人 | |
| --- | --- | --- | --- | --- |
| | 数量（人） | 占比（%） | 数量（人） | 占比（%） |
| 第一批 | 153 | 67.70 | 73 | 32.30 |
| 第二批 | 416 | 75.50 | 135 | 24.50 |
| 第三批 | 533 | 74.96 | 178 | 25.06 |
| 第四批 | 368 | 73.90 | 130 | 26.10 |
| 第五批 | 743 | 68.67 | 339 | 31.33 |

# 三　我国少数民族非遗传承人在认定、保护及发展中的不足

非遗传承人既是非遗活的宝库，也是非遗能代代相传的接力赛中处在当代起跑点的"执棒者"和代表人物。[①] 少数民族非遗传承人是我国民族地区少数民族非遗的重要承载者和传递者，我国在认定、保护和助力其发展的过程中也存在部分不足，亟待在未来的政策设定中逐步解决。

一是传承人年龄大、女性传承人偏少等主要问题，影响到了少数民族非遗的有序传承，也将为民族地区利用非遗助力乡村振兴战略实施带来诸多不便。首先是部分传承人年龄过大，已超过我国人口平均寿命，因此一些非遗项目面临严重的"人亡技绝"的风险，更会导致部分扶贫就业工坊或者技能培训班面临无人接手的窘境；其次是年龄大造成的语言障碍、沟通不畅、行动不便等问题，使技能传授面临多方面的困难；最后是由于男性传承人占据绝大多数，在国家级少数民族非遗传承人中占76.84%，而女性传承人仅有198人，占23.16%。在湖南、贵州、广西、云南等地进行的非遗扶贫就业工坊建设中，主要依赖传统工艺类非遗项目，而传统工艺类项目的传授对象多为留守妇女，因此对以女性传承人为主体的农户开展技能培训更具优

---

① 刘锡诚：《传承与传承人论》，《河南教育学院学报》（哲学社会科学版）2006年第5期。

势，但目前女性传承人的缺口较大。

二是各级各类少数民族非遗传承人的认定程序在部分环节不具体，亟待进一步统一和完善。如在较早批次的传承人认定程序中，对公示方法、异议等程序规定不甚具体，相关救济政策也不明确，一旦地方官员出现偏私，就可能出现部分传承人技能与预期差距较大等问题。① 主要表现为一些少数民族非遗传承人的表现技（艺）不如人，暴露出省级、地（州、市）级文化部门等在传承人申报及认定过程中的制度缺失、把关不严等问题。

三是少数民族非遗传承人也逐渐有"个体化、职业化和市场化"发展的趋势，而使其在民族文化认同方面缺失，即传承人缺乏对非遗项目的民族文化认同，空有技艺传承而无文化认可。一方面，传承人往往是一种代代相传的民间技艺的执有者，不是一个人，而是一个群体，但在"代表性传承人"的视阈中多为一个人，是人为确定的、命名的，当前的文化现实中把"代表性传承人"当作传承人的全部，对于民间文化遗产的保护极为不利②，这在以集体项目为主的传统舞蹈类非遗项目名录的传承中极易引发矛盾③。另一方面，部分少数民族非遗项目与传承人的民族归属不同，即项目与传承人分属不同民族，弱化了传承人对其他民族文化的认可度；同时由于受到外来文化的影响，一些传统工艺品的土气、老气、俗气等特征使传承人自身在技艺传承中信心不足，在外来文化的强势登陆面前失去了民族文化自信。一旦非遗传承人在技艺传授中失去了民族文化认同，那么非遗所衍生出的文化产品将在脱贫攻坚乃至未来乡村振兴战略实施过程中遭受较为严重的文化折扣。

四是传承人的创新思维缺乏，部分传统工艺的创造性转化与创新性发展难以实现，文化市场中的文化折扣使非遗衍生品的经济价值降低。全国政协

---

① 陈静梅：《少数民族非遗传承人认定程序存在的问题及其完善——以贵州为例》，冯骥才主编《传承人"释义"学术研讨会论文集》，文化艺术出版社，2019，第 192 页。

② 冯骥才先生在乌丙安先生《论民间故事传承人》中所写"题记"，冯骥才主编《传承人"释义"学术研讨会论文集》，文化艺术出版社，2019，第 6 页。

③ 陈静梅：《少数民族非遗传承人认定程序存在的问题及其完善——以贵州为例》，冯骥才主编《传承人"释义"学术研讨会论文集》，文化艺术出版社，2019，第 193 页。

委员、中国民间文艺家协会主席潘鲁生说:"在社会变迁发展中,需要把这种文化基因(非遗为代表的中国文化)进行创造性的转换,激发出新的创造力,形成现代生活的表达和应用。"① 然而由于传承人缺乏一定的创意灵感和创新精神,又要面临本真性保护的压力,因此较多传承人依旧生产和制作符合传统社会生产生活需要的传统手工艺品,这就不免与当代的文化市场需求脱节,导致部分少数民族非遗衍生品的文化市场有限,经济价值没有得到最大限度的发挥。

五是传承人的义务职责与官方要求有一定差距。目前少数民族非遗传承人应付各级文化管理部门的相关任务已捉襟见肘,所以在从事扶贫攻坚及未来乡村振兴等工作中更显得精力不足。《非遗法》中规定的传承人的义务②较为简单,《暂行办法》及《管理办法》中则要求较高,大多数少数民族非遗传承人达不到相关要求。如"制定项目传承计划和具体目标任务,报文化行政部门备案"受传承人知识和能力限制无法完成;"采取收徒、办学等方式……无保留地传授技艺"在现实实践中面临多重困难,传习生除非为传承人关系匪浅的亲戚朋友,否则很难学到全部的精巧技艺,多数传承人会有"教会徒弟饿死师傅"的顾忌,因而较多传承人的接班人都为其后代;"积极参与展览、演示、研讨、交流等活动"也缺乏一定的社会条件,如展览演示需要政府提供专业的硬件设置和平台,研讨则因多数传承人知识水平有限、语言隔阂等难以实行③,交流则同样缺乏稳定通畅的交流机制平台而流于形式;"定期向所在地文化行政部门提交项目传承情况报告",则急需文化研究者和基层文化工作者的参与。

---

① 史竞男、张辛欣、向定杰:《让非遗不再"沉睡",靠产业织就致富路——代表委员热议非遗传承保护与扶贫工作结合》,新华网,2017 年 3 月 7 日,http://www.xinhuanet.com//mrdx/2017-03/07/c_136108210.htm。
② 主要为:(一)开展传承活动,培养后继人才;(二)妥善保存相关的实物、资料;(三)配合文化主管部门和其他有关部门进行非物质文化遗产调查;(四)参与非物质文化遗产公益性宣传。
③ 以贵州为例,部分少数民族非遗传承人文化水平都在初中以下,更有个别传承人不能识别汉字,仅会写自己的名字。

六是非遗传承人的相应监管机制不完善，产生违法行为的成本太低，且保障《非遗法》顺利实施的执法主体不明确。目前部分少数民族非遗传承人已逐步由"民"向"腕"转变，脱离了群众成为民族地区先富起来的一批人，然而却未能带领群众集体致富，并逐步脱离原有民族文化保护初衷，在优秀传统民族民间文化的保护与抢救中不积极、不参与、不认同。《非遗法》规定国家级非遗传承人要有文化传承与传播的义务和职责，《暂行办法》指出"国家级非物质文化遗产项目代表性传承人无正当理由不履行传承义务的，经省级文化行政部门核实后，报国务院文化行政部门批准，取消其代表性传承人资格，重新认定该项目的代表性传承人"①，但在现实中关于非遗传承人的较多违法行为面临多方面的执法困难，如执法主体不明、监管机构欠缺、民众法律意识淡薄等，酿成了目前非遗传承人"违法难究""违法成本较低"的后果。

## 四　面向未来的我国少数民族非遗传承人保护及发展建议

一是为保证少数民族非遗项目传承、扶贫工坊建设及研培计划开展的严谨性与连续性，建议对传统工艺类少数民族非遗传承人实行缺额申报制度。针对少数民族非遗中的传统美术类、传统技艺类，以及传统医药类中的药物炮制项目、民俗类中的民族服饰项目相关传承人，要保证非遗项目的每处表现形式都有相关传承人进行传承活动，一旦部分传承人失去传承能力或去世，应当及早地补充新的传承人代表进行相关传承活动，并赋予新的传承人代表以"代传承人"身份，以便于其开展相关扶贫培训工作。2019年公布的《管理办法》第二十三条虽提出了传承人去世需报备的规定，但未提出进一步的完善措施；可定于每年集中处理一次新任传承人的认定工作，更要注重在同等条件下，优先选定女性传承人进入各级非遗传承人名单。

---

① 《国家级非物质文化遗产项目代表性传承人认定与管理暂行办法》第十六条。

二是建议对较多少数民族非遗中的集体传承项目实行传承团队申报制度，规避传承人申报和认定中的弊端，以更好地保护和传承相关少数民族非遗。目前我国的非遗传承人申报及认定的程序基本固化，非遗项目无论是以个人还是以群体为主体进行传承，都只能以个人名义由低到高申报各级非遗代表性传承人，即使如侗族大歌等需要集体表演才能实现传承的非遗项目，也只能以集体中的出类拔萃的个人作为推荐对象进行申报，严重挫伤了其他传承人的积极性。[①] 因此，在未来以集体性传承为主的非遗项目代表性传承人申报及认定工作中，建议实行传承团队申报制度，以吸引更多的贫困群众加入非遗传承的队伍，维护当地传承团队的团结；并设立由政府及民间组织组成的非遗项目传承基金，为单个非遗项目的传承构筑良好的外部环境和法制保障。

三是严把少数民族非遗传承人评选及认定程序中的质量关，完善申报单位和认定专家问责制度。首先要不断完善传承人的认真推荐、严格评选、科学认定制度。为防止弄虚作假和徇私舞弊等现象出现，可加强对传承人能力和技能的实地考察工作，现场观摩其传承场地、工艺品制作过程等。其次要实行严格的问责制度，对于工作中出现重大纰漏和弄虚作假行为的基层单位和个人（含基层文化工作者和鉴定专家），应给予通报批评；对于评审和鉴定过程中责任心不强的专家，应取消其非遗传承人的评审及推荐资格。

四是加强对少数民族非遗传承人的监管与帮扶。首先应督促和鼓励传承人进校园、进社区进行相关传承活动，助推民族文化进校园行动（建议每年不少于36学时）；基层政府应在传统节日提供展演平台，会集传承人进行传统文化展演。其次应辅助传承人完成相关职责任务，可实施传承人与文化学者结对制度，由文化学者协助传承人完成相关职责，如制订传承计划，定期汇报项目传承情况，提交传承报告，参与非遗传承学术研讨交流，如在政府组织的非遗传承交流会上，可争取共同发言等。

---

① 陈静梅：《少数民族非遗传承人认定程序存在的问题及其完善——以贵州为例》，冯骥才主编《传承人“释义”学术研讨会论文集》，文化艺术出版社，2019，第197~198页。

　　五是建立并逐步完善少数民族非遗传承人的考评机制和奖惩机制。建议制定相关的非遗传承人绩效考核办法，实施量化考核，每两年对少数民族非遗传承人的传承目标和任务完成情况进行综合考评，由分管的县级文化部门官员、高校非遗专家、扶贫对象代表（如绣娘等）及传习生进行打分，评选出一定比例的"优秀传承人"和未完成基本任务的非遗传承人，奖勤罚懒，对不履行传承人义务和职责且情节较为严重的传承人，应取消其传承人资格。如湖南省已开始施行非遗传承人考核机制，连续两次考核不合格拟取消资格。[①]

　　六是有选择、有改变地继续实施传承人群研修培训计划。首先要不遗余力地开展面向传承人的"强基础、拓眼界、增学养"工作，提升其知识文化水平和道德修养水平，更好地为非遗传承和文化保护做出贡献；其次要减少相关理论知识的培训课程，增加创新性实践和创意性研发课程；最后要有效推动少数民族非遗传承人与艺术大师、文化学者的沟通和交流，提供多方参与的共商共荣机制平台，鼓励各民族间文化的交流融合，不断深化传承人对文化产品的认知，推出面向大众、面向未来的艺术精品。

---

　　① 吕菊兰：《湖南非遗传承人连续两次考核不合格拟取消资格》，《三湘都市报》2015 年 12 月 7 日。

# 民族篇

**Reports of Ethnic Minorities**

## B.2
## 2006~2019年景颇族非物质文化
## 遗产保护发展报告*

汪月 王月月 朱婧**

摘　要：　景颇族是我国历史悠久的少数民族之一，主要聚居于云南省
　　　　　德宏傣族景颇族自治州，也是中缅两国的跨境民族，景颇族
　　　　　在历史长河中不断创造、发展、传承，积淀了丰富多彩的非
　　　　　物质文化遗产。这些非遗作为我国少数民族非遗的重要组成
　　　　　部分存留下来。通过对现已公布的国家级、省级非遗代表性
　　　　　名录及非遗代表性项目代表性传承人名单中的景颇族非遗及
　　　　　其传承人进行梳理，分析其传承发展现状，探讨景颇族非遗
　　　　　保护与传承中的基本经验及存在的问题与不足。报告认为今

*　本报告中"非物质文化遗产"简称"非遗"。
**　汪月，贵州民族大学人文科技学院讲师，研究方向为民族理论与政策；王月月，上海大学博
　　士研究生，贵州民族大学人文科技学院兼职副教授，研究方向为非物质文化遗产研究；朱
　　婧，贵州民族大学人文科技学院文化产业管理专业本科生。

后可通过进一步完善景颇族非遗相关的法律法规、完善非遗项目的申报和管理工作、强化非遗项目传承发展的人才支撑、促进景颇族文化传承模式改革、加强新媒体建设、提升非遗传播力等途径，加强景颇族非遗的保护及传承。

**关键词：** 景颇族　非物质文化遗产　文化传承

　　景颇族世代繁衍于群山之中，以骁勇彪悍、顽强刚毅著称。景颇族源于古代的氐羌族群，约唐代起自青藏高原南部沿横断山脉迁至云南省境内。景颇族由于分布区域不同而有景颇、载瓦、喇期、浪峨、波罗等多种自称，新中国成立后统称为景颇族。① 2010 年第六次全国人口普查显示我国境内的景颇族人口为 147828 人，其中分布于云南省的有 142956 人，占景颇族总人口的 96.70%，其他省份中人口分布最多的为广东省，共 677 人。② 我国景颇族同胞主要聚居于云南省德宏傣族景颇族自治州境内的陇川、盈江、潞西、瑞丽、梁河等县（县级市），其他散居于耿马、腾冲、泸水、孟连、昌宁、勐海、隆阳等县（区）③。景颇族在发展的历史长河中，积淀了丰富的少数民族文化遗产，尤其是非物质文化遗产，成为我国优秀民族文化的重要组成部分。景颇族非物质文化遗产颇具特色，其保护、发展和利用成为重要话题。

# 一　景颇族非物质文化遗产名录式保护现状

## （一）景颇族国家级非遗代表性项目名录统计

　　国务院高度重视非物质文化遗产保护与收录工作，经过多年调查整理收

---

① 《中华文化通志》编委会编《中华文化通志第 3 典民族文化：土家、景颇、普米、独龙、阿昌、珞巴、门巴族文化志》，上海人民出版社，1998，第 87 页。

② 国务院人口普查办公室、国家统计局人口和就业统计司编《中国 2010 年人口普查资料》，国家统计局网站，http://www.stats.gov.cn/tjsj/pcsj/6rp/indexch.htm。

③ 《景颇族》，中华人民共和国中央人民政府网站，2020 年 3 月 10 日。

录于 2006 年公布第一批国家级非物质文化遗产名录，随后分别于 2008 年、2011 年、2014 年陆续推进非遗代表性项目及传承人鉴定收录工作，目前共计公布四批国家级项目名录。通过整理和鉴定，将具有重大历史意义、深厚文学底蕴、富有艺术和科学价值的非物质文化遗产项目全面整理归纳列入名录予以保护。课题组根据国家级非物质文化遗产代表性项目名录对景颇族非遗代表性项目进行整理统计，第一批国家级非遗代表性项目名录中景颇族非遗项目有 1 项，第三批有 1 项。第二批和第四批国家级非遗代表性项目名录中，暂无景颇族非遗项目（见表 1）。

**表 1　国家级非物质文化遗产代表性项目名录中景颇族非遗项目统计**

| 项目类别 | 项目名称 | 项目编号 | 申报地区或单位 | 批次 | 批准年份 |
|---|---|---|---|---|---|
| 民间文学（1 项） | 目瑙斋瓦 | I－119 | 云南省德宏傣族景颇族自治州 | 第三批 | 2011 |
| 民俗（1 项） | 景颇族目瑙纵歌 | X－11 | 云南省陇川县 | 第一批 | 2006 |
| 合计 | 2 项 | | | | |

注：仅代表景颇族非遗研究分课题组意见。
资料来源：根据国务院公布的四批国家级非物质文化遗产代表性项目名录整理而成。

　　景颇族目瑙纵歌是景颇族传统节日目瑙节的重要活动形式，意为"欢聚歌舞"，是历史悠久寓意丰厚的景颇族传统舞蹈，顿步摆肩，韵律鲜明，参与人数少则几千多则上万，景颇族人民在目瑙节欢聚一堂、载歌载舞，庆祝丰收和喜庆。《目瑙斋瓦》是由景颇族人民世代口耳相传，融神话、传说、诗歌于一体的创世史诗，在被吟诵传承的过程中结合了特定的音乐、舞蹈、绘画等艺术形式，是不同国家不同支系景颇族人民的共同信仰，也是目瑙纵歌最核心的部分。

## （二）省级非遗代表性项目名录中景颇族非遗统计

　　从省级非遗名录统计数据来看，根据景颇族人口在全国的大致分布情况，景颇族非遗项目主要集中于云南省，其他省份的省级非遗名录中暂未发现景颇族非遗项目。云南省先后公布的五批省级非遗代表性项目名录中，仅有6项景颇族非遗项目，和国家级非物质文化遗产非遗名录不同的是景颇族省级非物质文化遗产项目代表性名录项目中设置有民族民间传统文化保护区类别，国家级非物质文化遗产名录未设置此类别（见表2）。

**表2　省级非物质文化遗产代表性项目名录中景颇族非遗项目统计**

| 项目类别 | 项目名称 | 申报地区或单位 | 批次 | 批准年份 |
|---|---|---|---|---|
| 民间文学（1项） | 创世史诗《目瑙斋瓦》 | 云南省德宏州 | 第二批 | 2009 |
| 传统音乐（1项） | 景颇族吹管乐 | 云南省瑞丽市 | 第四批 | 2017 |
| 舞蹈（1项） | 景颇族刀舞 | 云南省陇川县 | 第一批 | 2007 |
| 传统手工技艺（1项） | 景颇族织锦技艺 | 云南省德宏州 | 第二批 | 2009 |
| 习俗（1项） | 景颇目瑙纵歌节 | 云南省德宏州 | 第一批 | 2007 |
| 民族民间传统文化保护区（1项） | 目瑙纵歌之乡 | 云南省陇川县 | 第一批 | 2007 |
| 合计 | 6项 | | | |

注：仅代表景颇族分课题组意见。

资料来源：根据云南省非物质文化遗产保护网、云南省人民政府网等整理而成。

### （三）景颇族非遗代表性项目名录特点分析

结合表1和表2数据可见，当前景颇族非遗代表性项目名录建设与保护工作呈现出以下三个方面的特点。

第一，从数量上看，景颇族非遗代表性项目总数少，且呈递减趋势。在四批国家级非物质文化遗产代表性项目名录1372项国家级非遗项目中，景颇族非遗项目仅有2项。综合国家级和省级非遗项目数量来看，景颇族非遗代表性项目数量逐年递减，且在第二批和第四批的国家级非遗项目中无景颇族非遗项目。究其缘由，景颇族人口基数少，与其他民族比较，非遗项目相对较少；再者，近年来年轻人中的外出务工者、求学者显著增多，较少有人主动传承非遗项目，外加传承人老龄化严重，从而导致部分非遗出现传承断层的窘况，非遗项目逐渐湮没在历史中。

第二，从项目种类来看，景颇族非遗项目种类较少，部分项目类型严重缺失。根据国务院已公布的四批国家级非遗名录来看，景颇族非遗项目只有两种类别，而无其他 8 种类型。在省级非遗名录中，景颇族非遗项目也仅有 6 个种类，而且"民族民间传统文化之乡"不在国家级非遗代表性项目名录的统计之列，且数量也较少，仅各有 1 项。究其缘由，一方面可能因早期非遗项目类别的统计标准不一致，导致项目评审结果有差异；另一方面可能在于当地普查、申报单位在普查过程中有疏漏；再者可能因为当地部分非遗项目保护、传承不当，目前尚未满足申报代表性项目的条件。

第三，从地域分布上看，项目集中分布在云南省。根据四批国家级非遗、各省（区、市）所公布的非遗数据显示，目前景颇族非遗项目只有云南省有所分布，其他省（区、市）暂未发现。究其原因，课题组认为，即使景颇族在我国其他省（区、市）也有所分布，但其人数少，分布较为分散，所传承的非遗项目数量本身较少，文化联系少，因此地域差异明显。

## 二 景颇族非物质文化遗产项目代表性传承人分布与保护现状

课题组根据官方数据统计，景颇族省级以上的非遗传承人共计 20 人，其中国家级传承人 2 人（见表 3），省级传承人 18 人（见表 4）。

表 3 景颇族国家级非遗代表性项目代表性传承人统计

| 项目类别 | 序号 | 姓名 | 性别 | 民族 | 出生年月 | 年龄 | 项目编码 | 项目名称 | 申报地区或单位 | 传承人批次 |
|---|---|---|---|---|---|---|---|---|---|---|
| 民俗（2 人） | 03-1465 | 岳麻通 | 男 | 景颇族 | 1942.02 | 77 | X-11 | 景颇族目瑙纵歌 | 云南省陇川县 | 第三批 |
| | 05-2973 | 赵保忠 | 男 | 景颇族 | 1959.05 | 60 | X-11 | 景颇族目瑙纵歌 | 云南省陇川县 | 第五批 |

注：仅代表景颇族分课题组意见，传承人年龄统计截至 2019 年 12 月。

资料来源：根据文化和旅游部公布的五批国家级非物质文化遗产代表性项目代表性传承人名单整理而成。

表4 景颇族省级非遗代表性项目代表性传承人统计

| 项目类别 | 姓名 | 性别 | 民族 | 出生年月 | 年龄 | 项目名称 | 申报地区或单位 | 传承人批次 |
|---|---|---|---|---|---|---|---|---|
| 民间文学（1人） | 李向前 | 男 | 景颇族 | 1950.10 | 69 | 创世史诗《目瑙斋瓦》 | 云南省德宏州 | 第六批 |
| 传统音乐（2人） | 何腊 | 男 | 景颇族 | 1939 | 80 | 景颇族吹管乐 | 云南省陇川县 | 第二批 |
| | 尚宗灯 | 男 | 景颇族 | 1940 | 79 | 景颇族吹管乐 | 云南省盈江县 | 第二批 |
| 传统舞蹈（3人） | 毛勒栽 | 男 | 景颇族 | 1954.05 | 65 | 景颇族刀舞 | 云南省陇川县 | 第六批 |
| | 岳麻通 | 男 | 景颇族 | 1942.02 | 77 | 景颇族目瑙纵歌 | 云南省陇川县 | 第三批 |
| | 排扎杜 | 男 | 景颇族 | 1946 | 73 | 景颇族刀舞 | 云南省盈江县 | 第二批 |
| 传统美术（3人） | 石玛丁 | 女 | 景颇族 | 1960 | 59 | 景颇族织锦技艺 | 云南省陇川县 | 第二批 |
| | 鲍勒况 | 男 | 景颇族 | 1957 | 62 | 景颇族织锦技艺 | 云南省陇川县 | 第二批 |
| | 谭孟撒 | 男 | 景颇族 | 1944 | 75 | 载瓦长刀技艺 | 云南省陇川县 | 第三批 |
| 传统技艺（2人） | 郑罗兰 | 女 | 景颇族 | 1949.06 | 70 | 景颇族织锦技艺 | 云南省德宏州 | 第六批 |
| | 何麻宽 | 女 | 景颇族 | 1963.12 | 56 | 景颇族织锦技艺 | 云南省德宏州 | 第六批 |
| 民俗（7人） | 勒排当 | 男 | 景颇族 | 1964.12 | 55 | 目瑙斋瓦 | 云南省德宏傣族景颇族自治州 | 第三批 |
| | 何为民 | 男 | 景颇族 | 1947 | 72 | 景颇族目瑙纵歌节 | 云南省德宏州芒市 | 第四批 |
| | 朗增荣 | 男 | 景颇族 | 1937 | 82 | 景颇族目瑙纵歌节 | 云南省陇川县 | 第四批 |
| | 赵保忠 | 男 | 景颇族 | 1959.05 | 60 | 景颇族目瑙纵歌节 | 云南省陇川县 | 第五批 |
| | 岳糯东 | 男 | 景颇族 | 1949.03 | 70 | 景颇族目瑙纵歌 | 云南省陇川县 | 第六批 |
| | 排麻约 | 男 | 景颇族 | 1968.11 | 51 | 景颇族目瑙纵歌 | 云南省陇川县 | 第六批 |
| | 尚德光 | 男 | 景颇族 | 1956.12 | 63 | 景颇族目瑙纵歌 | 云南省陇川县 | 第六批 |
| 合计 | 18人 | | | | | | | |

注：仅代表课题组意见，传承人年龄统计截至2019年12月。

资料来源：根据云南省文化和旅游厅公布的六批省级非物质文化遗产代表性项目代表性传承人名单整理而成。

据表3、表4分析，景颇族非遗传承人呈现以下特点。

一是从地域分布来看，景颇族非遗传承人均来自云南省。景颇族非遗传承人有2人为国家级非遗项目传承人，18人为省级非遗项目传承人，且国家级和省级非遗代表性传承人均来自云南省，且主要集中在云南省德宏傣族景颇族自治州的盈江和陇川两个县。其原因与景颇族同胞的分布地区密切相关，人口密集区非遗项目多，人口分布稀疏区非遗项目少。

二是从年龄层次上看，景颇族非遗项目传承人老龄化程度高。在已公布的2位国家级景颇族非遗代表性传承人中，岳麻通已接近80岁高龄，另一位则是师从岳麻通先生的赵保忠，已过花甲之年。从省级景颇族非遗代表性传承人来看，80岁及以上的有2人，60~79岁的有12人，60岁以下的仅4人，平均年龄约68岁。根据国内对老龄化的定义标准，超过60岁已属于老龄化，景颇族非遗代表性传承人老龄化的现象凸显。这与其他非遗项目所面临的共性问题类似，由于年轻人多外出务工或外出求学，导致传承方式、后继人群发生了重要变化，导致非遗项目的传承出现青黄不接的境遇。而且部分传承人仍固守老旧观念，核心技艺只家传而拒绝授徒，若其儿女对其技艺感兴趣主动传承自然后继有人，若其儿女对其所传技艺不感兴趣或因其他原因不愿传承，则技艺会面临失传的危险。

三是从性别比例上看，男性传承人比率偏高。根据表3、表4统计，景颇族2位国家级非遗代表性传承人均是男性，且为师徒关系同属一个非遗项目，而云南省省级景颇族非遗代表性传承人中，男性15人占83%，女性3人仅占16%。其男女比例不均衡原因大概有二点：一是由部分非遗项目自身特点导致的，例如景颇族织锦技艺的传承人大多为女性；二是受性别传承传统观念的影响根深蒂固，如受"传男不传女，传女不传外嫁"的影响，导致部分项目只传男性或只传女性。

## 三 景颇族非物质文化遗产保护和传承的经验回顾

### （一）颁布法律法规，提供法律保障

国家高度重视非物质文化遗产的保护与管理，先后制定《国家级非物质文化遗产保护与管理暂行办法》（2006）、《国家级非物质文化遗产项目代表性传承人认定与管理暂行办法》（2008）、《中华人民共和国非物质文

化遗产法》（2011），为非物质文化遗产保存和保护工作提供法律保障。云南省根据国家相关办法规定积极出台了适合本省非遗保护、发展情况的条例、办法等规章制度，2010年制定《云南省非物质文化遗产项目代表性传承人认定与管理办法（试行）》，2013年颁布并实施《云南省非物质文化遗产保护条例》，2018年出台《云南省人民政府关于进一步加强非物质文化遗产保护工作的意见》。2019年制定《中共云南省委宣传部、云南省文化和旅游厅、云南省财政厅关于印发〈云南省非物质文化遗产传承发展工程工作方案〉的通知》，对完善非遗名录体系、加强传承人队伍的管理和建设、实施非遗分类保护、实施非遗记录工程、加强非遗保护利用设施建设、提高非遗宣传普及和传播交流水平等任务进行了安排部署。通过系列地方性保护条例和工作方案的制定，为完善云南省非物质文化遗产保护工作提供基础，为景颇族非物质文化遗产资源调查提供有力的制度保障，有利于景颇族不断补充和完善非物质文化遗产项目类别，努力实现国家级、省级非遗代表性项目类别的全覆盖，以及景颇族非物质文化遗产资源的合理利用。

## （二）开展学术研究，加强理论研究

景颇族文化有中国·德宏景颇族国际目瑙纵歌节、景颇族文化传承与创新发展学术研讨会、创意云南文化产业博览会等大型活动，学术研讨会通过组织相关专家学者从学理角度探讨景颇族传统文化精髓，提炼景颇族文化核心价值体系，将景颇族文化中的传统文明、价值观念融入社会主义和谐社会建设，凝聚民族精神，传承民族文化，促进民族发展。同时各界学者也从学术角度，对景颇族开展多项研究调查，积累了丰富的学术成果，著作有综合性的民族研究，如徐涛的《景颇族》（2010）、金黎燕的《景颇族》（2014）及《景颇族简史》（2008）等；也有景颇语的研究，如刘璐的《景颇族语言简志（景颇语）》（1984）、戴庆厦的《耿马县景颇族语言使用现状及其演变》（2010）及《中缅跨境景颇族语言研究》（2019）；文化习俗方面的研究有《景颇族传统婚姻习俗》、石木苗的《景颇族织锦》

（2007）等。学术论文成果颇多，以"景颇族"为关键词进行检索，截至2019年12月31日，知网检索结果1172条、维普检索1265条、万方检索2095条、皮书数据库18条。其中包含对景颇族传统民间乐器、神奇故事、景颇族董萨、民间仪仗乐队等非遗文化的研究和分析。

### （三）支持传承人群，培育后继人才

云南省积极支持、鼓励和培养传承人，提高各族文化认同。在政策方面，如前文所述，制定并发布《云南省非物质文化遗产项目代表性传承人认定与管理办法（试行）》，具体规定了非遗传承人的认定程序、传承人应履行的义务，以及政府及其他相关部门应给予的相应支持，从制度机制等方面给非遗传承人的培养与发展提供支持。在资金方面，政府不断加大资金扶持，适时调整国家级非物质文化遗产代表性项目传承人补助标准，2016年将每人每年1万元调整至每人每年2万元，通过资金支持为传承人解决传习过程中的现实困难，提高传承积极性，引导全社会重视关心传承人保护工作。在培训方面，2019年云南省德宏傣族景颇族自治州举办了目瑙斋瓦培训班和非遗传承人交流培训会①，促进传承人群之间的学习与交流。

在后继人才培养方面，云南省德宏傣族景颇族自治州积极开展"非遗进校园"活动，从小培养对民族文化的认同思想。如陇川县陇把镇龙安民族小学开设了双语教学班，开展传承式教学班和景颇族传统文化展览室②。通过开展非遗进校园等活动，向广大青少年学生推广宣传景颇语言、景颇文字和景颇技艺，为景颇族文化的传承与发展营造浓厚氛围，提高民族认同，确保民族传统文化后继有人。通过开展景颇传统文化传承培训班组织景颇族群众开展文化技艺培训，包括篾活初级班、竹编高级班和织锦班等，设立激

---

① 《德宏州文化和旅游局2019年工作总结及2020年工作计划》，德宏傣族景颇族自治州人民政府网站，2020年2月17日，http：//www.dh.gov.cn/Web/_F0_0_28D00JLCO442UGDNJ3NFH039ZI.htm。
② 《传承景颇族文化让校园多姿多彩|聚焦》，搜狐网，2018年4月14日，https：//www.sohu.com/a/228260349_498142。

励机制，培育更多的本土民族技艺传承人。一方面防止景颇族传统技艺"断代"危机，另一方面使坚持传承的老艺人能够带领新一代传承人创新发展，让景颇文化在得到更好的保护传承的同时，与时俱进，创新发展。

### （四）设立非遗展馆，加强宣传推广

德宏傣族景颇族自治州通过开设非物质文化遗产展馆和开办景颇族三弦舞培训班，采用多种方式，全方位、多视角地对景颇族织锦、景颇族舞蹈等景颇族非遗文化进行展示和传播，同时也展出了民间文学、传统戏剧、传统舞蹈、民俗、传统医药、传统技艺等众多德宏经典非遗项目，通过展馆打造德宏州民族文化传承的重要平台，通过培训班推动技艺传承，也是对外展示德宏州非遗保护利用和传承成果的重要载体和手段。2006 年组建的景颇民间艺术团经过逐渐发展稳定，将原生态的景颇歌舞通过参加展演和艺术比赛，传到世界各地。德宏傣族景颇族自治州借助非物质文化遗产展示馆和景颇族三弦舞培训班，为非遗作品注入新鲜血液的同时也进一步将文化和旅游相结合，让更多人了解德宏州景颇族丰富民族特色非物质文化遗产。[1] 景颇民间艺术团积极展示宣传，于 2013 年将景颇族舞蹈《景颇姑娘》首次带向维也纳金色大厅[2]，让海内外领略到景颇族文化的魅力。

### （五）发展"非遗+旅游"，打造景颇非遗品牌

德宏傣族景颇族自治州积极依托丰富的少数民族非物质文化遗产资源，开发当地的旅游业。例如，德宏傣族景颇族自治州打造了广山景颇生态园，双坡山"天宫目瑙"非遗文化旅游小镇项目，通过对景颇族文化发展传习圣地的开发将景颇族文化精髓融入乡村旅游，同时注重文化旅游品牌提升，注重文化延伸与扩展，通过打造文化产业园，进一步以实体形式形象具体地

---

[1] 《德宏州非物质文化遗产展馆开馆》，云南省民族宗教事务委员会网站，2020 年 4 月 23 日，http://mzzj.yn.gov.cn/gzdt/dfdt/202004/t20200423_68498.html。

[2] 杨晶：《云南景颇舞蹈亮相维也纳金色大厅》，中国新闻网，2013 年 6 月 19 日，http://www.chinanews.com/qxcz/2013/06-19/4945113.shtml。

宣传和推广景颇族民族文化，同时 2020 年云南省推出包括"滇西·丝路云赏之旅""滇西·艺美云南之旅"等在内的十条云南省非遗主题旅游线路，其中德宏梁河县、德宏瑞丽市、德宏芒市三条线路涵盖传统民族风俗体验、传统技艺体验等旅游项目，促进群众对景颇族文化的了解和喜爱，推动景颇族民族文化的传承与发展。

## 四　景颇族非遗在保护和发展中存在的问题分析

随着国家和地方政府对非物质文化遗产保护与发展的不断重视，景颇族非物质文化遗产依托云南省民族文化发展机制和机遇，从制度保障、资金支持、技术推广等方面获得了有力支持，景颇族非遗抢救和保护工作取得了一定的成效。然而，在完善法律法规、传承人、文化认同感、宣传形式等方面仍存在一些问题需要解决。

### （一）缺少针对景颇族非遗保护的单项条例

从国家层面看，中国的非物质文化遗产保护工作仍然处于改进完善阶段，具体到景颇族非遗保护工作，景颇族非物质文化遗产保护与传承的相关规定、办法等制度体系仍需完善。虽然云南省在促进少数民族非遗保护和发展方面出台了相关规定，但仅适用于所有非遗保护。目前，德宏州人大常委会已经着手德宏州非遗保护条例的立法工作，但尚未正式出台。因此，景颇族的非遗保护工作目前还缺乏专门针对景颇族非遗保护与传承的单项条例。

### （二）非遗项目类别单一，数量较少

如前所述，通过对景颇族国家级和省级非遗项目名录进行梳理，发现目前景颇族非遗项目类别相对单一，项目类型主要集中在民间文学和民俗（国家级和省级各 1 项）。在国家级非遗中，传统音乐、传统舞蹈、传统戏剧、传统医药等其他 8 项的项目数均为零。在省级非遗中，传统戏剧，曲艺，传统体育、游艺与杂技，传统美术，传统医药的项目缺乏。不仅项目类

别单一且数量较少，国家级非遗仅有 2 项，省级非遗仅有 6 项。相较于其他少数民族，景颇族非遗项目类别和数量仍存在很大的补充空间。

### （三）传承人老龄化严重，传承机制不健全

非遗传承人是传承传播发展过程中最宝贵的人力资源，决定着非遗的发展方向与前进道路。没有优秀传承人的引领和担当，非遗的活态传承困难重重。目前，景颇族非遗传承人面临老龄化危机，传承人的年龄在逐年增加，非遗保护却缺乏新鲜血液的注入，导致老龄化日益严重。一方面因为社会的变迁以及现代人审美、价值观念的变化，使年轻人觉得非遗的传承没有得到社会的承认，从事这项工作成就感不足，不能很好地实现自我价值，从而放弃进入这个行业；另一方面现在的年轻人缺乏对非物质文化遗产的了解，对传统文化缺乏感情，缺少认同感，使得他们较少主动加入非遗传承的队伍中。非遗传承人通常在乡村群众中具有一定的威望，会有特有的骄傲和固执心理，导致其在跨越城乡二元结构鸿沟时往往会出现疑虑；随着社会的变革，人们思想观念、价值观念逐渐发生改变，甚至出现传承人不愿承担传承义务与责任的情况。加之传承机制不健全，一些技艺的特殊性和传男不传女的习俗，导致景颇族非遗传承人男女比例失衡，男性偏多、女性较少。从文化发展角度考虑性别差异会对文化的传承发展造成一定的影响。

### （四）宣传力度不够，价值理念凸显困难

非物质文化遗产是各族人民在长期历史发展中，不断发展沉淀而成的，具有古老悠久的历史，其中所蕴含的文化底蕴并非一朝一夕可掌握的，景颇族非遗也不例外，因此对于非遗的传承与保护既任重而道远，又迫在眉睫，既需要景颇族人民世代传承潜心研修，又需要新老传承人的接续努力。然而部分传统文化本身的神圣感和神秘感，导致很多人并不了解，加之宣传力度不够，导致许多非物质文化遗产不能引起足够的关注和重视。当前，景颇族非遗传承人年纪普遍较大，他们习惯于传统传播方

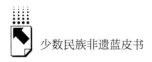

式，缺乏技术、观念、知识的创新发展，因此，需要年轻一代的继承和发展，让非遗在今天凸显价值。

## 五 新时代背景下景颇族非遗保护和发展前景的思考

### （一）构建景颇族非遗传承保护的法律体系

法律在法治社会中可以提供坚强后盾，运用法律屏障是保障物质遗产和非物质文化遗产的关键手段。[1] 景颇族非遗在传承保护过程中的诸多现实矛盾很大部分需要法律制度来保障和规避。遵循联合国教科文组织及《中华人民共和国非物质文化遗产法》等法律法规所强调的基本原则，以《云南省非物质文化遗产保护条例》为依据，根据地方特色、民族特点、文化传统对景颇族非物质文化遗产保护制定单项保护条例。同时配合单项保护条例来制定具体的针对性标准，对景颇族非遗文化传承保护的实施标准进行量化设置，在政府宏观引导的基础上增加单项保护条例，广泛动员民间多元化参与，通过不断借鉴、实践，构建完整、科学的精品非物质文化遗产传承保护标准体系。

### （二）加大非遗项目申报力度和完善管理工作

结合各地"非遗 + 扶贫"成功模式，云南普洱"非遗 + 扶贫"模式、云南大学义卖青花碗等"非遗 + 扶贫"模式，依托各类非遗项目，设立特色鲜明、带动作用明显的非遗扶贫就业工坊，帮助贫困人口学习传统技艺，促进就业增收，巩固脱贫成果。并以此为契机加强宣传推广，加大非遗项目申报力度，完善非遗传承人认定制度。因此要进一步完善非遗项目申报和管理工作机制，增强景颇族人民的历史意识和文化自觉意识，处理好保护、传承、发展的关系。

---

① 曹云华：《景颇族传统文化的传承与保护》，《旅游纵览》（下半月）2020 年第 6 期。

### （三）强化非遗项目传承发展的人才支撑

解决景颇族非物质文化遗产的传承与发展困境最需要的是人才支撑，不仅需要非遗传承人，也需要专家学者、文学作者、艺术家、产业发展人才等，需要文学创造者和专业技术人员的共同努力。而兴趣是最好的老师，景颇族非遗的传承也不例外。景颇族的人口数量相对较少，人才资源也相对紧缺。首先要制定相应措施来保障景颇族非遗传承人的各项权益，积极开展传承人认定工作，扩充人才队伍，对拒不履行传承人义务和责任的要采取批评教育等措施，强化传承人管理。其次要做好广泛宣传动员，让更多人了解并喜欢景颇族非遗文化，激发景颇族人民传承发展非遗文化的主观能动性。最后要推动景颇族非遗创新发展向职业教育体系推进，推进非遗进校园，特别是职业学校、职业高中等，既充分发挥教育主阵地，又能以学校为平台汇聚各类专家人才产学结合，通过将传统节日引入课堂，采用"汉、景"双语教学，等等，推动年轻一代自觉学习、建设、传承景颇族非物质文化遗产。

### （四）提升景颇族非遗文化推广模式

近年来，我国大力实施网络强国战略、国家大数据战略等，互联网技术发展突飞猛进，到2020年全国所有行政村覆盖宽带网络，我国也即将成为互联网大国。互联网将融入各族人民的日常生活，引领新的生活生产方式。非物质文化遗产传承与发展要抓住互联网发展机遇，将互联网作为重要载体，在依托互联网加强新媒体平台建设、拓宽新阵地的同时实现传统文化与现实生活的融会贯通，提升景颇族非物质文化遗产价值传承与再生产能力。如借助新媒体平台，通过抖音短视频、网络直播等形式加强宣传。[①] 通过增强新媒体建设，整合各项资源，提升景颇族非物质文化遗产传播力度，弘扬景颇族非物质文化精神，培育景颇族非遗传承人，在质量中求生存，在特色

---

① 于楣：《试析现代化进程中人口较少民族的文化生存——以景颇族为例》，《当代经济》2020年第5期。

中求发展。通过非遗讲座来增强其非遗保护意识和文化认同感，激活民族文化；通过对非遗保护做出杰出贡献的个人或单位发放奖励来鼓励群众参与非遗保护工作，做景颇族非遗传承的主人翁；建设非遗扶贫工坊，一方面为当地提供就业，解决贫困问题，另一方面也有民族性和文化性；拍摄景颇族非遗宣传片，印制景颇族非遗书籍，全面介绍景颇族文化，将这些景颇族非物质文化相关视频书籍制作成精美宣传资料，让更多的人喜欢景颇族文化，引起更多社会公众关注，并吸引更多力量投入景颇族非遗的保护和传承发展工作中。

# B.3
# 2006~2019年普米族非物质
# 文化遗产保护发展报告

杨　淇*

**摘　要：** 云南是我国少数民族最多的省份，普米族是云南省26个民族中重要的一员，各民族文化特色鲜明、异彩纷呈，文化是各民族的延续和发展源头。保护和传承中国少数民族非物质文化遗产，对于保护中国优秀传统文化多样性有着重要意义。随着经济文化全球化发展，普米族与外界的联系增多，普米族非物质文化遗产逐渐由村落走出国门。在文化变迁浪潮中，基于民族文化自觉、文化自信和文化自强，普米族文化依然保持着差异性特征。但受人口流动、散居杂处、传承人老龄化等因素影响，普米族非物质文化遗产的保护和传承面临诸多新问题，仍需要发挥政府、传承主体、民间组织、大众等多方联动功能，以人为主体提升普米族非遗的内生动力。

**关键词：** 普米族　非物质文化遗产　传承主体

　　普米族是中国具有悠久历史和古老文化的民族，源于中国古代西北地区羌戎部落。历史上多与其他民族杂居，未形成自己的文字，借以汉文记录。汉文史书称普米族为"西番""巴苴"等，普米族自称"普因米"、"普日

---

* 杨淇，中央民族大学民族学与社会学学院博士研究生，研究方向为民族学。

米"或"培米","普"或"培"是"白"的意思,"米"意为"人",合起来为"白人"的意思。1960 年,根据本民族意愿,正式将"普米"作为统一的民族名称。普米族源自甘青高原,经过漫长的迁徙,从游牧到定居,逐渐形成半耕半牧的生计方式,主要分布在兰坪、宁蒗、维西、玉龙、木里、盐源、九龙等地区。据中华人民共和国国家统计局 2010 年第六次人口普查统计数据,普米族人口约为 42861 人。[1] 据《2019 云南统计年鉴》统计,2018 年云南省普米族人口约为 4.44 万人,占全省人口数的 0.1%。[2] 普米族主要与纳西族、彝族、傈僳族、白族、汉族杂居,是云南省特有少数民族之一,普米族先民在南迁的过程中创造了独具特色的普米族文化,使普米族生生不息、永续发展。基于对普米族文化的自觉、自信和自强,政府、普米族人、民间组织等多年来为普米族文化保护和传承付出努力,为中国少数民族非物质文化遗产提供了重要资源和实践经验。

## 一　普米族非物质文化遗产的分布现状及特征

少数民族非物质文化遗产是中国优秀传统文化的重要组成部分,少数民族非遗文化的表现形式以及表现空间都深深地根植于各族群众的生产生活之中。普米族属于汉藏语系藏缅语族羌语支,源于我国古代西北地区羌戎游牧部落,自北往南迁徙的过程中,与藏族、白族、彝族、傈僳族、纳西族共同生活中形成既区别于其他少数民族,又展现出融合性的普米族文化。云南是"歌的海洋,舞的世界"。普米族是一个能歌善舞的民族,"搓蹉""哩哩"等是普米族民间舞蹈,《白狼歌》是普米族寻根溯源的古歌。普米族非物质文化遗产是"自识"与"他识"的重要象征符号,普米族人常将其作为分享族群共同记忆的载体,引发普米族强烈的族群情感及族群信仰。普米族非物质文化遗产不仅是普米族传统文化的宝贵遗产,更是中华民族精神家园的重要因子。

---

① 国务院人口普查办公室、国家统计局人口和就业统计司编《中国 2010 年人口普查资料》,国家统计局网站。
② 国民经济综合统计处:《2019 云南统计年鉴》,云南省统计局网站。

## （一）普米族非物质文化遗产在云南省省级非遗中的分布状况

据 2006 年至 2019 年云南省省级非物质文化遗产代表性项目名录统计，普米族非物质文化遗产项目合计 5 项，主要包括传统音乐、传统舞蹈、民俗、传统文化保护区、民族传统文化生态保护区五种类型，从申报属地看均分布于云南省兰坪县、宁蒗县两地（见表 1）。

**表 1　云南省省级非物质文化遗产代表性项目名录中普米族非遗项目统计**

| 项目类别 | 项目名称 | 项目编号 | 申报地区 | 批次 | 批准年份 |
|---|---|---|---|---|---|
| 传统音乐 | 普米族四弦舞乐 | — | 云南省怒江州兰坪县 | 第一批 | 2006 |
| 传统舞蹈 | 普米族舞蹈"搓蹉" | — | 云南省怒江州兰坪县 | 第一批 | 2006 |
| 民俗 | 普米族"拈达则"封山仪式 | 139 | 云南省宁蒗县 | 第四批 | 2017 |
| 传统文化保护区 | 河西乡箐花村普米族传统文化保护区 | — | 云南省怒江州兰坪县 | 第一批 | 2006 |
| 民族传统文化生态保护区 | 拉伯乡普米族传统文化生态保护区 | 92 | 云南省宁蒗县 | 第三批 | 2013 |
| 合计 | 5 项 | | | | |

注：仅代表普米族分课题组观点。
资料来源：根据四批省级非物质文化遗产代表性项目名录整理而成。

## （二）普米族非物质文化遗产在云南省省级非遗中的分布特征

第一，普米族非物质文化遗产项目数较少，且各批次分布不均。根据上述统计，2006～2019 年，云南省文化和旅游厅按照系统化、规范化、科学化的标准，在全省范围内展开了对各民族民间传统文化的普查工作。2017 年 6 月 14 日云南省省级非物质文化遗产代表性项目名录增至 450 项[1]，普米族非物质文化遗产项目共计 5 项，第一批 3 项，第二批无，第三批、第四批

---

[1] 李腾飞：《云南公布第四批省级非物质文化遗产代表性项目名录》，中国社会科学网，2017 年 6 月 14 日，http：//www.cssn.cn/zx/shwx/shhnew/201706/t20170614_3549864.shtml。

均为 1 项。普米族非物质文化遗产的申报地集中于云南省兰坪、宁蒗两地。基于上述统计分析，普米族非物质文化遗产项目数量较少，均为云南省省级非物质文化遗产项目，尚未列入国家级非物质文化遗产项目。普米族非物质文化遗产项目数量较少，主要是因为普米族分布不集中，如兰坪县普米族主要与白族、彝族、傈僳族杂居，维西县普米族主要与纳西族、傈僳族共居，木里县普米族主要与藏族杂居。各族文化相互影响、文化元素相互借鉴，普米族非物质文化遗产特征与其他共居民族文化相似性强，加上普查深度不足，导致非遗项目数量少且各批次分布不均。

第二，普米族非物质文化遗产项目类别较少。普米族非物质文化遗产中的传统音乐、传统舞蹈、民俗、传统文化保护区四类，且较早年份公布的省级非遗名录类别与国家级非遗名录并未完全吻合，也未能使普米族非物质文化遗产得以整体呈现。究其原因，一是普米族非物质文化遗产具有跨区域分布、综合性强、整合力度弱的特征，而各地非遗申报普查机构间尚未形成联动合作专项申报、普查机制。普米族是无文字民族，历史文化多以口传心授的方式融于日常生活。普米族民间谚语、神话故事、社会习俗等丰富多彩，但因普米族散居于兰坪、宁蒗、维西、木里等地，与彝族、傈僳族、白族、摩梭人等杂居，各民族文化之间相互影响，普米族非物质文化遗产资源呈点状分布，普查难度大。如汉代普米族叙事诗《白狼歌》既是普米族民间文学，又是普米族关于天文历史珍贵的口述资料。在木里地区关于《白狼歌》的流传中，二十八宿升起与降落方向，可以判断年节时间；《白狼歌》中"冬多霜雪，夏多和雨"也是古时候普米族通过气象分辨冬夏两季的口述资料。宁蒗、木里等地的《四季歌》（《四季调》）中描述了四季不同月份的物候，是从游牧生活向耕牧生活转变，也是与共居的藏族、摩梭人、汉族互动往来对季节认识的变化。二是对普米族工艺文化的深入挖掘不足。掌握传统技艺的普米族老人相继去世，年轻的传承群体尚未习得技艺，相应的普查与申报迟缓。尤其在文化全球化、现代化背景下，传统技艺被机械制造替代，技艺传承不容易维持生计，年轻人愿意学习的较少。如羊毛线纺织、皮革制作、竹编技艺、漆器制作、羊头琴制作、苏里玛酒酿制等仅有少数匠人掌握整套工序，能系统表述的更是屈指可数。普米族传统工艺文化的自觉、传承、申报都面临新的挑战。

## 二 普米族非物质文化遗产传承人情况及特点

普米族非物质文化遗产的生存与发展离不开"活态"传承与保护，传承主体是保护非遗内生动力的核心，既包括传承人，也包括传承群体。一方面他们"上传"先辈们遗留下来的文化精髓，在习得的过程中理解、传承、弘扬这份过去为未来准备的"礼物"；另一方面他们担任着"下承"的义务，他们将掌握的技艺、技术、本领以言传身教的方式延续到下一代，使非遗得以延续和发展。

2012年以来，云南省已公布了三批省级非物质文化遗产代表性项目代表性传承人名单（见表2）。

**表2 云南省三批省级非物质文化遗产代表性项目代表性传承人**
**名单中普米族非遗传承人统计**

| 项目类别 | 序号 | 姓名 | 性别 | 民族 | 出生年月 | 项目名称 | 申报地区 | 批次 |
|---|---|---|---|---|---|---|---|---|
| 传统音乐 | 24 | 杨文锦 | 男 | 普米族 | 1964.02 | 普米族四弦舞乐 | 云南省兰坪县 | 第五批 |
| 传统音乐 | 26 | 李海术 | 女 | 普米族 | 1976.02 | 普米族四弦舞乐 | 云南省兰坪县 | 第五批 |
| 民俗 | 55 | 偏初里 | 男 | 普米族 | 1959.08 | 普米族"拈达则"封山仪式 | 云南省宁蒗县 | 第六批 |
| 合计 | | | | | 3人 | | | |

注：仅代表普米族分课题组观点。
资料来源：因前三批云南省省级非物质文化遗产代表性项目代表性传承人名单查找困难，课题组仅以第四、五、六批为基础进行整理。

第一，普米族非遗传承人较少且尚未形成传承群体。云南省三批省级非物质文化遗产代表性项目代表性传承人共计747人[1]，其中普米族省级非遗

---

[1] 该数据源于2012年以来云南省文化和旅游厅公布的三批省级非物质文化遗产代表性项目代表性传承人名单，第四批156人、第五批244人、第六批347人，共计747人。

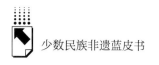

传承人共3人，占云南省省级非遗传承人的0.40%，普米族非遗传承人在整个云南省传承人队伍中占比较少。

第二，普米族非遗传承人年龄分布偏向中高龄，主要为40~65岁。例如普米族四弦舞乐常用于集体舞"搓蹉"伴奏，有时也结合口弦伴奏，四弦舞乐也在普米族日常生活中用于自娱性演奏。四弦曲12调和舞蹈12步相结合，每段舞蹈之间伴有演唱，当然除了12调之外还有《四弦母调》《鸡吃水》等古老曲目。原本歌唱、舞蹈和演奏"三位一体"的四弦舞曲，部分年事已高的传承人通常只是演奏和指导，而不参与舞蹈全过程。从非物质文化遗产保护的整体性角度出发，需对古老的四弦舞曲进行抢救性保护，对曲调、舞蹈（包括步伐、姿势、队形等）、演唱等进行详细记录，同时扩大传承人队伍。

## 三 普米族非物质文化遗产保护和传承的基本经验

普米族文化丰富多样，普米族语言、民间文学、音乐、舞蹈、绘画、工艺、服饰、民俗等是中华民族优秀传统文化的重要组成部分，不仅为普米族文化的延续打下了根基，更为民族文化资源提供了重要来源。从保护普米族非物质文化遗产生命力的角度出发，在政府的引领下，从遗产的确认、立档、研究、保存、保护、宣传、弘扬、传承、振兴等方面都做了努力，同时通过多方协作，在活态保护与传承方面不断探索和实践，积累了一定的经验。

### （一）建立健全保护和传承非物质文化遗产的相关法律条例

云南省人大于2000年5月26日发布了《云南省民族民间传统文化保护条例》，从保护抢救、推荐认定、交易出境、保障措施、奖励处罚等方面做出重要规定；以《中华人民共和国非物质文化遗产法》等有关法律、法规为根本依据，结合云南省实际情况，云南省人大于2013年3月28日公布了《云南省非物质文化遗产保护条例》，从保护名录、传承与传播、区域性整体保护、保障措施、法律责任等方面为保护非物质文化遗产提供强有力的法律保障，促进了云南省各民族优秀传统文化的保护、传承和弘扬，促进了中国特色社会主义精神文明建设。

非物质文化遗产的抢救与保护工作的有效、有序展开，离不开非物质文化遗产的主体，因此对于各民族各级各类保护主体的认定、管理在非遗的抢救与保护中发挥着至关重要的作用。云南省文化厅、云南省民族事务委员会于2010年10月20日公布了《云南省非物质文化遗产项目代表性传承人认定与管理办法（试行）》，为各地文化与旅游部门、非物质文化遗产保护中心、文化馆开展非物质文化遗产的保护与传承工作提供了工作原则及重要依据，促进了非物质文化遗产的传承生生不息和持续发展。上述法律条例促进了普米族非物质文化遗产普查、申报工作的法制化，使非物质文化遗产保护名录、非物质文化遗产传承人得到及时的保护，保持中国特少民族普米族的文化在中华民族传统文化中的活力。

2019年8月10日，怒江州文化和旅游局、怒江州非遗中心等机构认为非物质文化遗产保护与怒江州文化安全、社会和谐、民族文化传承命脉相连，非物质文化遗产是各民族历史发展的"见证者"，具有不可再生性。怒江傈僳族自治州非遗保护条例起草工作小组结合怒江州实情，形成了《怒江傈僳族自治州非物质文化遗产保护条例（征求意见稿）》。普米族四弦舞乐、普米族舞蹈"搓蹉"、河西乡箐花村普米族传统文化保护区早在2006年就被确认为云南省第一批省级非物质文化遗产，地方性的立法将促进文化主体从文化自觉、文化自信向文化自强发展，推动普米族非物质文化遗产的传承与保护。此外，普米族漆器、竹编工艺、织布工艺、宗教绘画等都独具民族特色，不仅是构成普米族文化资源的重要元素，更是云南民族民间文化的构成因子，是中华民族文化多样性的有机组成部分。《怒江傈僳族自治州非物质文化遗产保护条例》以立法方式保障普米族非物质文化遗产的立档、研究、保存、保护；使普米族非物质文化遗产工作的开展有法可依；促进普米族非物质文化遗产从民族民间传承保护趋于规范、统一、全面、科学；强化普米族文化的活态性、整体性保护；促进中国特有少数民族文化的弘扬与传承，振兴中华民族优秀传统文化。

## （二）加强对非物质文化遗产文化生态环境的保护

非物质文化遗产的存续，需要植根于其生长的文化生态环境，包括非物质文化遗产赖以生存的自然地理环境、人文历史环境、社会经济环境、生产生活环境等多种要素。因此，保护非物质文化遗产的文化生态环境，就是保护非物质文化遗产生存和延续的土壤。为了进一步加强非物质文化遗产的保护，云南省人民政府办公厅于 2018 年 1 月 31 日印发《云南省人民政府关于进一步加强非物质文化遗产保护工作的意见》，其中明确提出加快生态保护区建设。目前，依据 2018 年 12 月 10 日文化和旅游部发布的《国家级文化生态保护区管理办法》已完成"迪庆民族文化生态保护实验区"和"大理文化生态保护实验区"两个国家级文化生态保护实验区建设，并且在全省各地州全面启动省级民族传统文化生态保护区建设。

2006 年建立了怒江州兰坪县河西乡等花村普米族传统文化保护区，2013 年建立了宁蒗县拉伯乡普米族传统文化生态保护区，将普米族传统文化置于复合型生态系统中进行保护，生态环境与人文环境保护并重，把有形的街区、建筑、历史遗迹等与无形的民俗、节庆、手工技艺、口述等相结合。首先，从文化主体角度看，当地普米族有强烈的文化自觉，政府以及非政府组织的不断介入增强了普米族的文化自信，同时将这种文化自觉、文化自信转化为文化自强，增进普米族非物质文化遗产的保护和提高大众参与度，促进了区域内普米族非遗文化的传承、保护与发展；其次，文化生境是民族文化赖以存续的土壤和空气，包括自然环境、历史环境、人文环境。传统文化保护区或传统文化生态保护区涵盖了普米族传统文化生存发展的环境基础，将普米族与环境互动作为整体进行保护，使普米族非物质文化遗产形成自身的"造血功能"，促进普米族非物质文化遗产的活态传承。

## （三）坚持以人为本的原则，形成了"政府主导＋社会参与＋保护主体传习"的保护传承模式

普米族非物质文化遗产的传承，多以传承人口传心授的方式进行，普米

族四弦舞乐和舞蹈"搓蹉"的传承，在政府主导基础上，需要社会的广泛参与。我国著名音乐家陈哲先生于2002年创立的民间文化保护行动——"土风计划"，旨在保护我国少数民族音乐文化遗产，抢救面临失传的民族民间文化瑰宝，该非营利性机构的核心工作是将这些音乐文化遗产的原生地村寨进行"活化传承"。"土风计划"在云南省怒江州兰坪县开展，2002年他们的足迹踏遍普米族居住的村落，在调查探索基础上进入村落建立起普米传习小组。年轻人开始组织起来学习中老年民间艺人"原生态"歌舞和乐器演奏，并结合吾昔节、转山节、尝新节等传统节日和风俗，从而焕发出普米族文化传统新的生命力。

2003年，由于非典特殊时期，普米传习小组面临解散，几经周折，兰坪普米民间人士紧急商讨并于9月成立普米文化民间传习小组，由专业老师不定期举办培训活动。之后普米族音乐舞蹈先后在大理、广西、北京参赛演出，同时加强了与佤族、藏族、纳西族、傈僳族等云南其他少数民族之间的音乐舞蹈文化的交流。2005年，在"土风计划"资助下展开了村寨传承的探索，进行分期培训及文化会演，结合吾昔节等进行舞蹈动作创新排演，增强了各村寨普米族文化认同，以及文化传承的自觉性和自信心。2005年12月在兰坪县玉狮场成立了"传习馆"。2006年初普米传习小组成员参加了福特基金会活动。2009年，以"土风计划"为基础，在兰坪政府支持下，创建"兰坪县土风文化发展协会"。2014年2月，在社会人士及政府的关怀支持下，普米传习小组赴法国参加中法友谊建交50周年之系列活动——"发现普米文化"，也是普米族非物质文化遗产第一次走出国门。2016年9月，法国"和谐之声合唱团"到云南怒江回访兰坪，兰坪县土风文化发展协会与法国法中友协联合会成为联谊协会。同年11月17日，普米小组文化传承展示馆开馆。2018年，普米传习小组到欧洲参加斯洛伐克、捷克艺术节，进行了文化交流。普米传习小组不定期到中小学进行文化会演，让他们了解、感受普米族音乐舞蹈的魅力。寒暑假期间在怒江州文化馆、普米小组文化传承展示馆，以夏令营等形式展开对中小学生的专业培训，不仅丰富了他们的课外时间，而且为普米族非物质文化遗产传承人队伍注入了新的"血液"。

过去十几年中，在怒江州兰坪县政府的重视及支持下，以"土风计划"为主的社会广泛参与使普米传习小组萌芽并成长，多方合力在非遗保护和传承道路上不断探索，针对普米族非物质文化遗产具有民族性、地域性、活态性、传承性等特征，形成了普米族非物质文化遗产保护、传承、弘扬、振兴的宝贵经验。普米传习小组的发展过程，折射出普米族文化自觉、自信和自强，展现出普米族非物质文化遗产内在的生命力。作为文化交流的纽带，普米族非物质文化遗产在民族之间、国家之间的文化认同中发挥着重要作用。

## 四　普米族非物质文化遗产保护和传承中存在的问题

虽然普米族非物质文化遗产的保护和传承在不断地探索和努力中总结了一些经验模式，并取得了一定成效，但受现代化潮流、人口流动及文化涵化的影响，文化生境的变迁使非物质文化遗产的保护面临诸多问题，如语言文化保护滞后、传承人老龄化、传承群体尚未形成、社会参与程度有限等。

### （一）普米语作为非物质文化遗产资源保护的紧迫性

语言不仅是一个民族文化得以存续的灵魂、民族精神的外化，而且是不同民族间交流互动的纽带。普米语属于汉藏语系藏缅语族羌语支的一种，由于普米族因自然灾害、战争等因素在迁徙中散居于川西南、滇西北，分布于宁蒗县、木里县的普米语属于北部土语区，分布于兰坪县、维西县、玉龙县的普米语属于南部土语区。普米族多与滇西北纳西族、傈僳族、彝族、藏族、白族、摩梭人等杂居，是无文字民族。普米族在与其他族群杂居的过程中，不仅使用普米语，而且不同程度地掌握他族语言，因此普米语具有显著的区域性、融合性特征。如兰坪县普米族人在讲母语的同时也讲白族语言，有些甚至只讲白族语言；宁蒗县普米族人不仅讲普米语，还会摩梭语、彝语；木里县普米族人会讲普米语，但生活中主要讲藏语。多族群共同生活的村落为民族语言的多元化提供了土壤，但也使普米族语言面临失传的危险，普米语包括的语音、语法、语料等都需要更全面、系统、科学的保护。

语言是普米族文化传承的根本载体，是普米族文化中最具鲜活性、民族性、地域性的部分。普米语是普米族非物质文化资源体系的有机组成部分，也是普米族观察、表达、传续世界观和价值观的重要方式，是普米族非物质文化遗产存续、传承的核心媒介。普米族散居区因藏族、白族、彝族、摩梭族等其他民族人口数量多，因互动往来经过世世代代习得传承已掌握其他民族语言，而本民族语言适用范围、使用人数正在逐年减少。普米语言资源在普米族非遗文化资源保护过程中，从挖掘、整理、分析到保护、申报、存档都呈现分散、迟缓、滞后现象。目前普米语研究包括陆绍尊的《普米语简志》（1983）、《普米语南部方言代表点箐花语音档》（1985）、《普米族方言研究》（2001），蒋颖的《大羊普米语参考语法》（2015）、《云南兰坪普米语》（2019），胡革红的《普米语词集》（2016），熊智媛、熊智深的《维西普米族基本语言词汇》（2019）。玉龙县普米族南部方言，宁蒗县、木里县普米族北部方言研究不足，将普米族北部方言、南部方言作为整体的普查、研究、申报工作任重而道远。普米语作为普米族非物质文化资源进行整体性研究与保护尤为紧迫。普米语是传承古歌、祭词、歌词的核心媒介，具有不可替代性。普米族没有文字，普米先民靠口耳相传的方式，将丰富多彩的神话传说、古歌、寓言、诗歌、散文、小说等延传至今，多借用汉文记录，如创世古歌《吉赛叽》《察哩》，洪水古歌《直呆木喃》，历史古歌《白狼歌》，等等。普米族口述文学是重要的民族文学遗产，包含普米族的历史发展，包含普米族与其他民族文学相互影响、相互借鉴、相互推动的过程，对于继承并发扬优秀民族文化传统发挥着重要作用，亟须深入挖掘并及时抢救保护。

**（二）普米族非物质文化遗产传承人数量较少、传承断层，尚未形成传承群体**

据表2云南省三批省级非物质文化遗产代表性项目代表性传承人名单中普米族非遗传承人的统计，普米族省级非遗传承人仅有3人，在全省非遗传承人中占比较少，并且其中两位年事已高。现有传承人主要分布在普米族人口相对聚集的兰坪县、宁蒗县。受现代化潮流影响，年轻人在城乡间流动性强，从事非遗文化的传承不仅需要长时间积累，并且很难从根本上解决生计问题。年轻人对普米族文化的热情未减，但对其学习无法定期、定时，多以业余爱好的形式存在。虽然各地每年都投入人力、物力、财力努力培养后继人才，但往往杯水车薪，普米族非物质文化遗产依旧面临传承断层问题，并且未形成具有一定规模的传承群体。

### （三）普米族非物质文化遗产保护和传承的社会参与度有限

据《2019 云南统计年鉴》统计，2018 年云南省普米族人口约为 4.44 万人，主要分布在云南省兰坪县、宁蒗县、香格里拉市、维西县、玉龙县、永胜县等地。从文化主体角度看呈现人口较少且散点分布的特点，在普米族非物质文化遗产的保护和传承中难以形成合力，因此集体参与度不够高。另外，现有的普米族非物质文化遗产代表性项目中，四弦舞乐、舞蹈"搓蹉"、"拈达则"封山仪式常与传统节日等共存，需要加强文化空间的保护。普米族非物质文化遗产中四弦曲 12 调和舞蹈 12 步相结合需要受长期训练才能习得，因此在保护与传承过程中社会参与度有限，主要体现在认知、认同及参与程度的有限。

## 五 促进普米族非物质文化遗产保护传承的路径和对策

随着全球化、现代化的席卷，非物质文化遗产的保护传承受到影响，非物质文化遗产赖以生存的文化生态正在失去原有的样貌，非物质文化遗产的保护和传承机制正面临新的挑战。因此，普米族非物质文化遗产的保护与传承需加强政府、传承主体、社会各界的协作，追根溯源，深入挖掘普米族非物质文化遗产，保护普米族非物质文化遗产文化生态环境、传承机制以及传承主体。

一是加强普米族非物质文化遗产普查力度和申报力度，补充缺失的非遗名录。根据《中华人民共和国非物质文化遗产法》《云南省非物质文化遗产保护条例》《中共中央办公厅 国务院办公厅印发〈关于实施中华优秀传统文化传承发展工程的意见〉的通知》，从普米族非遗文化活态性、整体性保护角度出发，以兰坪县河西乡等花村普米族传统文化保护区、宁蒗县拉伯乡普米族传统文化生态保护区为核心。在已有的音乐、舞蹈、民俗、文化生态保护区名录基础上，对普米族非物质文化遗产进行深度挖掘、调查，并进一步开展确认、立档、研究、保存、保护、宣传、弘扬、传承工作，补充缺失的非遗名录。

二是建立跨区域普米族非物质文化遗产保护及传承工作交流机制。普米族主要分布在云南省兰坪县、宁蒗县、香格里拉市、维西县、玉龙县、永胜县，四川省木里县、盐源县、九龙县。但目前普米族非物质文化遗产的5个项目主要集中在兰坪县和宁蒗县，其他县市均未分布。基于普米族人口少且散居各地少数民族村落的情况，需建立跨县、跨省的普米族非物质文化遗产保护与传承工作交流机制，促进文化交流及普米族非物质文化遗产专项调查，各地相互学习、相互借鉴，从而促进普米族非物质文化遗产的保护及传承。

三是加强政府、院校、民间组织、企业之间的联动性，整合普米族非遗保护和传承的社会资源、经济资源。在各地政府主导的前提下，充分结合各院校、科研中心关于非物质文化遗产研究成果，发挥云南省民商会、云南省民族学会与各地非遗保护机构之间的沟通协作能力，加强各地普米族企业与政府的联系。通过多方联动整合不同的社会资源、经济资源，拓宽普米族非物质文化遗产的保护传承路径，促进普米族非物质文化资源的深入挖掘、保护和传承。

四是加强对普米族非物质文化遗产传承人才及传承人队伍的培育。一方面注重对现有传承人的保护，使其技艺、技术、本领得到有效延续；另一方面注重后继人才的培养，打破传统的一师一徒的固化模式，从"一对少"到"一对多"甚至"一个带一片"的传承机制，发挥传承人的作用，逐渐

形成传承团体，促进普米族非物质文化遗产的保护和传承。另外，通过非遗进校园、非遗在公共文化空间宣传等活动，培育大众的文化自觉，扩大对普米族非物质文化遗产的认知、认同的自觉意识，增强其社会参与度。

# 六　结语

普米族属于我国人口较少民族，普米族与其他民族共同创造了中华民族共同的文化记忆，普米族文化是中华民族文化基因的有机组成部分。各少数民族非物质文化遗产共同组成了中华优秀传统文化，是中华民族文化自信的根源，少数民族非物质文化遗产的保护和传承是中华儿女共同的责任和义务。普米族非物质文化遗产的保护和在经济文化全球化的今天面临着新的挑战和机遇。面对非物质文化遗产名录缺失、非遗传承人老龄化、非遗保护和传承的社会参与度有限等问题，政府、传承主体、院校、民间组织等多方联动性正在强化，从制度、理论、立法、资金等方面为普米族非物质文化遗产的保护与传承提供了重要支持。保护普米族非遗，不仅促进了少数民族非物质文化遗产的保护和传承，而且使中华民族优秀传统文化得以传承与弘扬，增强了中华民族的文化自信与文化自强。

# B.4
# 2006~2019年鄂温克族非物质
# 文化遗产保护发展报告

李亚洁　鲁晓隆[*]

**摘　要：** 鄂温克族是我国北方少数民族之一，拥有优秀的民族文化和丰富的民族工艺。鄂温克族非物质文化遗产是我国少数民族非物质文化遗产的重要组成部分。随着现代化社会的不断发展，原本生活在草原和山林的鄂温克人逐渐移居城镇，一些优秀的传统民族文化在不知不觉中被人们淡忘。因此，记录与保护鄂温克族优秀民族文化，成为推动我国民族事业进步的重要内容。

**关键词：** 鄂温克族　非物质文化遗产　非遗保护

## 一　鄂温克民族的分布现状及生产生活方式

鄂温克族是跨境民族，据不完全统计，国内外鄂温克人口约17万人，其中在蒙古国有2000人，在西伯利亚地区有50000人。[①] 根据第六次全国人口普查统计，生活在我国境内的鄂温克族人口数为30875人[②]，主要分布在

---

[*] 李亚洁，哈尔滨师范大学副教授，主要研究方向为服装与服饰；鲁晓隆，哈尔滨师范大学硕士研究生，主要研究方向为服装与服饰。

[①] 黄任远、那晓波：《走近少数民族丛书——鄂温克族》，辽宁民族出版社，2014，第3页。

[②] 杜拉尔·斯尔·朝克：《鄂温克族精神文化》，社会科学文献出版社，2017，第1页。

内蒙古自治区呼伦贝尔市鄂温克族自治旗、鄂伦春族自治旗、莫力达瓦达斡尔族自治旗、阿荣旗、陈巴尔虎旗、扎兰屯市、根河市、海拉尔区以及黑龙江省讷河市、齐齐哈尔市、嫩江地区，少部分居住在新疆塔城、伊犁等地，呼伦贝尔草原和大兴安岭山区是鄂温克族生活的中心地带。中国境内有三个鄂温克族人的分支，分别是索伦部、通古斯部和雅库特部。索伦部在清政府统治时期曾被编入八旗。通古斯部是指居住在我国境内莫日格勒河、锡尼河流域的鄂温克人。雅库特部指从勒拿河支流维季姆河流域迁徙到额尔古纳河东南大兴安岭地区，从事狩猎和饲养驯鹿的鄂温克人，他们居住在根河市的敖鲁古雅鄂温克民族乡。我国北部辽阔的草原与广袤森林里居住的鄂温克族，在从事畜牧业生产的劳动实践中，创造了属于草原和森林的美好生活，用他们的智慧与劳动经营着畜牧业和猎业生产生活。以下通过居住特色、着装文化、民族信仰、民族艺术、民族节日、体育竞技、传统医药几个方面对鄂温克民族的生产生活方式进行介绍。

## （一）居住特色

### 1. 撮罗子

"撮罗子"又叫"斜人柱、仙人柱、伞房"，具有鄂温克民族游牧部落的古老居住特色，鄂温克族上山打猎时的临时住所，也是神秘小兴安岭中鄂温克猎民的庇护所。①

### 2. 欧鬲住

"欧鬲住"是指鄂温克人居住的柳条包，是草原游牧部落的居所，便于拆卸和安装。2013 年"欧鬲住营造技艺"被列入第四批区级鄂温克族非物质文化遗产名录。

### 3. 木刻楞

"木刻楞"是鄂温克族雅库特部落居住的房子。"木刻楞"的建筑形态类似于早期林区鄂温克人夏季狩猎时居住的"叠罗原木屋"，其结构与俄罗

---

① 汤洋：《论鄂温克族非物质文化遗产的传承与发展》，《长江师范学院学报》2016 年第 5 期。

斯式的木质房屋相仿。整栋房子由原木一层一层垛起来，每根圆木两端都用斧头刻出规格相同的凹槽和凸型，相互衔接之后有棱有角，所以得名为"木刻楞"。

## （二）着装文化

### 1. 基本形制

鄂温克族传统服饰具有鲜明的民族特色，因鄂温克人主要从事狩猎和畜牧活动，所以制作传统服饰的主要面料为皮料，有狍皮、犴皮、灰鼠皮、猞猁皮等兽皮，用兽皮制作的衣服不仅保暖耐用，而且在上山狩猎时可以作为伪装，不易被猎物察觉。在牧区生活的鄂温克人常用羊皮面料制作服饰，放牧时用于御寒。到了清末时期，用棉布料和绸缎面料布制作的服饰逐渐流行起来。鄂温克族服饰的款式特点为宽松肥大、斜大襟、束长腰带，衣领多为带有装饰性镶边的半月形圆领。鄂温克族服饰种类丰富，季节性特征明显，有皮衣、皮袍、皮祅、皮裤、皮帽、皮靴、套袖、汗衫、腰带、手套等。服饰颜色以蓝色、绿色、黑色为主。戴帽、穿靴也是鄂温克族的一大着装特点。

### 2. 不同部落的着装差异

以畜牧业为生产主体的索伦部落长期生活在草原牧场地区与羊群相伴，因此日常着装也以羊皮服饰为主。在出席节日宴会时，索伦人会穿上由三十六张羔羊皮制作的"浩布策苏恩"，日常穿着的"苏恩"毛皮朝外，而"浩布策苏恩"的缝制工艺比较复杂，是以毛皮作为里料，再用绸缎面料吊面，在婚庆典礼上，还要在长袍外套穿短皮衣，这种皮衣叫作"胡儒木"，袖子很宽。无论是长袍"苏恩"还是袖子宽大的"胡儒木"，都是右衽，为了方便生产活动，一般在长袍的下摆处做开衩处理。在衣服的领边处用黑色或绿色的布料做镶边，衣领和袖口处美丽大方的"云卷花"图案，是索伦部落服装的装饰特色。

雅库特部落也称使鹿部落，生活在敖鲁古雅地区的山林中，捕猎和驯鹿是他们主要从事的生产活动，猎物的皮毛就是他们制作服饰的原料，冬季的衣服一般用皮质较厚的长毛狍皮、犴皮、鹿皮等，春秋季节用去除长毛的光板皮子制作衣服。与索伦部落衣服形制的不同之处是雅库特部落的衣服是对襟的，大翻领，为了方便打猎，袖口比较紧窄贴身。兽皮制作的衣服除了靠皮毛本身的色彩来做装饰，还会用树皮水浸泡和烟熏的方法把除去毛的皮子染成黑色或黄色。根据相关记载，传统的兽皮衣是用兽筋捻成的线缝制而成的，这样缝制的衣服十分结实，不易开线。①

3. 鄂温克族服装的装饰特点

蓝色、绿色、黑色是鄂温克族喜爱的颜色，他们除了用这些颜色的面料制作服装之外，还会在上面缝制装饰性的图案，服饰的不同位置采用不同的图案做装饰。最具特色的花纹图案有用在靴子上的"奥特斯"花边线、用在女式袍服上的"道高昂"蝴蝶花和花卉云朵图案，用在套裤膝盖上的圆形"伊拉嘎花"图案、用在袍服的大襟以及开衩部位的"阿拉达"图案。镶边工艺也是鄂温克族服装装饰特点之一，领口、袖口、襟边、开衩部位除了用黄色、绿色的布料做镶边外，还以彩色或黑色的皮毛做镶边。漂亮的衣扣装饰也为鄂温克族服装增添了色彩，这种独特的衣扣被鄂温克人称为"陶日奇"。制作"陶日奇"扣的材质有铜、银、兽骨、杏木、翡翠、玛瑙、珊瑚，一般在衣襟缝五颗，使服装看起来十分精致。

4. 鄂温克族着装礼仪

在制作皮毛服饰时，鄂温克人一般不会选用因病而死的动物皮毛，因为他们认为这样的皮毛所做的服饰穿上之后也会被染上疾病甚至带来灾祸。日常所穿的衣服一般有领子，配腰带，衣扣齐全，并且保持干净整洁。男子穿长袍并系腰带，以示礼貌；女子做饭时扎头巾，以示卫生。脏衣物放在居所内会让家里沾染晦气，多放在"撮罗子"或"柳条包"外面。脏衣物最好当天洗掉，不能过夜，这样才不会让人养成懒惰的习惯。无论是在别人家做客还是进自己家，脱下的衣服不能乱丢乱放，必须叠放整齐并放在合适的位置，并且女子的衣物要放在男子衣物的下面。在庆祝

---

① 龚宇：《使鹿鄂温克传统服饰与传承保护》，《呼伦贝尔学院学报》2015 年第 3 期。

重大节日时，鄂温克族人身着新衣服，此时若依然身着脏旧衣服会被认为不懂礼节。这些着装礼仪都显示着鄂温克人注重修养和美德，向往美好生活的优良传统。

### （三）传统信仰

#### 1. 崇尚自然

鄂温克族信仰自然，认为大自然养育了他们，大自然中的神灵保佑着他们，因此要怀着敬畏和虔诚的信念与自然和谐相处。[①] 他们坚定"万物有灵论"——自然界的万物都有灵魂，各自的灵魂由不同的神来庇佑，而人类的灵魂是由太阳神和天神来保管的。鄂温克人把神灵拟人化，不同的神有不同的职责，其中太阳神和天神最为伟大。除此之外还有彩虹神、风神、雨神、雷神、蛇神、鹿神、熊神等。以上大致可分为天体崇拜、自然现象崇拜、动物崇拜三种类型。鄂温克族的传统信仰是他们崇敬自然的反映，同时也折射出他们物质文明和精神文明的发展历程。

##### （1）信仰太阳神

生活在草原的鄂温克人信仰太阳神，他们把太阳亲切地称为"伟大的母亲"，把阳光当作"母亲温暖的怀抱"。在草原中还流传着关于太阳神的各种传说，传说太阳神是一位美丽的姑娘，早出晚归，带着温暖和希望。太阳不仅给人们带来温暖和光亮，还能够让牧场里的牧草丰美茁壮，牛羊膘肥体胖，给人们带来美好生活。因此生活在草原的鄂温克人对太阳怀有绝对的崇敬，老人们每天清晨会举行迎接太阳神的活动，傍晚会举行送太阳神的活动。

##### （2）信仰山神、火神

以山林为家的鄂温克人崇敬山神，他们认为山林中的一切花草树木、飞禽走兽，都来自山神的馈赠。山林中充满了艰难险阻，没有山神的庇佑和帮助，人们无法单凭自己的力量获取猎物和生活资料。在山林鄂温克人的信仰

---

① 杜拉尔·斯尔·朝克：《鄂温克族精神文化》，社会科学文献出版社，2017，第152~189页。

中，火神即是家庭生活的保护神，家里的火种意味着子孙昌盛、人丁兴旺，因此不能熄灭。山林鄂温克人对火神抱有敬畏和崇拜之心，在他们看来不信火神便会带来麻烦和不幸，只有崇敬火神才不会被冻死，才会有充足的食物和兴旺的家庭。

（3）动物图腾崇拜

动物是鄂温克人的生活和生产资料之一，无论是生活在山林的鄂温克人还是生活在草原的鄂温克人都离不开动物，因此动物图腾崇拜在他们信仰活动中占据重要地位。关于动物图腾崇拜，其一是来自鄂温克民族的畜牧生产方式和狩猎活动，其二是来自对野生动物侵害的畏惧和对它们力量的崇拜，其三是来自流传已久的神话故事和民间传说。

2. 萨满信仰

萨满文化是鄂温克族传统文化的重要篇章，具有完整的结构体系，包括萨满的产生，萨满身穿的神衣神器，萨满主持的祭祀内容，萨满口耳相传的神歌神语，萨满的丧葬礼仪，关于萨满的传说等。萨满文化在鄂温克族精神世界里占据重要地位，它是鄂温克族"万物有灵论"的集中体现，是鄂温克族敬畏自然观念的结晶。人们把自身的意愿寄托于萨满，通过萨满主持祭祀活动来实现对神灵的祈求，这是他们信仰的表现形式。

## （四）民族节日

鄂温克族节日种类多样，内容丰富。其中"阿涅节"与中国春节时间相同、形式相似，都是辞旧迎新的节日。瑟宾节、敖包节、奥米那仁节、印姆嫩节、伊满伊宁节等传统节日具有鲜明的鄂温克民族特色，是鄂温克族颇具代表性的传统民族节日。[①]

## （五）民族艺术

鄂温克族崇拜自然，其艺术表现形式也与自然息息相关，他们在大

---

① 杜拉尔·斯尔·朝克：《鄂温克族精神文化》，社会科学文献出版社，2017，第133~149页。

自然中总结了许多丰富的生活经验，并把这些生活经验以舞蹈、绘画、音乐、雕刻、手工技艺等方式保留传承，使之形成了独有的民族艺术风格。

## （六）体育与竞技

鄂温克族的体育竞技项目来源于他们古老的游牧生活，是鄂温克民族同自然界搏击中流传下来的竞技项目。鄂温克族的体育竞技项目主要有抢枢、围鹿棋、滑雪等。

## （七）传统医药

据记载，有80多味药材被鄂温克人用于治疗疾病。敖鲁古雅鄂温克人牧养驯鹿，他们的生产和生活离不开驯鹿，尤其在医药方面。鹿骨、鹿鞭、鹿茸、鹿心、鹿筋、鹿血、鹿胎膏都具有极高的药用价值，可以起到滋阴壮阳、强筋健骨、提高人体免疫力、治疗精神衰弱的作用，是十分名贵的中药。敖鲁古雅鄂温克人长期生活在大山深处，他们在自然中寻求了很多与疾病抗争的良药和治疗方法。此外，鹿药、归心草和肝复灵，也是鄂温克族代表性医药制品。

# 二 鄂温克族非物质文化遗产的统计与分析

## （一）鄂温克族非物质文化遗产名录整理

**表1 鄂温克族国家级非物质文化遗产代表性项目名录统计**

| 项目类别 | 项目名称 | 项目编号 | 申报地区或单位 | 批次 | 批准年份 |
|---|---|---|---|---|---|
| 传统音乐 | 鄂温克族民歌（鄂温克族叙事民歌） | Ⅱ-106 | 内蒙古自治区鄂温克族自治旗 | 第二批 | 2008 |
| 传统舞蹈 | 鄂温克族萨满舞 | Ⅲ-104 | 内蒙古自治区根河市 | 第三批 | 2011 |
| 传统体育、游艺与杂技 | 鄂温克抢枢 | Ⅵ-40 | 内蒙古自治区鄂温克族自治旗 | 第二批 | 2008 |

续表

| 项目类别 | 项目名称 | 项目编号 | 申报地区或单位 | 批次 | 批准年份 |
|---|---|---|---|---|---|
| 传统技艺 | 鄂温克族桦树皮制作技艺 | Ⅷ－83 | 内蒙古自治区根河市 | 第一批扩展 | 2008 |
| 民俗 | 鄂温克驯鹿习俗 | Ⅹ－91 | 内蒙古自治区根河市 | 第二批 | 2008 |
| | 鄂温克族瑟宾节 | Ⅹ－125 | 黑龙江省讷河市 | 第三批 | 2011 |
| | 鄂温克族服饰 | Ⅹ－155 | 内蒙古自治区陈巴尔虎旗 | 第四批 | 2014 |
| 合计 | 7项 | | | | |

注：仅代表课题组观点。

资料来源：根据国务院公布的四批国家级非物质文化遗产代表性项目名录整理而成。

### 表2　鄂温克族黑龙江省级非物质文化遗产代表性项目名录统计

| 项目类别 | 项目名称 | 申报地区 | 批次 | 批准年份 |
|---|---|---|---|---|
| 民间文学 | 鄂温克族民间传说 | 讷河市 | 第三批 | 2011 |
| 传统舞蹈 | 鄂温克族萨满舞 | 讷河市 | 第四批 | 2013 |
| 传统技艺 | 桦树皮制作技艺 | 黑龙江省 | 第一批 | 2006 |
| 民俗（岁时节令） | 鄂温克族瑟宾节 | 齐齐哈尔市、省民族事务委员会 | 第一批 | 2006 |
| 合计 | 4项 | | | |

注：仅代表课题组观点；桦树皮制作技艺为黑龙江省申报项目，鄂温克族也拥有这项技艺，故统计其中；省级名录中所设"岁时节令"类包括在国家级名录中"民俗"类，故表中依然按照国家级分类中的名称分类。

资料来源：根据黑龙江省人民政府公布的六批省级非物质文化遗产代表性项目名录整理而成。

### 表3　鄂温克族内蒙古自治区级非物质文化遗产代表性项目名录统计

| 项目类别 | 项目名称 | 项目编号 | 申报地区 | 批次 | 批准年份 |
|---|---|---|---|---|---|
| 民间文学 | 敖鲁古雅鄂温克族神话 | NMⅠ－13 | 根河市 | 第二批 | 2009 |
| | 鄂温克族民间故事 | NMⅠ－26 | 鄂温克族自治旗 | 第四批 | 2013 |
| 传统音乐 | 鄂温克叙事民歌 | NMⅡ－7 | 鄂温克族自治旗 | 第一批 | 2007 |
| | 敖鲁古雅鄂温克族民间音乐 | NMⅡ－23 | 根河市 | 第二批 | 2009 |
| 传统舞蹈 | 敖鲁古雅鄂温克族萨满舞 | NMⅢ－13 | 根河市 | 第二批 | 2009 |
| | 鄂温克族民间舞蹈（阿罕拜） | NMⅢ－22 | 鄂温克族自治旗 | 第四批 | 2013 |

续表

| 项目类别 | 项目名称 | 项目编号 | 申报地区 | 批次 | 批准年份 |
|---|---|---|---|---|---|
| 传统体育、游艺与杂技 | 鄂温克鹿棋 | NMVI–5 | 鄂温克族自治旗 | 第一批 | 2007 |
| | 鄂温克抢"枢" | NMVI–12 | 鄂温克族自治旗 | 第一批 | 2007 |
| 传统美术 | 鄂温克族希温·乌娜吉 | NMVⅡ–27 | 鄂温克旗太阳姑娘文化发展有限公司 | 第五批 | 2015 |
| 传统技艺 | 桦树皮制作技艺 | NMVⅢ–7 | 根河市 | 第一批 | 2007 |
| | 敖鲁古雅鄂温克撮罗子 | NMVⅢ–15 | 根河市 | 第二批 | 2009 |
| | 通古斯鄂温克木制四轮车制作技艺 | NMVⅢ–16 | 陈巴尔虎旗 | 第二批 | 2009 |
| | 木刻楞制作技艺 | NMVⅢ–32 | 兴安盟白狼林业局 | 第二批 | 2009 |
| | 鄂温克族口弦琴制作技艺 | — | 根河市 | 第三批 | 2011 |
| | 鄂温克族鹿哨制作技艺 | — | | | |
| | 鄂温克族熟皮子技艺 | — | | | |
| | 鄂温克族欧喆柱(柳条包)营造技艺 | NMVⅢ–59 | 鄂温克族自治旗 | 第四批 | 2013 |
| | 鄂温克族五畜绳制作技艺 | NMVⅢ–98 | 鄂温克旗达刊手工艺品牧民专业合作社 | 第六批 | 2018 |
| 传统医药 | 敖鲁古雅鄂温克狩猎民族传统医药 | NMIX–5 | 根河市 | 第二批 | 2009 |
| 民俗 | 鄂温克驯鹿文化 | NMX–13 | 根河市 | 第一批 | 2007 |
| | 鄂温克萨满服饰与器具 | NMX–35 | 根河市 | 第一批 | 2007 |
| | 通古斯鄂温克萨满服饰 | NMX–48 | 陈巴尔虎旗 | 第二批 | 2009 |
| | 通古斯鄂温克民族服饰 | NMX–50 | 陈巴尔虎旗 | 第三批 | 2011 |
| | 鄂温克族瑟宾节(敖鲁古雅鄂温克族瑟宾节) | NMX–101 | 内蒙古自治区鄂温克族研究会、根河市文化馆 | 第五批 | 2015 |
| | 鄂温克服饰(敖鲁古雅鄂温克使鹿部落猎民服饰) | NMX–96 | 呼伦贝尔市 | 第四批 | 2013 |
| 合计 | 25项 | | | | |

注：仅代表课题组观点。

资料来源：根据内蒙古自治区人民政府公布的六批自治区级非物质文化遗产代表性项目名录整理而成。

## （二）对鄂温克族非物质文化遗产的数据分析

国家公布的四批非物质文化遗产代表性项目名录显示，目前鄂温克族国家级非物质文化遗产代表性项目有 7 项（见表 1）。根据黑龙江省公布的六批省级非物质文化遗产代表性项目名录统计，其中鄂温克族非物质文化遗产代表性项目有 4 项（见表 2）。在内蒙古自治区公布的六批自治区级非物质文化遗产代表性项目名录整理中，鄂温克族自治区级非物质文化遗产代表性项目有 25 项（见表 3），涵盖了民间文学，传统音乐，传统舞蹈，传统体育、游艺与杂技，传统美术，传统技艺，传统医药，民俗八个类别的项目。

在省级非物质文化遗产中，传统技艺类项目数量最多，共有 9 项（其中桦树皮制作技艺两省皆有）。鄂温克族非物质文化遗产项目的申报地区是黑龙江省和内蒙古自治区两地，其中内蒙古自治区占主要部分，在 7 项国家级项目中，内蒙古地区占有 6 项，省级项目达到了 24 项，是黑龙江省级项目的 6 倍，可见两地的非遗项目数量差距较大。这是由鄂温克族人口分布情况所导致的，由此可重点对已获得审批的内蒙古地区鄂温克族非物质文化遗产项目进行充分保护，并加大对黑龙江省鄂温克族非物质文化遗产的发掘力度。

# 三 鄂温克族非物质文化遗产代表性传承人

## （一）鄂温克族非物质文化遗产代表性传承人名单整理

2018 年文旅部公布了第五批国家级非物质文化遗产代表性项目代表性传承人名单，鄂温克族非物质文化遗产代表性项目代表性传承人共 4 人（见表 4）。

表4　鄂温克族国家级非物质文化遗产代表性项目代表性传承人名单

| 项目类别 | 序号 | 姓名 | 性别 | 出生年月 | 年龄 | 项目编码 | 项目名称 | 申报地区或单位 | 批次 |
|---|---|---|---|---|---|---|---|---|---|
| 传统舞蹈 | 05－2290 | 古秀华 | 女 | 1962 | 57 | Ⅲ－104 | 鄂温克族萨满舞 | 内蒙古自治区根河市 | 第五批 |
| 传统技艺 | 05－2778 | 吴旭升 | 男 | — | | Ⅷ－83 | 鄂温克族桦树皮制作技艺 | 内蒙古自治区根河市 | 第五批 |
| 传统体育、游艺与杂技 | 03－1218 | 哈森其其格 | 女 | 1949.8 | 70 | Ⅵ－40 | 鄂温克抢枢 | 内蒙古自治区鄂温克族自治旗 | 第三批 |
| 民俗 | 05－3064 | 其木德 | 女 | 1963.5 | 56 | Ⅹ－155 | 鄂温克族服饰 | 内蒙古自治区陈巴尔虎旗 | 第五批 |
| 合计 | | | | 4 人 | | | | | |

注：仅代表课题组观点。传承人年龄统计截至2019年12月。
资料来源：根据文化和旅游部公布的五批国家级非物质文化遗产代表性项目代表性传承人名单整理而成。

古秀华女士1962年出生于内蒙古自治区根河市敖鲁古雅乡，从小的生活环境使她耳濡目染，跟随父亲学习萨满舞蹈并参加表演。1983年在敖鲁古雅鄂温克民族乡从事民族文化的传承工作，2007年被确定为市级代表性传承人，2012年被评为自治区级非物质文化遗产传承人，2018年被评定为第五批国家级非物质文化遗产代表性项目传承人。古秀华作为敖鲁古雅鄂温克族萨满舞的传承人，积极参与民间民族文化活动和萨满舞的传承保护工作，根据自己多年的表演经验，编写了萨满舞课程，并不断丰富萨满舞的内容和表演形式，选定了3名鄂温克族后人作为传授对象，定期为他们指导萨满舞的表演内容。

吴旭升是鄂温克族桦树皮制作技艺的传承人，他先后拜师于鄂温克族猎民格力斯克和拉吉米，并掌握了切剥、编制、对拼、刺花、压边等桦树皮工艺品制作技巧，能够熟练地制作出桦树皮盒、鹿鞍子、滑雪板、婴儿摇篮等精美的桦树皮制品，同时掌握桦树皮软化技艺以及器物接合方法的核心制作技能。他师承谱系明确，技艺高超，所做的桦树皮制品具有鲜明的鄂温克族民族风格，同时他也广招学徒，积极传授桦树皮技艺，为鄂温克族非物质文化遗产的传承做出了卓越的贡献。

其木德是通古斯鄂温克族服饰的传承人，于1963年出生，16岁开始学习缝纫鄂温克族传统服饰。其鄂温克族传统服饰作品样式独特、工艺考究、装饰精美，在民族服饰大赛中多次获奖。她曾在陈巴尔虎旗鄂温克苏木和彦库仁镇经营通古斯鄂温克民族服饰加工坊，培养了数名制作鄂温克族传统服饰的学徒。她传承鄂温克族传统服饰近20年，在此期间她自发举办民间非物质文化遗产保护活动，为鄂温克族妇女讲解传统服装的制作知识，并以传承鄂温克族传统服装为己任，积极参与各项非遗传习活动。2009年其木德被评为内蒙古自治区非物质文化遗产通古斯鄂温克族服饰传承人，2017年被认定为第五批国家级非物质文化遗产代表性项目代表性传承人。

哈森其其格是内蒙古自治区鄂温克族自治旗人，出生于1949年，2009年成为第三批国家级非物质文化遗产项目——鄂温克族"抢枢"的代表性传承人。哈森其其格工作于鄂温克族自治旗人大，1997年开始挖掘整理鄂温克族传统体育竞技游戏项目"抢枢"，积极抢救、发展、推广民族体育事业，多次举办"抢枢"游戏培训班，设计制作"抢枢"运动的服装，在她的领导下，"抢枢"运动纳入了鄂温克族自治旗中小学的体育课程中，乡镇里成立了"抢枢"代表队。除此之外，她还组织策划了《鄂温克歌舞曲》磁带的制作，并积极参与鄂温克历史资料的收集整理。

此外，敖鲁古雅鄂温克老人芭拉杰是使鹿文化的民族传承者，1942年出生于大兴安岭原始森林深处的驯鹿营地，2017年辞世于根河市。芭拉杰曾是自治区级非遗项目"鄂温克驯鹿文化"和"鄂温克萨满服饰与器具"两个项目的代表性传承人，她的文学作品《驯鹿角上的彩带》涵盖了使鹿鄂温克人迁徙、狩猎、牧养驯鹿的生活细节，展示了使鹿鄂温克人的生产生活方式，描述了他们丰富的精神世界。这部作品为后世研究敖鲁古雅鄂温克族提供了珍贵的历史材料，为鄂温克族非物质文化遗产的传承留下了宝贵财富。

## （二）鄂温克族非物质文化遗产代表性传承人名单分析

保护非物质文化遗产的重要手段是对"传承人"的调查和认定。非物质文化遗产的主要内容是靠传承人的口传心授得以延续的，因此传承人在保护非物质文化遗产中起到了承上启下的关键性作用。保护传承人是保护非物质文化遗产的重点内容。鄂温克族非物质文化遗产的传承人数量较少，在7项国家级非物质文化遗产代表性项目中，只有4名传承人。鄂温克族民歌、鄂温克族驯鹿习俗、鄂温克族瑟宾节这3项传统音乐类和民俗类的鄂温克族国家级非物质文化遗产代表性项目没有代表性传承人。现有的鄂温克族国家级非物质文化遗产代表性项目代表性传承人中，女性有3人，且这些女性传承人年纪全部在56岁以上，最大的是71岁高龄，男性只有1人；男性传承人吴旭升的资料不完整，官方数据中所给出的出生日期是空白。因此鄂温克族非物质文化遗产传承人的推选评定工作需要进一步加强和完善，如鄂温克族民歌、鄂温克族驯鹿习俗、鄂温克族瑟宾节这几个项目，由于当前传承认定的标准和范围仍需完善，这类群体性的项目仍需进一步明确认定标准，即传承人可以为个人，是否也可以为团体，需要进一步明确；对现有的非物质文化遗产传承人信息应当进一步补充完善；鼓励年轻一代的鄂温克后人以传承本民族优秀传统文化为己任，积极参与传承人的评定和推选。

## 四　鄂温克族非物质文化遗产保护成果

为保护鄂温克族非物质文化遗产，政府做出了重大举措。如地方机构开展了各项保护活动和保护项目，引入社会资本搭建全国互动保护平台，举办非遗手工技艺大展，积极搭建非遗展示、宣传平台，开展国内外展示展演和交流活动等，取得了丰硕成果。敖鲁古雅鄂温克族聚集地敖鲁古雅鄂温克族乡被文化部命名为"中国民间文化艺术之乡"，被国家民委命名为"中国少数民族特色村寨"，被国家住房和城乡建设部列入"第四批中国传统村落名

录"。鄂温克旗获得了"全国文化先进县""中国鄂温克文化之乡""中国民间文化歌舞艺术之乡""中国北方少数民族传统服饰研究基地"等荣誉称号。

## （一）政府出台了相关文件予以保护

为使我国非物质文化遗产得到保护，经中华人民共和国国务院批准，由文旅部确定并公布了国家级非物质文化遗产代表性项目名录。地方各级政府也发布了非遗名录，形成了国家、省（自治区）、市（自治州）、县四级非遗名录保护体系。为了给非遗提供更好的法律及政策保护，鄂温克族地区政府部门也出台了相关政策。为落实《国务院关于加强文化遗产保护的通知》（国发〔2005〕42号）的保护精神，内蒙古自治区文化厅出台了《关于加强文化遗产保护的实施意见》，并将每年的9月6日定为"内蒙古草原文化遗产保护日"。内蒙古自治区鄂温克族自治旗成立了鄂温克非物质文化遗产保护工作领导小组，鄂温克旗委先后出台了《鄂温克族自治旗民族民间文化保护工程方案》和《鄂温克族自治旗文化生态保护规划》。黑龙江省出台了《黑龙江省非物质文化遗产条例》。政府文件的出台不仅对鄂温克族非物质文化遗产的保护起到了督促作用，也提高了人们的保护意识。

## （二）基础设施的建设逐步完善

基础设施的建设是保护和发展非物质文化遗产的有效保障。根据《呼伦贝尔市鄂温克族自治旗2019年政府工作报告》，2018年鄂温克族自治旗乡村公路建成并开通，新建供水井234眼，778户牧区居所成功通电，9个自然村实现了光纤接入，鄂温克村镇广播电视覆盖率达到了98%。[1] 在推动乡村振兴战略的过程中，基础设施的逐步完善有利于非物质文化遗产保护工作的推进。为加强民族文物的收集整理和保护工作，传承鄂温克族民族文

---

① 《呼伦贝尔市鄂温克族自治旗2019年政府工作报告》，内蒙古自治区人民政府网站，2019年3月26日，http://www.nmg.gov.cn/zwgk/zfggbg/ms/HulunBuir/201903/t20190326_229556.html。

化，鄂温克族文化馆、鄂温克旗鄂温克研究会、鄂温克旗民族文化艺术发展研究中心等多个保护单位已成立。内蒙古自治区呼伦贝尔市建成了鄂温克博物馆，根河市人民政府在鄂温克族敖鲁古雅乡的原址上建立了敖鲁古雅鄂温克族狩猎博物馆，目前建成的还有敖鲁古雅鄂温克民族乡博物馆、敖鲁古雅驯鹿文化博物馆、鄂温克族自治旗的鄂温克博物馆、阿荣旗鄂温克民族民俗博物馆等多个保护鄂温克族民族传统文化和文物的展馆。除此之外，鄂温克族自治区还成立了非物质文化遗产的民间保护组织和非物质文化遗产传习所。呼伦贝尔市鄂温克族兽皮制作技艺传承人宋仕华，她成立了艺术工坊并作为呼伦贝尔学院实习实训就业基地。[1] 鄂温克族熟皮子技艺传承人安塔·布与徒弟成立了家庭毛皮熟制和民族服装制作小组，并开展了技艺学习班。[2] 公共场馆和保护组织的建设为挖掘鄂温克族非物质文化遗产、传承和保护民族文化提供了阵地保障。

## （三）非遗与现代文化生活逐渐对接

为了实现非遗项目和文化生活的对接，齐齐哈尔大学艺术设计学院和呼伦贝尔学院开展了非物质文化遗产进校园的活动，建立了北方部落文化传承基地并拓展为教育实训基地和游学基地。学校开设的鄂温克族传统服饰和传统手工艺制作课程深受师生们的喜爱。非物质文化进校园活动进一步彰显了非物质文化遗产的活态性。为保护鄂温克族语言，鄂温克族自治旗在民族学校开展了鄂温克语言教学，以故事、歌曲等授课方式进行教学。为了加强鄂温克族非物质文化的保存展示和多媒体化建设，中央电视台拍摄了大型纪录片《敖鲁古雅鄂温克人》，著名演员涂们执导了《呼伦贝尔城》，将索伦鄂温克人的历史文化搬上了荧幕。根河市建设了民族博物馆，出版了《使鹿部情韵歌曲集》《中国最后的狩猎部落》，制作了广播剧《中国最后的使鹿

---

① 《她花四年缝制成一幅兽皮画，有人开价 30 万为啥不卖?》，搜狐网，2018 年 1 月 2 日，https://www.sohu.com/a/214220014_ 179563。

② 《鄂温克族熟皮子技艺传承人　安塔·布》，根河市人民政府网站，2014 年 8 月 7 日，http://www.genhe.gov.cn/Item/6244.aspx。

部落》，并协助拍摄了《最后的猎人》和《母鹿》等一系列反映敖鲁古雅鄂温克族游猎和驯鹿文化的影视作品。[1] 鄂温克族自治旗整理出版了《鄂温克民歌 100 首》，编排了优秀舞蹈《萨满舞》《抢枢》《阿罕拜》等，其中《萨满舞》获得了第七届中国民间文艺山花奖，展示鄂温克民族风情的历史题材歌舞剧《彩虹之路——鄂温克》获得了内蒙古自治区十二届精神文明建设"五个一工程"优秀奖（2014）、"金牛奖"舞美设计奖（2019）。呼伦贝尔市大型非遗展演节目《蒙古之源·根与脉》呈现了鄂温克族服饰、手工艺、民俗等民族文化。

## 五 鄂温克族非遗保护的突出性问题和发展方向

### （一）以保护文化生态环境为前提

鄂温克族的生产和生活方式与他们的生活环境密切相关，鄂温克族先民生活在草原上、山林中，他们在自然中总结了丰富的生活经验，形成了优秀的民族精神和民族文化。传统文化是在本民族原有生活结构的基础上发展而来的，发展和传承要以保护他们原有的文化生态环境为基础。我们要尊重本民族的生活习惯，考虑到他们现阶段的发展状态，在原有的文化生态环境的基础上建立生态保护区，给予相应的优待政策和基础保障。

### （二）优化传承方式培养后继人才

随着时代的变迁和工业化进程的不断推进，年轻一辈的鄂温克人逐渐摒弃了原有传统的生产方式，这使得一些宝贵的民族文化面临着被淡忘甚至消失的可能。非物质文化遗产大多内容靠前辈的口传心授，而传承人的平均年龄都相对偏高，优秀的民族文化面临失传的危险。例如鄂温克族历史上有丰

---

[1] 李玉琢、王海涛：《党的民族政策照耀敖鲁古雅》，中国社会科学网，2014 年 9 月 18 日，http://marx. cssn. cn/mzx/llzc/201409/t20140918_ 1331980. shtml。

富的萨满文化，如今健在的萨满只有 7 人，且都年事已高。据调查，懂得传统狩猎习俗的只有一两位老人，会制作猎具的基本没有。狩猎文化和萨满文化处在濒危边缘。因此传承民族文化遗产要以本民族年轻一代的后人作为发展对象，在鄂温克族自治区教育系统内，应该开展相应的民族文化课程，把优秀的民族传统文化渗透在本民族中小学生的日常学习生活中，让民族文化走进校园，这种活动形式比特定的师徒传承的范围更广。除此之外，依托非遗的数字化保护理论和技术，以文字、音频、视频、图像记录、录制等形式对民族非物质文化遗产进行保护和传播，使传承人的言传身教变为记录式的媒体传播方式，实现非物质文化遗产传播的信息化、网络化、大众化。

### （三）发展非遗旅游适当进行商业化

商业化开发也是传承民族非物质文化遗产的重要手段。鄂温克传统特色民居制作技艺作为非物质文化遗产，应该得到进一步的保护和继承。以旅游资源开发为例，鄂温克人传统的居住方式发生了改变，大多数人放弃了传统的游猎生活，走出山林进入城镇，住进了砖瓦结构的房屋，并长久定居。撮罗子、欧鲁住等不再满足当代鄂温克人的居住需求，其制作技艺也在逐渐消失。因此以民宿的形式来让游客进行体验式的住宿，在体验传统的鄂温克族柳条包、撮罗子的过程中感受鄂温克族非物质文化遗产的魅力，同时又能使这种传统民居的营造技艺和基本形态得以保存。将传统的民族技艺和产品通过现代化的商业手段进行包装也是一种保护方式，提取民族传统手工艺精华，以民族图案、民族故事、传统产品的基本形制为设计元素，用现代更环保更高效的生产方式来量化生产，作为旅游纪念品进行销售，不仅能开拓非物质文化遗产的保护途径，还能拉动区域内的经济增长。

## 六 结语

非物质文化遗产是本民族的发展源泉，是民族个性的体现。鄂温克族非物质文化遗产包含了民间文学，传统舞蹈，传统体育、游艺与杂技，传统技

艺，民俗，传统医药等多种类型。保护和传承鄂温克族非物质文化遗产，不仅关乎本民族的文化事业，同时也对鄂温克族民族发展起到推动作用。鄂温克族作为我国北方少数民族的一个重要组成部分，对研究我国北方少数民族的发展历史、深化民族事业、促进各民族共同发展有着重要意义。鄂温克族非物质文化遗产也是我国民族文化的重要组成部分，保护、传承和发展鄂温克族非物质文化遗产对我国精神文明建设具有重要意义。在现代化发展的进程中，鄂温克族传统生产生活方式也随之发生了改变，一些古老的民族瑰宝正面临着逐渐流失的现状，保护民族传统文化任重而道远。积极发掘和申请鄂温克族非物质文化遗产，系统地制定保护措施，合理地与现代化进程相结合，有效地对民族文化进行传承和开发，需要政府的把关、政策资金的支持、各个机构的响应和群众的协同。

# 区 域 篇

**Reports of Regions**

**B.5**

# 2006~2019年云南省少数民族非物质文化遗产保护发展报告*

"云南跨境少数民族传统文化传承的教育途径创新研究"课题组**

摘　要：　云南是中国少数民族非物质文化遗产丰富的地区，2006年以
来我国公布的四批国家级非遗目录中，云南省共有105项，
其中少数民族非物质文化遗产有90项，占云南非物质文化遗

---

　*　本报告系2017年度全国民族教育研究合作课题"云南跨境少数民族传统文化传承的教育途径
创新研究"（项目批准号：MJZXHZ17002）、国家民委民族理论政策研究基地项目"民族文化遗产
研究报告"（项目批准号：2018－JHG－027）研究成果。

　**　课题组成员：普丽春，彝族，云南民族大学二级教授，博士，博士生导师，研究方向为少数
民族非物质文化遗产保护与传承教育；赵伦娜，白族，中国人民大学博士生，研究方向为少
数民族非物质文化遗产保护；肖李，云南艺术学院教师，博士，硕士生导师，研究方向为少
数民族艺术教育；郑波，云南民族大学艺术学院教师，云南省民族研究所博士生，研究方向
为少数艺术教育；张金玲，中央民族大学博士生，研究方向为民族生态环境保护；吹儿、杜
安琪：云南经济管理学院教师，研究方向为民族教育；蒲荔塬，云南滇池学院教师，研究方
向为教育管理；何巧、张欣、施雪岩、龙献吉、杨诗源：云南民族大学教育学院硕士生，研
究方向为教育人类学。

产的 85.71%。多年来，云南采取特殊措施来保护少数民族非物质文化遗产，取得了很大成效，同时也存在少数民族非物质文化遗产数量下降、传承人老龄化、民族文化特色消失、学校传承弱化等突出困境，应从稳固个体保护、弘扬家庭保护、加强社会保护、推进学校保护等方面促进少数民族非物质文化遗产的保护和发展。

**关键词：** 云南　少数民族　非物质文化遗产

少数民族非物质文化遗产（简称"非遗"）是少数民族的重要符号。我国作为统一的多民族大国，以向历史负责的态度与构建和谐生态文化的高度，通过文化保护与文化认同，实现民族认同与国家认同。2016 年文化部印发《文化部"一带一路"文化发展行动计划（2016—2020 年)》(文外发〔2016〕40 号），明确建构机制、搭建平台、打造品牌、繁荣文化产业、促进文化贸易五大任务，极大地拓宽了云南少数民族非遗的发展路径。为建设社会主义文化强国，实现中华民族伟大复兴，中共中央办公厅、国务院办公厅 2017 年 1 月印发了《关于实施中华优秀传统文化传承发展工程的意见》(中办发〔2017〕5 号），强调各级党委和政府要从坚定文化自信、坚持和发展中国特色社会主义、实现中华民族伟大复兴的高度，切实把中华优秀传统文化传承发展工作摆上重要日程。云南少数民族非遗是中华优秀传统文化的重要组成部分，长期以来，云南省采取多种有效措施来保护少数民族非遗，取得了一系列可供借鉴的经验。但同时也存在许多困难和挑战，也应引起我们的理性思考。

# 一　云南省国家级非遗名录及代表性传承人概况

## （一）云南省国家级非遗代表性项目名录统计

2006 年以来，我国共公布的四批国家级非遗名录中，云南省有 105 项

（见表1），其中少数民族非遗90项，占非遗总数的85.71%，涵盖19个少数民族。具体为彝族22项，傣族13项，白族11项，哈尼族8项，纳西族5项，藏族6项，苗族和壮族各4项，佤族、德昂族和傈僳族各3项，阿昌族、布朗族、景颇族、拉祜族、怒族各2项，普米族、独龙族、基诺族各1项（部分项目为两个民族共同传承，因此总民族的传承项目总数多于90项）。

表1　云南省国家级非物质文化遗产代表性项目名录统计

| 项目类别 | 项目名称 | 项目编号 | 民族 | 申报地区或单位 | 批次 | 批准年份 |
|---|---|---|---|---|---|---|
| 民间文学<br>（16项） | 遮帕麻和遮咪麻 | Ⅰ-3 | 阿昌族 | 云南省梁河县 | 第一批 | 2006 |
| | 牡帕密帕 | Ⅰ-4 | 拉祜族 | 云南省思茅市 | | |
| | 四季生产调 | Ⅰ-24 | 哈尼族 | 云南省红河哈尼族彝族自治州 | | |
| | 格萨（斯）尔 | Ⅰ-27 | 藏族 | 云南省 | | |
| | 阿诗玛 | Ⅰ-28 | 彝族 | 云南省石林彝族自治县 | | |
| | 梅葛 | Ⅰ-63 | 彝族 | 云南省楚雄彝族自治州 | 第二批 | 2008 |
| | 查姆 | Ⅰ-64 | 彝族 | 云南省双柏县 | | |
| | 达古达楞格莱标 | Ⅰ-65 | 德昂族 | 云南省德宏傣族景颇族自治州 | | |
| | 哈尼哈吧 | Ⅰ-66 | 哈尼族 | 云南省元阳县 | | |
| | 召树屯与喃木诺娜 | Ⅰ-67 | 傣族 | 云南省西双版纳傣族自治州 | | |
| | 司岗里 | Ⅰ-74 | 佤族 | 云南省沧源佤族自治县 | | |
| | | | | 云南省西盟佤族自治县 | 扩展 | 2011 |
| | 坡芽情歌 | Ⅰ-113 | 壮族 | 云南省富宁县 | 第三批 | 2011 |
| | 目瑙斋瓦 | Ⅰ-119 | 景颇族 | 云南省德宏傣族景颇族自治州 | | |
| | 洛奇洛耶与扎斯扎依 | Ⅰ-120 | 哈尼族 | 云南省墨江哈尼族自治县 | | |
| | 阿细先基 | Ⅰ-121 | 彝族 | 云南省弥勒县 | | |
| | 黑白战争 | Ⅰ-153 | 纳西族 | 云南省丽江市古城区 | 第四批 | 2014 |
| 传统音乐<br>（10项） | 傈僳族民歌 | Ⅱ-17 | 傈僳族 | 云南省怒江傈僳族自治州、泸水县 | 第一批 | 2006 |
| | 哈尼族多声部民歌 | Ⅱ-30 | 哈尼族 | 云南省红河哈尼族彝族自治州 | | |

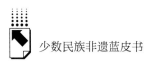

续表

| 项目类别 | 项目名称 | 项目编号 | 民族 | 申报地区或单位 | 批次 | 批准年份 |
|---|---|---|---|---|---|---|
| 传统音乐（10项） | 彝族海菜腔 | Ⅱ-31 | 彝族 | 云南省红河哈尼族彝族自治州 | 第一批 | 2006 |
| | 姚安坝子腔 | Ⅱ-96 | 彝族 | 云南省姚安县 | 第二批 | 2008 |
| | 彝族民歌（彝族酒歌） | Ⅱ-113 | 彝族 | 云南省武定县 | | |
| | 布朗族民歌（布朗族弹唱） | Ⅱ-114 | 布朗族 | 云南省勐海县 | | |
| | 洞经音乐（妙善学女子洞经音乐） | Ⅱ-128 | — | 云南省通海县 | | |
| | 弥渡民歌 | Ⅱ-145 | — | 云南省弥渡县 | 第三批 | 2011 |
| | 纳西族白沙细乐 | Ⅱ-152 | 纳西族 | 云南省丽江市古城区 | | |
| | 剑川白曲 | Ⅱ-164 | 白族 | 云南省大理白族自治州 | 第四批 | 2014 |
| 传统舞蹈（25项） | 锅庄舞（迪庆锅庄舞） | Ⅲ-20 | 藏族 | 云南省迪庆藏族自治州 | 第一批 | 2006 |
| | 热巴舞 | Ⅲ-21 | 藏族 | 云南省迪庆藏族自治州 | | |
| | 木鼓舞（沧源佤族木鼓舞） | Ⅲ-25 | 佤族 | 云南省沧源佤族自治县 | 扩展 | 2014 |
| | 铜鼓舞（文山壮族、彝族铜鼓舞） | Ⅲ-26 | 壮族 彝族 | 云南省文山壮族苗族自治州 | 第一批 | 2006 |
| | 傣族孔雀舞 | Ⅲ-27 | 傣族 | 云南省瑞丽市 | | |
| | 傈僳族阿尺木刮 | Ⅲ-35 | 傈僳族 | 云南省维西傈僳族自治县 | | |
| | 彝族葫芦笙舞 | Ⅲ-36 | 彝族 | 云南省文山壮族苗族自治州 | | |
| | 彝族烟盒舞 | Ⅲ-37 | 彝族 | 云南省红河哈尼族彝族自治州 | | |
| | 基诺大鼓舞 | Ⅲ-38 | 基诺族 | 云南省景洪市 | | |
| | 傣族象脚鼓舞 | Ⅲ-61 | 傣族 | 云南省潞西市、云南省西双版纳傣族自治州 | 第二批 | 2008 |
| | 彝族打歌 | Ⅲ-70 | 彝族 | 云南省巍山彝族回族自治县 | | |
| | 彝族跳菜 | Ⅲ-71 | 彝族 | 云南省南涧彝族自治县 | | |
| | 彝族老虎笙 | Ⅲ-72 | 彝族 | 云南省双柏县 | | |
| | 彝族左脚舞 | Ⅲ-73 | 彝族 | 云南省牟定县 | | |
| | 乐作舞 | Ⅲ-74 | 哈尼族 彝族 | 云南省红河县 | | |
| | 彝族三弦舞（阿细跳月、撒尼大三弦） | Ⅲ-75 | 彝族 | 云南省弥勒县、石林彝族自治县 | | |
| | 纳西族热美蹉 | Ⅲ-76 | 纳西族 | 云南省丽江市古城区 | | |
| | 布朗族蜂桶鼓舞 | Ⅲ-77 | 布朗族 | 云南省双江拉祜族佤族布朗族傣族自治县 | | |

| 项目类别 | 项目名称 | 项目编号 | 民族 | 申报地区或单位 | 批次 | 批准年份 |
|---|---|---|---|---|---|---|
| 传统舞蹈<br>（25项） | 普米族搓蹉 | Ⅲ－78 | 普米族 | 云南省兰坪白族普米族自治县 | 第二批 | 2008 |
| | 拉祜族芦笙舞 | Ⅲ－79 | 拉祜族 | 云南省澜沧拉祜族自治县 | | |
| | 棕扇舞 | Ⅲ－103 | 哈尼族 | 云南省元江哈尼族彝族傣族自治县 | 第三批 | 2011 |
| | 耳子歌 | Ⅲ－126 | 白族 | 云南省大理白族自治州 | 第四批 | 2014 |
| | 铓鼓舞 | Ⅲ－127 | 哈尼族 | 云南省建水县 | | |
| | 水鼓舞 | Ⅲ－128 | 德昂族<br>苗族 | 云南省瑞丽市 | | |
| | 怒族达比亚舞 | Ⅲ－129 | 怒族 | 云南省福贡县 | | |
| 传统戏剧<br>（9项） | 花灯戏（玉溪花灯戏） | Ⅳ－78 | — | 云南省玉溪市 | 第一批 | 2006 |
| | | | | 云南省花灯剧团、弥渡县、姚安县、元谋县 | 扩展 | 2008 |
| | 壮剧 | Ⅳ－82 | 壮族 | 云南省文山壮族苗族自治州 | 第一批 | 2006 |
| | 傣剧 | Ⅳ－86 | 傣族 | 云南省德宏傣族景颇族自治州 | | |
| | 皮影戏（腾冲皮影戏） | Ⅳ－91 | — | 云南省腾冲县 | 扩展 | |
| | 滇剧 | Ⅳ－132 | — | 云南省滇剧院、云南省玉溪市滇剧团、云南省昆明市 | 第二批 | 2008 |
| | 佤族清戏 | Ⅳ－135 | 佤族 | 云南省腾冲县 | | |
| | 彝剧 | Ⅳ－136 | 彝族 | 云南省大姚县 | | |
| | 白剧 | Ⅳ－137 | 白族 | 云南省大理白族自治州 | | |
| | 关索戏 | Ⅳ－151 | — | 云南省澄江县 | 第三批 | 2011 |
| 曲艺<br>（1项） | 傣族章哈 | Ⅴ－44 | 傣族 | 云南省西双版纳傣族自治州 | 第一批 | 2006 |
| 传统体育、游艺与杂技（1项） | 摔跤（彝族摔跤） | Ⅵ－21 | 彝族 | 云南省石林彝族自治县 | 扩展 | 2011 |
| 传统美术<br>（5项） | 纳西族东巴画 | Ⅶ－13 | 纳西族 | 云南省丽江市 | 第一批 | 2006 |
| | 剪纸（傣族剪纸） | Ⅶ－16 | 傣族 | 云南省潞西市 | | |
| | 木雕（剑川木雕） | Ⅶ－58 | 白族 | 云南省剑川县 | 扩展 | 2011 |
| | 彝族（撒尼）刺绣 | Ⅶ－78 | 彝族 | 云南省石林彝族自治县 | 第二批 | 2008 |
| | 建筑彩绘（白族民居彩绘） | Ⅶ－96 | 白族 | 云南省大理市 | | |

续表

| 项目类别 | 项目名称 | 项目编号 | 民族 | 申报地区或单位 | 批次 | 批准年份 |
|---|---|---|---|---|---|---|
| 传统技艺（17项） | 傣族慢轮制陶技艺 | Ⅷ-5 | 傣族 | 云南省西双版纳傣族自治州 | 第一批 | 2006 |
| | 白族扎染技艺 | Ⅷ-26 | 白族 | 云南省大理市 | | |
| | 苗族芦笙制作技艺 | Ⅷ-33 | 苗族 | 云南省大关县 | | |
| | 银饰锻制技艺（鹤庆银器锻制技艺） | Ⅷ-40 | — | 云南省鹤庆县 | 扩展 | 2014 |
| | 阿昌族户撒刀锻制技艺 | Ⅷ-41 | 阿昌族 | 云南省陇川县 | 第一批 | 2006 |
| | 傣族、纳西族手工造纸技艺 | Ⅷ-68 | 傣族 | 云南省临沧市、香格里拉县 | | |
| | | | 纳西族 | | | |
| | 陶器烧制技艺（藏族黑陶烧制技艺、建水紫陶烧制技艺） | Ⅷ-98 | 藏族 | 云南省迪庆藏族自治州、建水县 | 第二批 | 2008 |
| | | | — | | | |
| | 傣族织锦技艺 | Ⅷ-106 | 傣族 | 云南省西双版纳傣族自治州 | | |
| | 斑铜制作技艺 | Ⅷ-118 | — | 云南省曲靖市 | | |
| | 民族乐器制作技艺（傣族象脚鼓制作技艺） | Ⅷ-124 | 傣族 | 云南省临沧市临翔区 | 扩展 | 2011 |
| | 贝叶经制作技艺 | Ⅷ-142 | 傣族 | 云南省西双版纳傣族自治州 | 第二批 | 2008 |
| | 红茶制作技艺（滇红茶制作技艺） | Ⅷ-149 | — | 云南省凤庆县 | 扩展 | 2014 |
| | 普洱茶制作技艺（贡茶制作技艺、大益茶制作技艺） | Ⅷ-151 | — | 云南省宁洱县、勐海县云南省 | 第二批 | 2008 |
| | 黑茶制作技艺（下关沱茶制作技艺） | Ⅷ-152 | 白族 | 云南省大理白族自治州 | 扩展 | 2011 |
| | 火腿制作技艺（宣威火腿制作技艺） | Ⅷ-166 | — | 云南省宣威县 | | |
| | 乌铜走银制作技艺 | Ⅷ-195 | — | 云南省石屏县 | 第三批 | 2011 |
| | 蒙自过桥米线制作技艺 | Ⅷ-235 | — | 云南省蒙自市 | 第四批 | 2014 |
| 传统医药（4项） | 中医传统制剂方法（昆中药传统中药制剂） | Ⅸ-4 | — | 云南省昆明市 | 扩展 | 2014 |
| | 藏医药（藏医骨伤疗法） | Ⅸ-9 | 藏族 | 云南省迪庆藏族自治州 | 扩展 | 2011 |
| | 彝医药（彝医水膏药疗法） | Ⅸ-19 | 彝族 | 云南省楚雄彝族自治州 | 第三批 | 2011 |
| | 彝医药（拨云锭制作技艺） | | | 云南省楚雄市 | 扩展 | 2014 |

| 项目类别 | 项目名称 | 项目编号 | 民族 | 申报地区或单位 | 批次 | 批准年份 |
|---|---|---|---|---|---|---|
| 传统医药<br>（4项） | 傣医药（睡药疗法） | IX-20 | 傣族 | 云南省西双版纳傣族自治州、德宏傣族景颇族自治州 | 第三批 | 2011 |
| 民俗<br>（17项） | 傣族泼水节 | X-8 | 傣族 | 云南省西双版纳傣族自治州 | 第一批 | 2006 |
| | | | | 云南省德宏傣族景颇族自治州 | 扩展 | 2008 |
| | 火把节（彝族火把节） | X-10 | 彝族 | 云南省楚雄彝族自治州 | 第一批 | 2006 |
| | 景颇族目瑙纵歌 | X-11 | 景颇族 | 云南省陇川县 | | |
| | 独龙族卡雀哇节 | X-23 | 独龙族 | 云南省贡山独龙族怒族自治县 | | |
| | 怒族仙女节 | X-24 | 怒族 | 云南省贡山独龙族怒族自治县 | | |
| | 傈僳族刀杆节 | X-27 | 傈僳族 | 云南省泸水县 | | |
| | 白族绕三灵 | X-41 | 白族 | 云南省大理白族自治州 | | |
| | 苗族服饰（昌宁苗族服饰） | X-65 | 苗族 | 云南省保山市 | | |
| | 德昂族浇花节 | X-78 | 德昂族 | 云南省德宏傣族景颇族自治州 | 第二批 | 2008 |
| | 民间信俗（梅里神山祭祀、女子太阳山祭祀） | X-85 | 藏族<br>壮族 | 云南省德钦县、西畴县 | 扩展 | 2014 |
| | 抬阁（通海高台） | X-87 | — | 云南省通海县 | 扩展 | 2011 |
| | 石宝山歌会 | X-105 | 白族 | 云南省剑川县 | 第二批 | 2008 |
| | 大理三月街 | X-106 | 白族 | 云南省大理市 | | |
| | 茶俗（白族三道茶） | X-107 | 白族 | 云南省大理市 | 扩展 | 2014 |
| | 祭寨神林 | X-133 | 哈尼族 | 云南省元阳县 | 第三批 | 2011 |
| | 苗族花山节 | X-146 | 苗族 | 云南省屏边苗族自治县 | 第四批 | 2014 |
| | 彝族服饰 | X-156 | 彝族 | 云南省楚雄彝族自治州 | | |
| 合计 | 105项 | | | | | |

注：仅代表课题组观点。

资料来源：根据国务院公布的四批国家级非物质文化遗产名录整理而成。

## （二）云南省非遗项目代表性传承人统计

据统计，截至2019年12月，云南省各级非遗传承人共有3964人，包括国家级125名（见表2），省级1016名，州市级970名，县级1853名，涉

表2　云南省国家级非物质文化遗产项目代表性传承人名单

| 项目类别 | 序号 | 姓名 | 性别 | 民族 | 出生年月 | 年龄 | 项目编码 | 项目名称 | 申报地区或单位 | 批次 |
|---|---|---|---|---|---|---|---|---|---|---|
| 民间文学（16人） | 01-0005 | 曹明宽 | 男 | 阿昌族 | 1943年10月 | 76 | Ⅰ-3 | 遮帕麻和遮咪麻 | 云南省梁河县 | 第一批（6人） |
| | 01-0006 | 李扎戈 | 男 | 拉祜族 | 1939年 | 80 | Ⅰ-4 | 牡帕密帕 | 云南省普洱市 | |
| | 01-0007 | 李扎倮 | 男 | 拉祜族 | 1943年 | 76 | Ⅰ-4 | 牡帕密帕 | 云南省普洱市 | |
| | 01-0018 | 朱小和 | 男 | 哈尼族 | 1940年9月 | 79 | Ⅰ-24 | 四季生产调 | 云南省红河哈尼族彝族自治州 | |
| | 01-0030 | 毕华玉 | 男 | 彝族 | 1953年3月 | 已故 | Ⅰ-28 | 阿诗玛 | 云南省石林彝族自治县 | |
| | 01-0031 | 王玉芳 | 女 | 彝族 | 1941年10月 | 78 | Ⅰ-28 | 阿诗玛 | 云南省石林彝族自治县 | |
| | 03-0793 | 郭有珍 | 女 | 彝族 | 1943年5月 | 76 | Ⅰ-63 | 梅葛 | 云南省楚雄彝族自治州 | 第三批（2人） |
| | 03-0794 | 李腊翁 | 男 | 德昂族 | 1928年12月 | 已故 | Ⅰ-65 | 达古达楞格莱标 | 云南省德宏傣族景颇族自治州 | |
| | 04-1494 | 和明远 | 男 | 藏族 | 1944年7月 | 75 | Ⅰ-27 | 格萨（斯）尔 | 云南省 | 第四批（6人） |
| | 04-1499 | 方贵生 | 男 | 彝族 | 1950年8月 | 69 | Ⅰ-64 | 查姆 | 云南省双柏县 | |
| | 04-1502 | 岩桑 | 男 | 佤族 | 1930年2月 | 89 | Ⅰ-74 | 司岗里 | 云南省西盟佤族自治县 | |
| | 04-1504 | 农凤妹 | 女 | 壮族 | 1965年4月 | 54 | Ⅰ-113 | 坡芽情歌 | 云南省富宁县 | |
| | 04-1506 | 张桂芬 | 女 | 哈尼族 | 1944年11月 | 75 | Ⅰ-120 | 洛奇洛耶与扎斯扎依 | 云南省墨江哈尼族自治县 | |
| | 04-1507 | 何玉忠 | 男 | 彝族 | 1942年7月 | 77 | Ⅰ-121 | 阿细先基 | 云南省弥勒县 | |
| | 05-2005 | 李腊拽 | 男 | 德昂族 | 1947年9月 | 72 | Ⅰ-65 | 达古达楞格莱标 | 云南省德宏傣族景颇族自治州 | 第五批（2人） |
| | 05-2006 | 马建昌 | 男 | 哈尼族 | 1955年 | 64 | Ⅰ-66 | 哈尼哈吧 | 云南省元阳县 | |
| 传统音乐（13人） | 02-0240 | 王利 | 男 | 傈僳族 | 1929年3月 | 90 | Ⅱ-17 | 傈僳族民歌 | 云南省泸水县 | 第二批（5人） |
| | 02-0258 | 车格 | 女 | 哈尼族 | 1965年12月 | 54 | Ⅱ-30 | 哈尼族多声部民歌 | 云南省红河哈尼族彝族自治州 | |
| | 02-0259 | 陈习娘 | 男 | 哈尼族 | 1965年12月 | 54 | Ⅱ-30 | 哈尼族多声部民歌 | 云南省红河哈尼族彝族自治州 | |
| | 02-0260 | 后宝云 | 男 | 彝族 | 1942年11月 | 77 | Ⅱ-31 | 彝族海菜腔 | 云南省红河哈尼族彝族自治州 | |
| | 02-0261 | 阿家文 | 男 | 彝族 | 1939年9月 | 80 | Ⅱ-32 | 彝族海菜腔 | 云南省红河哈尼族彝族自治州 | |

续表

| 项目类别 | 序号 | 姓名 | 性别 | 民族 | 出生年月 | 年龄 | 项目编码 | 项目名称 | 申报地区或单位 | 批次 |
|---|---|---|---|---|---|---|---|---|---|---|
| 传统音乐（13人） | 03－0816 | 李学华 | 男 | 傈僳族 | 1952年1月 | 67 | Ⅱ－17 | 傈僳族民歌 | 云南省泸水县 | 第三批（2人） |
| | 03－0870 | 岩瓦洛 | 男 | 布朗族 | 1959年 | 60 | Ⅱ－114 | 布朗族民歌（布朗族弹唱） | 云南省勐海县 | |
| | 04－1538 | 李彩凤 | 女 | 彝族 | 1943年4月 | 76 | Ⅱ－145 | 弥渡民歌 | 云南省弥渡县 | 第四批（1人） |
| | 05－2039 | 阿称恒 | 男 | 傈僳族 | 1951年 | 68 | Ⅱ－17 | 傈僳族民歌 | 云南省怒江傈僳族自治州 | 第五批（5人） |
| | 05－2105 | 刘彩菊 | 女 | 汉族 | 1970年 | 49 | Ⅱ－96 | 姚安坝子腔 | 云南省姚安县 | |
| | 05－2121 | 余学光 | 男 | 彝族 | 1956年 | 63 | Ⅱ－113 | 彝族民歌（彝族酒歌） | 云南省武定县 | |
| | 05－2168 | 和凛毅 | 男 | 纳西族 | 1967年 | 52 | Ⅱ－152 | 纳西族白沙细乐 | 云南省丽江市古城区 | |
| | 05－2178 | 姜宗德 | 男 | 白族 | 1965年7月 | 54 | Ⅱ－164 | 剑川白曲 | 云南省大理白族自治州 | |
| 传统舞蹈（32人） | 02－0369 | 达波区批 | 男 | 藏族 | 1931年 | 88 | Ⅲ－20 | 锅庄舞（迪庆锅庄舞） | 云南省迪庆藏族自治州 | 第二批（10人） |
| | 02－0370 | 徐桂莲 | 女 | 藏族 | 1944年 | 75 | Ⅲ－20 | | | |
| | 02－0384 | 陆学宗 | 男 | 彝族 | 1949年12月 | 70 | Ⅲ－26 | 铜鼓舞（文山壮族、彝族铜鼓舞） | 云南省文山壮族苗族自治州 | |
| | 02－0385 | 黄正武 | 男 | 彝族 | 1945年 | 74 | Ⅲ－26 | | | |
| | 02－0386 | 约相 | 男 | 傣族 | 1948年11月 | 71 | Ⅲ－27 | 傣族孔雀舞 | 云南省瑞丽市 | |
| | 02－0387 | 旺腊 | 男 | 傣族 | 1946年5月 | 73 | Ⅲ－27 | | | |
| | 02－0394 | 熊自义 | 男 | 傈僳族 | 1941年 | 78 | Ⅲ－35 | 傈僳族阿尺木刮 | 云南省维西傈僳族自治县 | |
| | 02－0395 | 钟天珍 | 女 | 傈僳族 | 1946年12月 | 73 | Ⅲ－35 | | | |
| | 02－0396 | 杨应金 | 男 | 彝族 | 1953年6月 | 66 | Ⅲ－36 | 彝族葫芦笙舞 | 云南省文山壮族苗族自治州 | |
| | 02－0397 | 施万恒 | 男 | 彝族 | 1947年9月 | 72 | Ⅲ－37 | 彝族烟盒舞 | 云南省红河哈尼族彝族自治州 | |

| 项目类别 | 序号 | 姓名 | 性别 | 民族 | 出生年月 | 年龄 | 项目编码 | 项目名称 | 申报地区或单位 | 批次 |
|---|---|---|---|---|---|---|---|---|---|---|
| 传统舞蹈（32人） | 03-0940 | 茶春梅 | 女 | 彝族 | 1962年8月 | 57 | Ⅲ-70 | 彝族打歌 | 云南省巍山彝族回族自治县 | 第三批（4人） |
| | 03-0941 | 鲁朝金 | 男 | 彝族 | 1966年3月 | 53 | Ⅲ-71 | 彝族跳菜 | 云南省南涧彝族自治县 | |
| | 03-0942 | 俸继明 | 男 | 布朗族 | 1955年11月 | 64 | Ⅲ-77 | 布朗族蜂桶鼓舞 | 云南省双江拉祜族佤族布朗族傣族自治县 | |
| | 03-0943 | 李增保 | 男 | 拉祜族 | 1932年1月 | 87 | Ⅲ-79 | 拉祜族芦笙舞 | 云南省澜沧拉祜族自治县 | |
| | 04-1567 | 陈改保 | 男 | 佤族 | 1939年5月 | 80 | Ⅲ-25 | 木鼓舞（沧源佤族木鼓舞） | 云南省沧源佤族自治县 | 第四批（3人） |
| | 04-1577 | 和振强 | 男 | 纳西族 | 1938年2月 | 81 | Ⅲ-76 | 纳西族热美蹉 | 云南省丽江古市城区 | |
| | 04-1586 | 龙正福 | 男 | 哈尼族 | 1943年9月 | 76 | Ⅲ-103 | 棕榈舞 | 云南省元江哈尼族彝族傣族自治县 | |
| | 05-2231 | 云张 | 男 | 藏族 | 1944年 | 75 | Ⅲ-21 | 热巴舞 | 云南省迪庆藏族自治州 | 第五批（15人） |
| | 05-2238 | 梁正功 | 男 | 壮族 | 1949年 | 70 | Ⅲ-26 | 铜鼓舞（文山壮族、彝族铜鼓舞） | 云南省文山壮族苗族自治州 | |
| | 05-2240 | 李碧清 | 男 | 傈僳族 | 1968年 | 51 | Ⅲ-35 | 傈僳族阿尺木刮 | 云南省维西傈僳族自治县 | |
| | 05-2241 | 何桂英 | 女 | 基诺族 | 1968年7月 | 51 | Ⅲ-38 | 基诺大鼓舞 | 云南省景洪市 | |
| | 05-2265 | 朗四 | 男 | 傣族 | 1955年9月 | 64 | Ⅲ-61 | 傣族象脚鼓舞 | 云南省潞西市 | |
| | 05-2266 | 波罕丙 | 男 | 傣族 | 1963年2月 | 56 | Ⅲ-61 | 傣族象脚鼓舞 | 云南省西双版纳傣族自治州 | |
| | 05-2268 | 杨家点 | 男 | 彝族 | 1962年 | 57 | Ⅲ-72 | 彝族老虎笙 | 云南省双柏县 | |
| | 05-2269 | 普清荣 | 男 | 彝族 | 1960年 | 59 | Ⅲ-73 | 彝族左脚舞 | 云南省牟定县 | |
| | 05-2270 | 李阿胖 | 女 | 彝族 | 1963年 | 56 | Ⅲ-74 | 乐作舞 | 云南省红河县 | |
| | 05-2271 | 段正荣 | 男 | 彝族 | 1958年 | 61 | Ⅲ-75 | 彝族三弦舞（阿细跳月） | 云南省弥勒市 | |

续表

| 项目类别 | 序号 | 姓名 | 性别 | 民族 | 出生年月 | 年龄 | 项目编码 | 项目名称 | 申报地区或单位 | 批次 |
|---|---|---|---|---|---|---|---|---|---|---|
| 传统舞蹈<br>（32 人） | 05－2272 | 毕光明 | 男 | 彝族 | 1948 年 | 71 | Ⅲ－75 | 彝族三弦舞（撒尼大三弦） | 云南省石林彝族自治县 | 第五批<br>（15 人） |
| | 05－2273 | 和红亮 | 男 | 纳西族 | 1967 年 10 月 | 52 | Ⅲ－76 | 纳西族热美蹉 | 云南省丽江市古城区 | |
| | 05－2274 | 李石开 | 男 | 拉祜族 | 1963 年 | 56 | Ⅲ－79 | 拉祜族芦笙舞 | 云南省澜沧拉祜族自治县 | |
| | 05－2300 | 杨春文 | 男 | 白族 | 1938 年 | 81 | Ⅲ－1269 | 耳子歌 | 云南省大理白族自治州 | |
| | 05－2301 | 李生方 | 男 | 哈尼族 | 1953 年 | 66 | Ⅲ－127 | 铓鼓舞 | 云南省建水县 | |
| | 02－0623 | 李鸿源 | 男 | 汉族 | 1937 年 4 月 | 已故 | Ⅳ－78 | 花灯戏(玉溪花灯戏) | 云南省玉溪市 | 第二批<br>（3 人） |
| | 02－0624 | 陈克勤 | 男 | 汉族 | 1935 年 3 月 | 84 | Ⅳ－78 | 花灯戏(玉溪花灯戏) | 云南省玉溪市 | |
| | 02－0646 | 刀保顺 | 男 | 傣族 | 1937 年 4 月 | 82 | Ⅳ－86 | 傣剧 | 云南省德宏傣族景颇族自治州 | |
| | 03－1072 | 金星明 | 男 | 傣族 | 1944 年 11 月 | 75 | Ⅳ－86 | 傣剧 | 云南省德宏傣族景颇族自治州 | 第三批<br>（3 人） |
| | 03－1148 | 李家显 | 男 | 佤族 | 1934 年 11 月 | 85 | Ⅳ－135 | 佤族清戏 | 云南省腾冲县 | |
| | 03－1149 | 李茂荣 | 男 | 彝族 | 1944 年 | 75 | Ⅳ－136 | 彝剧 | 云南省大姚县 | |
| | 04－1668 | 刘永周 | 男 | 汉族 | 1944 年 11 月 | 75 | Ⅳ－91 | 皮影戏（腾冲皮影戏） | 云南省腾冲县 | 第四批<br>（1 人） |
| | 05－2390 | 陈申华 | 男 | 汉族 | 1954 年 | 65 | Ⅳ－78 | 花灯戏 | 云南省元谋县 | |
| | 05－2393 | 农学良 | 男 | 壮族 | 1949 年 | 70 | Ⅳ－82 | 壮剧 | 云南省文山壮族苗族自治州 | |
| | 05－2460 | 王玉珍 | 女 | 汉族 | 1946 年 | 73 | Ⅳ－132 | 滇剧 | 云南省滇剧院 | |
| | 05－2461 | 梁子华 | 男 | 汉族 | 1942 年 | 77 | Ⅳ－132 | 滇剧 | 云南省玉溪市滇剧团 | |
| | 05－2462 | 杨茂 | 男 | 回族 | 1947 年 4 月 | 72 | Ⅳ－132 | 滇剧 | 云南省昆明市 | 第五批<br>（8 人） |
| | 05－2463 | 王祖芳 | 女 | 佤族 | 1969 年 4 月 | 50 | Ⅳ－135 | 佤族清戏 | 云南省腾冲县 | |
| 传统戏剧<br>（15 人） | 05－2464 | 普文学 | 男 | 彝族 | 1970 年 | 49 | Ⅳ－136 | 彝剧 | 云南省大姚县 | |
| | 05－2469 | 周如文 | 男 | 汉族 | 1968 年 | 51 | Ⅳ－151 | 关索戏 | 云南省澄江县 | |

续表

| 项目类别 | 序号 | 姓名 | 性别 | 民族 | 出生年月 | 年龄 | 项目编码 | 项目名称 | 申报地区或单位 | 批次 |
|---|---|---|---|---|---|---|---|---|---|---|
| 曲艺（2人） | 03-1165 | 王光 | 女 | 傣族 | 1956年2月 | 63 | V-44 | 傣族章哈 | 云南省西双版纳傣族自治州 | 第三批（2人） |
| | 03-1166 | 康朗屯 | 男 | 傣族 | 1938年7月 | 81 | | | | |
| 传统体育、游艺与杂技（1人） | 05-2544 | 李有贵 | 男 | 彝族 | 1960年 | 59 | VI-21 | 摔跤（彝族摔跤） | 云南省石林彝族自治县 | 第五批（1人） |
| 传统美术（7人） | 01-0062 | 和训 | 男 | 纳西族 | 1926年8月 | 93 | VII-13 | 纳西族东巴画 | 云南省丽江市 | 第一批（2人） |
| | 01-0074 | 思华章 | 男 | 傣族 | 1923年 | 已故 | VII-13 | 剪纸（傣族剪纸） | 云南省潞西市 | |
| | 03-1302 | 李云义 | 男 | 白族 | 1942年6月 | 77 | VII-96 | 建筑彩绘（白族民居彩绘） | 云南省大理市 | 第三批（1人） |
| | 04-1762 | 邵梅罕 | 女 | 傣族 | 1963年2月 | 56 | VII-16 | 剪纸（傣族剪纸） | 云南省潞西市 | 第四批（1人） |
| | 05-2580 | 和世先 | 男 | 纳西族 | 1942年 | 77 | VII-13 | 纳西族东巴画 | 云南省丽江市 | 第五批（3人） |
| | 05-2669 | 段四兴 | 男 | 白族 | 1973年8月 | 46 | VII-58 | 木雕（剑川木雕） | 云南省剑川县 | |
| | 05-2692 | 毕跃英 | 女 | 彝族 | 1954年12月 | 65 | VII-78 | 彝族（撒尼）刺绣 | 云南省石林彝族自治县 | |
| 传统技艺（22人） | 01-0145 | 张仕绅 | 男 | 白族 | 1941年8月 | 78 | VIII-26 | 白族扎染技艺 | 云南省大理市 | 第一批（4人） |
| | 01-0152 | 王杰锋 | 男 | 苗族 | 1960年2月 | 59 | VIII-33 | 苗族芦笙制作技艺 | 云南省大关县 | |
| | 01-0161 | 项老赛 | 男 | 阿昌族 | 1960年 | 59 | VIII-41 | 阿昌族户撒刀锻制技艺 | 云南省陇川县 | |
| | 01-0181 | 和志本 | 男 | 傣族 | 1928年 | 已故 | VIII-68 | 傣族、纳西族手工造纸技艺 | 云南省香格里拉县 | |

续表

| 项目类别 | 序号 | 姓名 | 性别 | 民族 | 出生年月 | 年龄 | 项目编码 | 项目名称 | 申报地区或单位 | 批次 |
|---|---|---|---|---|---|---|---|---|---|---|
| 传统技艺（22人） | 03－1331 | 玉勐嘎 | 女 | 傣族 | 1945年 | 74 | Ⅷ－68 | 傣族、纳西族手工造纸技艺 | 云南省临沧市 | 第三批（4人） |
| | 03－1356 | 孙诺七林 | 男 | 藏族 | 1948年 | 71 | Ⅷ－98 | 陶器烧制技艺（藏族黑陶烧制技艺） | 云南省迪庆藏族自治州 | |
| | 03－1365 | 叶娟 | 女 | 傣族 | 1959年 | 60 | Ⅷ－106 | 傣族织锦制作技艺 | 云南省西双版纳傣族自治州 | |
| | 03－1376 | 张克康 | 男 | 汉族 | 1955年3月 | 64 | Ⅷ－118 | 斑铜制作技艺 | 云南省曲靖市 | |
| | 04－1856 | 周小三 | 女 | 傣族 | 1936年2月 | 83 | Ⅷ－68 | 傣族、纳西族手工造纸技艺 | 云南省临沧市 | 第四批（2人） |
| | 04－1902 | 波空论 | 男 | 傣族 | 1948年1月 | 71 | Ⅷ－142 | 贝叶经制作技艺 | 云南省西双版纳傣族自治州 | |
| | 05－2721 | 玉勐 | 女 | 傣族 | 1957年 | 62 | Ⅷ－5 | 傣族慢轮制陶技艺 | 云南省西双版纳傣族自治州 | 第五批（12人） |
| | 05－2739 | 段银开 | 女 | 白族 | 1976年 | 43 | Ⅷ－26 | 白族扎染技艺 | 云南省大理市 | |
| | 05－2751 | 母炳林 | 男 | 白族 | 1979年 | 40 | Ⅷ－40 | 银饰锻制技艺（鹤庆银器锻制技艺） | 云南省鹤庆县 | |
| | 05－2752 | 寸发标 | 男 | 白族 | 1962年 | 57 | Ⅷ－40 | 银饰锻制技艺（鹤庆银器锻制技艺） | 云南省鹤庆县 | |
| | 05－2793 | 当珍批初 | 男 | 藏族 | 1971年 | 48 | Ⅷ－98 | 陶器烧制技艺（藏族黑陶烧制技艺） | 云南省迪庆藏族自治州 | |
| | 05－2794 | 陈绍康 | 男 | 汉族 | 1939年 | 80 | Ⅷ－98 | 陶器烧制技艺（建水紫陶烧制技艺） | 云南省建水县 | |
| | 05－2804 | 玉儿甩 | 女 | 傣族 | 1958年 | 61 | Ⅷ－106 | 傣族织锦制作技艺 | 云南省西双版纳傣族自治州 | |
| | 05－2821 | 俸传诗 | 男 | 傣族 | 1941年 | 78 | Ⅷ－124 | 民族乐器制作技艺（傣族象脚鼓制作技艺） | 云南省临沧市临翔区 | |

续表

| 项目类别 | 序号 | 姓名 | 性别 | 民族 | 出生年月 | 年龄 | 项目编码 | 项目名称 | 申报地区或单位 | 批次 |
|---|---|---|---|---|---|---|---|---|---|---|
| 传统技艺（22 人） | 05－2850 | 张成仁 | 男 | 汉族 | 1967 年 | 52 | Ⅷ－149 | 红茶制作技艺（滇红茶制作技艺） | 云南省凤庆县 | |
| | 05－2861 | 管升阔 | 男 | 汉族 | 1956 年 | 63 | Ⅷ－166 | 火腿制作技艺（宣威火腿制作技艺） | 云南省宣威市 | 第五批（12 人） |
| | 05－2880 | 金永才 | 男 | 汉族 | 1953 年 | 66 | Ⅷ－195 | 乌铜走银制作技艺 | 云南省石屏县 | |
| | 05－2908 | 王丽珠 | 女 | 汉族 | 1955 年 12 月 | 64 | Ⅷ－235 | 蒙自过桥米线制作技艺 | 云南省蒙自市 | |
| 传统医药（2 人） | 04－1953 | 余惠祥 | 男 | 汉族 | 1952 年 10 月 | 67 | Ⅸ－19 | 彝医药（彝医水膏药疗法） | 云南省楚雄彝族自治州 | 第四批（1 人） |
| | 05－2942 | 张元昆 | 女 | 汉族 | 1948 年 | 71 | Ⅸ－4 | 中医传统制剂方法（昆中药传统中药制剂） | 云南省昆明市 | 第五批（1 人） |
| 民俗（15 人） | 02－0774 | 李学强 | 男 | 傈僳族 | 1959 年 9 月 | 60 | Ⅹ－27 | 傈僳族刀杆节 | 云南省泸水县 | 第二批（2 人） |
| | 02－0775 | 赵丕鼎 | 男 | 白族 | 1942 年 11 月 | 77 | Ⅹ－41 | 白族绕三灵 | 云南省大理白族自治州 | |
| | 03－1465 | 岳麻通 | 男 | 景颇族 | 1942 年 2 月 | 77 | Ⅹ－11 | 景颇目瑙纵歌 | 云南省陇川县 | 第三批（1 人） |
| | 04－1958 | 普顺发 | 男 | 彝族 | 1937 年 11 月 | 82 | Ⅹ－10 | 火把节（彝族火把节） | 云南省楚雄彝族自治州 | |
| | 04－1970 | 陶美元 | 女 | 苗族 | 1965 年 4 月 | 54 | Ⅹ－10 | 苗族服饰（昌宁苗族服饰） | 云南省保山市 | 第四批（3 人） |
| | 04－1978 | 公孙馨 | 男 | 汉族 | 1949 年 10 月 | 70 | Ⅹ－10 | 抬阁（通海高台） | 云南省通海县 | |
| | 05－2973 | 赵陇忠 | 男 | 景颇族 | 1959 年 | 60 | Ⅹ－11 | 景颇目瑙纵歌 | 云南省陇川县 | 第五批（9 人） |
| | 05－2978 | 王国光 | 男 | 独龙族 | 1968 年 | 51 | Ⅹ－23 | 独龙族卡雀哇节 | 云南省贡山独龙族怒族自治县 | |

续表

| 项目类别 | 序号 | 姓名 | 性别 | 民族 | 出生年月 | 年龄 | 项目编码 | 项目名称 | 申报地区或单位 | 批次 |
|---|---|---|---|---|---|---|---|---|---|---|
| 民俗（15人） | 05-2979 | 李汉良 | 男 | 怒族 | 1957年 | 62 | X-24 | 怒族仙女节 | 云南省贡山独龙族怒族自治县 | 第五批（9人） |
| | 05-2016 | 王腊生 | 男 | 德昂族 | 1942年 | 77 | X-78 | 德昂族浇花节 | 云南省德宏傣族景颇族自治州 | |
| | 05-3023 | 斯那品初 | 男 | 藏族 | 1967年 | 52 | X-85 | 民间信俗（梅里神山祭祀） | 云南省德钦县 | |
| | 05-3024 | 刘仕美 | 女 | 壮族 | 1945年 | 74 | X-85 | 民间信俗（女子太阳山祭祀） | 云南省西畴县 | |
| | 05-3057 | 卢文学 | 男 | 哈尼族 | 1954年 | 65 | X-133 | 祭寨神林 | 云南省元阳县 | |
| | 05-3061 | 侯双兵 | 男 | 苗族 | 1953年 | 66 | X-146 | 苗族花山节 | 云南省屏边苗族自治县 | |
| | 05-3066 | 普云珍 | 女 | 彝族 | 1957年 | 62 | X-156 | 彝族服饰 | 云南省楚雄彝族自治州 | |
| 合计 | | | | | | | | | 125人 | |

注：仅代表课题组观点，传承人年龄统计截至2019年12月。

资料来源：《文化部关于公布第一批国家级非物质文化遗产项目代表性传承人的通知（2007）》（文社图发〔2007〕21号）、《文化部关于公布第三批国家级非物质文化遗产项目代表性传承人的通知》（文社图发〔2008〕1号）、《文化部关于公布第四批国家级非物质文化遗产项目代表性传承人的通知》（文非遗发〔2009〕6号）、《文化和旅游部关于公布第五批国家级非物质文化遗产代表性项目代表性传承人的通知》（文旅非遗发〔2018〕8号）；昆明发布：《昆明6人成为第五批国家级非遗传承人》，搜狐网，2018年5月23日，https：//www.sohu.com/a/232591701_391597；姚昌东：《沉痛悼念国家级非物质文化遗产传承人李腊翁》，中国民俗学网，2017年3月26日，https：//www.chinesefolklore.org.cn/web/index.php? NewsID=15663&Page=1；《沉痛悼念花灯戏（玉溪）国家级代表性传承人李鸿源辞世》，云南省玉溪市文化馆官网，2019年4月23日，http：//yuxiswhg.com/qwdt/article_1_1010.html；《思华章》，中国非物质文化遗产网，http：//www.ihchina.cn/ccr_detail/2622；《大师远去，技艺永恒——送别迪庆州国家级非遗传承人和志本》，云南非物质文化遗产保护中心网，2017年6月2日，http：//www.ynich.cn/view-11411-3186.html。

及彝族、傣族、白族、藏族、壮族、苗族、回族、佤族、纳西族、哈尼族、拉祜族、傈僳族等20多个少数民族。国家级非遗传承人涵盖了所有的非遗项目类别，依次为：传统舞蹈项目32人，占25.6%；传统技艺项目22人，占17.6%；民间文学项目16人，占12.8%；传统戏剧和民俗项目各15人，分别占12%；传统音乐项目13人，占10.4%；传统美术项目7人，占5.6%；曲艺和传统医药项目各2人，分别占1.6%；传统体育、游艺与杂技项目1人，占0.8%（见图1）。

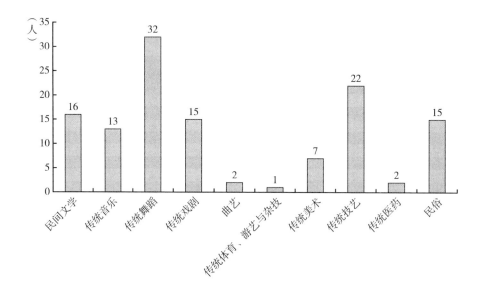

**图1 云南省国家级非遗传承人名录各类别人数**

资料来源：据表2制图。

## 二 云南少数民族非遗保护取得的成效

为了解云南少数民族非遗保护发展情况，课题组深入云南省红河、楚雄、德宏、普洱等少数民族集聚区进行实地调研，走访有关单位和熟知情况的资深人士。自20世纪80年代以来，云南省采取了特殊措施来保护和传承少数民族非遗，取得了令人瞩目的成效。

## （一）建立法律规章制度，保护工作有章可循

我国对非物质文化遗产保护的立法始于 20 世纪 90 年代，云南省率先于 2000 年 5 月颁布了我国第一部保护民间传统文化的地方性法规《云南省民族民间传统文化保护条例》，为国家的立法提供了经验和基础。云南省自 2013 年 6 月 1 日正式实施《云南省非物质文化遗产保护条例》（云文社〔2003〕13 号文件），2018 年 1 月又印发《云南省人民政府关于进一步加强非遗保护工作的意见》（云政发〔2018〕6 号）。此外，云南省大理白族自治州、楚雄彝族自治州、迪庆藏族自治州、红河哈尼族彝族自治州、临沧市等州市还根据本地区实际情况，制定了更为具体的保护计划、管理办法和补贴措施，如《云南省楚雄彝族自治州彝族十月太阳历文化保护条例》《大理州非物质文化遗产项目保护与管理办法》《大理州非物质文化遗产项目代表性传承人认定与管理办法》《大理州加强和改进白剧保护传承发展工作的实施意见》《云南省迪庆藏族自治州非物质文化遗产保护条例》等，为云南少数民族非遗的有效保护提供了相应的法律依据。

## （二）出版民族典籍和文献资料，保护工作取得重大进展

国家于 1958 年 2 月成立"全国少数民族古籍整理出版规划领导小组"之后，云南省也成立了"少数民族古籍整理出版规划办公室"，专门负责抢救和出版少数民族古籍。2009 年 9 月，云南省民族古籍办筹资 300 万元，编辑出版了《云南民族口传非物质文化遗产总目提要》《云南少数民族古典史诗全集》等书籍，对 4600 项云南口传非遗项目进行了整理汇编，对云南省非遗进行大摸底和汇总。从 2010 年起，云南省政府每年投入 2000 万元作为专项保护经费，用于保护非遗。楚雄彝族自治州投入 3000 万元，编辑出版《彝族毕摩全经》106 卷；红河哈尼族彝族自治州筹资 180 万元，出版《红河彝族文化遗产古籍典藏》20 卷 120 部，并投入 1000 万元，出版《哈尼族口传文化译注全集》100 册；丽江市也筹资出版了《纳西东巴古籍译注全集》100 册、《云南省非遗调查报告·丽江部分》和丽江民族民间文化荟

萃《纳西族东巴画概论》、《丽江傈僳族民间歌舞集》（上、下）。① 据调查，云南省 2016 年以来已翻译出版《董永记》《齐小荣》《毛洪记》《凤凰记》《王四姐》《卖花记》《红鱼姑娘》等彝文典籍；白族中华文化认同典籍《白扇记》《磨房记》；傣族中华文化认同典籍《唐僧取经》《刘秀走国》等 12 部计 800 余万字。编纂完成《云南少数民族中华文化认同文献典藏》10 卷本大型套书，收录了彝、傣、白、壮、瑶、苗、傈僳、阿昌、佤、基诺、怒等少数民族中流传的文献典籍 40 余部，总计 1200 余万字。其中，《云南少数民族绘画典籍集成》（云南美术出版社 2016 年 7 月出版）第一次汇集了彝族、纳西族、傣族、壮族、瑶族五个少数民族自明代晚期至民国初期近三百年间的民间绘画典籍，该书于 2017 年 4 月荣获第六届中华优秀出版物（图书）奖。2018 年 8 月，云南正式启动彝医药典籍编纂工作，开启了云南省民族古籍抢救保护新领域。

## （三）完善各级名录体系，保护工作效果明显

云南省自 1999 年起五次逐级申报认定，建立了四级非遗保护名录，积极开展少数民族非遗保护活动，云岭高原民族民间传统文化生机勃发。如石林彝族自治县高度重视国家级非遗彝族叙事长诗《阿诗玛》的保护，早于 2006 年就排演了大型原生态歌舞《阿诗玛秘地》《世界的阿诗玛》《唱响阿诗玛》等大型民族歌舞，之后相继举办了《阿诗玛》民歌联唱晚会。除每年举办一期传承人培训班外，每逢元旦和春节，该县都要举办民谣歌曲、传统舞蹈比赛和以《阿诗玛》为主题的大型文艺晚会，组织《阿诗玛》剧组到各村寨巡回演出。2019 年 10 月，该县还组织彝族撒尼（挑花）刺绣亮相第七届中国成都国际非遗节，在石林县域内外营造出一种争相传承彝族非遗的良好氛围。此外，云南省充分利用民族节日加强少数民族非遗保护活动，如在 2019 年 4 月西双版纳傣族自治州泼水节暨第二十二届西双版纳边境贸

---

① 普丽春、沈静：《云南少数民族非物质文化遗产保护和传承现状调查研究》，《中央民族大学学报》（哲学社会科学版）2012 年第 5 期。

易旅游交易会期间，举办了云南省 2019 年国家级非遗项目"傣族象脚鼓舞"大赛，来自德宏州瑞丽市、临沧市临翔区、普洱市孟连县和西双版纳州的 12 支代表队 150 余人参加决赛。其中年龄最小的 5 岁，最大的 67 岁。这一活动不仅加强了国家级少数民族非遗项目"傣族象脚鼓舞"的传承保护，搭建了傣族优秀传统文化宣传、展示、学习和交流的平台，而且促进了传承人带徒授艺，让更多年轻一代参与"傣族象脚鼓舞"传承保护。再如澜沧拉祜族自治县于 2019 年 7 月 17 日至 19 日举办了 2019 年国家级非物质文化遗产项目"牡帕密帕"演唱比赛。以上这些活动推动了少数民族非遗的有效传承，使少数民族瑰宝在传承和保护中绽放异彩。

### （四）重视非遗传承人认定，加强传承人队伍建设

云南省高度重视非遗传承人培养工作，2002 年被国家确定为非遗的综合试点省。2009 年 4 月云南省编辑出版了《云南省非物质文化遗产传承人名录》，系统收录了 230 名非遗传承人。《云南省政府关于进一步加强非物质文化遗产保护工作的意见》（云政发〔2018〕6 号）明确指出："逐步改善非物质文化遗产项目代表性传承人队伍的民族结构、年龄结构、地域结构和知识结构。实施'非物质文化遗产传承人群研修研习培训计划'，扩大非物质文化遗产传承人群。"[1] 为鼓励各级非遗项目传承人带徒授艺、开展传习和培训活动，云南省给予传承人每年国家级 20000 元、省级 8000 元、州（市）级 2000 元的补助，采取"走出去""请进来"等方式，组织多种形式的培训、交流、研讨活动，提高非遗项目代表性传承人的学习能力、文化素养、审美水平和创新意识。依托云南艺术学院、云南民族大学、楚雄师范学院、大理大学等高校举办国家、省、州（市）、县级传承人及业余骨干培训，如云南艺术学院作为首批"中国非遗传承人群研培计划"遴选高校已开展相关培训工作 5 年，截至 2019 年 9 月，共举办研培班 11 期，先后培训

---

[1] 《云南省人民政府关于进一步加强非物质文化遗产保护工作的意见》，中国非物质文化遗产网，2018 年 1 月 31 日，http://www.ihchina.cn/news_1_details/11600.html。

了相关学员600多人。2019年9月2日至10月4日举办的"中国非遗传承人群研修培训计划"第四期和第五期研修培训班,以"云南白族扎染"和"云南彝族剪纸"为教学内容,对非遗传承人进行文化艺术和传统技艺实践课程的专业指导,提高非遗传承人专业基础知识水平,增强少数民族非遗传承活力。

### (五)扶持少数民族艺术创作,拓展保护非遗形式

云南省将少数民族文化精品工程纳入财政年度经费预算,加大少数民族非遗经费的投入力度。制作和上映了大量具有浓郁民族特色和时代气息的少数民族文艺精品,如反映彝族民族文学的电影《阿诗玛》和《花腰新娘》等。展演了很多少数民族音乐与舞蹈作品,如云南峨山彝族自治县先后出版彝族民间歌曲CD《彝音天籁》、DVD《彝之韵》,编辑出版《花鼓舞彝山》(解读峨山彝族花鼓舞的专著)、《魅力彝音》、《彝韵峨山》等,编导推出了彝族特色浓郁的大型文艺节目《花鼓之源》和《阿普笃慕》。自2006年起,县财政每年安排不少于100万元的文化发展经费,以彝族各类非遗为基础,建设城市区域文化品牌,努力打造"彝族花鼓舞之乡"。

云南省积极拓展保护非遗形式,成立了动漫企业认定领导小组及办公室,制定《云南省动漫企业认定规程》,组建了云南省动漫协会,在抢救、保护和传承少数民族传统文化方面开展了大量卓有成效的工作。新闻出版、网络音像、影视、电视剧、动漫等部门和产业联合保护传承少数民族非遗,对新时代宣传和展示云南少数民族非遗题材,培育云南少数民族非遗产业产生了积极深远的影响。如楚雄彝族自治州引进企业投资保护彝族刺绣非遗项目,2016年投资100亿元打造彝风湿地国际文化旅游度假区。2018年8月1日至2日,红河哈尼族彝族自治州建水县彝族花灯小戏《大喇叭小广场》代表云南省参加由中宣部、文化和旅游部主办的全国基层院团戏曲会演,在中国评剧院精彩上演,让人们看到了来自云南边疆少数民族最基层、原汁原味的彝族花灯小戏,积极推动了少数民族非遗的保护传承。

## （六）开辟教育保护新途径，学校传承成效显著

云南高校在少数民族非遗的保护中发挥了中坚作用。高校依托优秀教学、科研人才，培育了一批又一批活跃的各类文化传承人才。如云南民族大学自2010年起，每年举办"民族文化长廊"系列活动、舌尖上的民族活动、民族文化创意活动、广场文化活动、国学经典传承活动。2017年10月27日，云南民族大学"文创中心"在昆明市五华区大观街道顺城社区和昆明市明德民族中学举办东巴文、纳西歌曲、铜鼓舞、民族时装秀等少数民族非遗展览，给社区带来了一场别具风情的视觉盛宴。2018年5月14日，云南大学艺术与设计学院与云南彝山文化产业有限公司同台展演"新时代、新秀场"主题推广专演，把国家级非遗彝绣展现给各方宾客，唤醒民族自信。

少数民族非遗进校园工作效果明显。一是传承内容选择符合实际，音乐歌舞最为突出。2009年以来，红河哈尼族彝族自治州石屏职业中学、三中、坝心小学、龙朋小学、龙武小学、桃园小学等学校开设海菜腔、烟盒舞、花腰歌舞等彝族国家级非遗的普及课程。藏族热巴舞、白族霸王鞭、彝族左脚舞、拉祜族芦笙舞、哈尼族竹筒舞、佤族舞等都作为大课间内容在学生中广为普及。二是自编民族文化教材。如云南民族大学附属小学坚持一个学期开设一门民族团结课程，2019年7月调研开发了傣族文化课程；楚雄彝族自治州组织编写《彝文识字课本》《苗文识字课本》等少数民族语文教材；南涧、弥渡等彝族自治县编写了《南涧跳菜》《彝族花灯——民歌音乐》1~9年级乡土教材，抽调民间艺人到学校培训教师，在中小学推广"跳菜健身操"，普及率达100%；2014年4月，昆明市官渡区幼儿园教学成果《云南省昆明市官渡区幼儿园民族文化传承启蒙教育园本课程》荣获第一届国家级基础教育成果奖二等奖，填补了云南省内幼儿园民族文化教育的空白。三是以"乡村学校少年宫"为教育传承阵地。2012年以来，红河哈尼族彝族自治州石屏县龙棚镇中心小学、普洱市乡村少年宫、石屏县龙武小学凭借乡村学校少年宫项目援助经费的支持，均开展了彝族花腰歌舞、彝族剪纸等少数民族非遗传习活动。这些实践不仅为农村孩子学习少数民族非遗知识、培

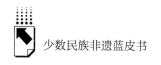

养少数民族非遗兴趣、激发潜能提供了平台，而且开辟了学校传承少数民族非遗的新途径。

## 三 云南少数民族非遗保护面临的问题及其原因

云南少数民族非遗保护工作取得成效的同时，也面临少数民族非遗数量下降、少数民族文化特色消失、传承人老龄化、学校传承弱化等挑战。

### （一）云南少数民族非遗保护面临的问题

#### 1. 少数民族非遗数量呈下降趋势

根据国务院公布的四批国家级非物质文化遗产名录统计，云南省第一批非遗 35 项，涵盖 17 个民族，其中少数民族非遗 34 项，占 97%；第二批非遗及新增扩展 36 项，涵盖 12 个民族，其中少数民族非遗 31 项，占 86%；第三批及新增扩展非遗 19 项，涵盖 9 个民族，其中少数民族非遗 14 项，占 74%；第四批及新增扩展非遗 15 项，涵盖 10 个民族，其中少数民族非遗 11 项，占73%。以上数据显示：云南省 2014 年第四批国家级少数民族非遗数较 2006 年第一批减少了 20 项，少数民族非遗占比从 97% 下降到 73%，涉及的少数民族也从 16 个减少到 9 个（见表 3）。少数民族非遗数量呈明显下降趋势，少数民族非遗申报工作亟待加强。

表3 云南省国家级非物质文化遗产及少数民族非物质文化遗产统计

| 项目 | 第一批(2006 年) | | 第二批(2008 年) | | 第三批(2011 年) | | 第四批(2014 年) | |
|---|---|---|---|---|---|---|---|---|
| | 总数（项） | 民族数（个） | 总数（项） | 民族数（个） | 总数（项） | 民族数（个） | 总数（项） | 民族数（个） |
| 非遗项目 | 35 | 17 | 36 | 12 | 19 | 9 | 15 | 10 |
| 少数民族非遗项目 | 34 | 16 | 31 | 11 | 14 | 8 | 11 | 9 |
| 少数民族非遗占比(%) | 97 | 94 | 86 | 92 | 74 | 89 | 73 | 90 |

注：民族数或存在一个项目有多个民族的情况，具体以名录为准。仅代表课题组观点。该表统计包含云南省新增扩展项，按年份与正式项目合并统计。

2. 少数民族文化特色逐渐消失

调查发现，少数民族语言、少数民族服饰和传统手工艺逐渐衰退。如今云南城镇很多少数民族不会说本民族语言，也不认识本民族文字，直接使用汉语。年龄在30岁以下的少数民族基本已不穿戴本民族的传统服饰，仅有少部分民族地区的老人穿戴传统服饰，民族服饰在日常生活中已经非常少见。在各种"民族村"和"古镇"等旅游区虽然会出现很多民族服饰、工艺等少数民族的符号与标语，但这些大都与本真的少数民族非遗大相径庭。少数民族非遗在这种追求经济价值的取向中，已经失去了很多本真的内核，只是呈现出功利性色彩，这不利于少数民族非遗保护与传承工作的顺利开展。

3. 少数民族非遗传承人濒危问题突出

传承人是少数民族非遗保护和传承的关键力量，而非遗传承人老龄化是一个客观存在的普遍问题。调查显示，云南省命名的非遗传承人平均年龄已达65岁，而且级别越高的传承人年龄越高，如今在云南125名国家级传承人中，已有多人故去。另外，现在的年轻人都不愿意学习少数民族非遗，传承人普遍面临青黄不接的窘境。这势必会给少数民族非遗的保护与传承带来一定的消极影响。

4. 少数民族非遗进校园陷入窘境

一是认识不统一，缺乏统筹部署。云南少数民族众多，分布广泛交错，不同民族文化差异大，这给编教材特别是统一教材带来一定困难。加上有的少数民族传统文化（如工艺、美术）不是仅靠编教材就可以传授的，这给教学带来更多的困难。少数民族聚居地方的领导和主管部门对开展少数民族非遗进校园活动认识较为一致，除了积极倡导，还采取了许多措施，取得了显著的成绩。但在其他地区，对于是否开展及开展方式和程度均存在不同的想法。二是教材开发程度和水平不尽一致，课程内容较为单一。第一，缺乏教材。教材开发滞后，音体美项目基本没有教材（除大理南涧县、弥渡县外）。第二，已开发的教材在系统性和科学性方面需要进一步提高。目前大部分学校的非遗进校园活动主要集中在大课间的民族健身操、民族歌舞方面，易于为学生所接受，在缺乏师资、缺乏教材、缺少稳定的经费支撑的条件下，学校也易于采纳，但是内容就显得较为单一。三是缺少充足的经费支持。第一，依托学校的呼吁，校长到处申请经费。第二，以项目对项目的方式，多数可以解决学校的硬件设施、教学设备问题，改善校园环境，但教材编写、教师兼职、聘请传承人或民间艺人教学酬劳等方面的经费则无持续支撑。

### （二）云南少数民族非遗保护问题存在的原因

其一，个体层面，传承人逐渐老龄化。个体是非遗保护的重要载体，其传承方式以师徒传承为主。云南少数民族非遗大多数是口耳相传，属于典型的"活态"文化，无法脱离人而存在。因此，非遗传承人是传承与保护工作中的关键。而目前非遗传承人在年龄结构上逐渐老龄化的趋势非常明显，后继乏人，对云南少数民族非遗的保护产生了不可避免的消极影响。

其二，家庭层面，保护功能逐渐削弱。一是家庭教育价值观发生转变，随着时代的变迁，家庭更加注重子女学校成绩。少数民族传统文化的家庭保护和传承受到一定程度的影响。二是父辈受教育程度低，保护本民族传统文化的意识薄弱，没有认识到本民族优秀传统文化的价值。三是盲目推崇主流文化和国外的流行文化，缺少必要的文化自觉，在一定程度上制约了少数民族非遗的保护发展。

其三，社会层面，市场开发机制不健全。文化的保护与传承离不开社会的扶持，然而少数民族非遗的资本化程度低，在很大程度上影响了少数民族非遗的保护，也降低了民间艺人的文化创作积极性，制约了少数民族非遗的传承。由于并未完全建立少数民族非遗的保障机制，很多依靠口授传承的传统技艺濒临消亡。加之很多少数民族非遗被过度开发，忽略了文化价值的呈现，不利于少数民族非遗的保护与传承。

其四，学校层面，保护力度不够。一是受考试评价制度的束缚，涉及少数民族传统文化的教育形同虚设，存在走过场现象，缺乏必要的课程设计和评价体系。二是师资严重缺乏。很多教师兼任多岗，没有充足的师资来保障非遗相关课程的教学。三是没有充分发挥社区在少数民族非遗保护传承中的作用。四是学校对有关少数民族非遗教材的重视程度和开发力度都不够，当前的教材无法满足学生学习少数民族非遗的需求，且课程缺乏一定的科学性和系统性。

## 四 云南少数民族非遗保护和发展的对策

云南少数民族非遗的保护和发展，应该从个体、家庭、社会和学校入手，创新多种形式，共同推进。

### （一）稳固个体保护，为少数民族非遗保驾护航

传承人是少数民族非物质文化遗产的重要承载者和传递者，亟待加强保护。一是要建立传承人保护的长效机制，推进少数民族非遗的持续发展。二是要完善有关非遗传承人保护的法律法规，形成一整套较为完备的法规体系，让非遗项目和传承人的申报、认定、命名、补贴、管理都有法可依、有规可循，进入有序管理、持续进行、法制化、规范化的常态。三是要大力培养少数民族非遗传承人，为传承人履行职责创造优越的条件。尽管云南省给予传承人每年国家级 2 万元、省级 8000 元、州（市）级 2000 元的补助，但远远满足不了传承人开展活动的需求。对于县级传承人，并非所有县都有补贴，而且补贴金额各有差异，还需进一步完善传承人的补助机制。四是要建立健全保护机构，加强管理人才队伍建设。鉴于少数民族非遗项目众多，少数民族专业人才缺口较大，建议在民族自治州、自治县，将掌握少数民族语言文字作为就业、晋职和选拔人才的考察条件之一，以改变少数民族语言文字严重弱化的现象。

### （二）弘扬家庭保护，让少数民族非遗有根可寻

少数民族非遗的传承和保护不能完全脱离家庭因素。只有提高家庭对少数民族优秀文化的认识，才能在根本上提高全民族的文化自觉意识，进而推

动少数民族非遗的发展。云南少数民族非遗中很大一部分技艺仍然保持着家庭作坊式的传统，这类技艺仍然需要在家庭环境中进行传承。与此同时，一些技艺面临后继乏人的困难局面，所以在今天仍应发挥家庭对少数民族非遗的保护作用，使少数民族非遗有生长的土壤，不断枝繁叶茂、开花结果。

### （三）加强社会保护，让少数民族非遗走出国门

云南少数民族非遗要想不断得到延伸和发展，就要加强全体人民参与社会保护的积极性。一是大力开发少数民族文化传习所，为更多的群众认识和保护少数民族非遗创造条件。二是在社区中引入少数民族非遗，增进人们对少数民族非遗的了解，实现少数民族非遗的活态保护。三是整合各民族元素开展普及活动。少数民族非遗不是只属于一个民族，而是可以整合传承保护，达到一种"美美与共"的境界，使少数民族非遗更具发展动力。四是建设跨境少数民族传统文化保护中心。云南省有彝族、壮族、苗族等16个少数民族跨境而居，在边境地区建立跨境民族传统文化保护中心，使之成为保护和发展少数民族非遗的重要基地。五是文旅融合发展。旅游的发展为少数民族非遗的保护拓宽了渠道，为激发少数民族非遗传承发展动力提供了重要的支撑。六是让少数民族非遗走向国际交流平台。随着"一带一路"倡议的实施，云南省应积极发挥区位优势，增强少数民族非遗的国际传播影响力。如李怀秀、李怀福非遗传习所受云南省文化和旅游厅组派，2019年6月19日至7月4日赴非洲贝宁参加"中国旅游文化周——七彩云南·旅游天堂"系列活动，将纯正的云南原生态《海菜腔》《烟盒舞》《打歌》《甩发舞》《花腰歌舞》等少数民族非遗歌舞带到了非洲贝宁，还向外国朋友们教授民族乐器，刺绣、剪纸等云南少数民族传统手工技艺，使中国少数民族非遗走向全世界。

### （四）推进学校保护，让少数民族非遗熠熠生辉

学校保护和传承是少数民族非遗保护和传承的重要途径。一是做好课程开发，开发少数民族非遗中的教育资源，作为地方课程和校本课程的重要来

源。如民间文学类非遗可以融入语文课，天文类非遗可以融入数学课，而音乐、美术、舞蹈类非遗可以纳入艺术课。二是要编好教材。以幼儿、小学、中学教材为重点，构建中华文化课程和教材体系。在教材中增加少数民族非遗内容，遵循学生认知规律和教育教学规律，编写适合相应学段的教材。三是加强师资培训。一方面，可以对教师开展系统的少数民族非遗知识培训；另一方面，建立健全传承人进校园的组织机制。四是要建立工作评价体系。让青少年真正学习掌握少数民族非遗技艺，将实施中华优秀传统文化传承发展工程落到实处。

总之，云南作为我国少数民族非遗富集而独特的区域，应牢固树立"见人见物见生活"的理念，以"活态传承、活力再现"为主题，大力开展"非遗社区行""非遗校园行""舌尖上的非遗""非遗的世界"等系列活动，继续推动少数民族非遗的传承与保护工作，以应对中国文明转型期非遗流变消失的现实。

# B.6

# 2006~2019年湘西土家族苗族自治州
# 非物质文化遗产保护发展报告*

孙立青 袁 理**

摘 要：湘西州是湖南省唯一的自治州，是国家级文化生态保护实
验区，也是湖南非物质文化遗产富集区。在脱贫攻坚稳步
推进、旅游产业迅猛发展的背景下，湘西州在强化名录保
护、推动制度化建设、打造传承展示平台、实现活态化传
承等非遗保护发展方面亮点频呈。湘西州非遗保护发展面
临文化生态快速变迁、传承群体出现萎缩、资金使用效力
不足、社会参与存在不足的问题。湘西州需要通过推动整
体性保护、开展系统性研究、提高经费使用效率、实现新
媒体传播与文旅产业融合等路径方法取得非遗保护发展工
作的新成绩。

关键词：非物质文化遗产 创新发展 湘西州

湘西土家族苗族自治州（简称"湘西州"）位于湖南省西北部、湘鄂黔

* 本报告系湖南省教育厅科学研究项目"生态人类学视域下湘西非物质文化遗产保护与利用研究"（项目编号：18B311）研究成果。本报告以2006年至2019年12月31日内的湘西土家族苗族自治州非物质文化遗产保护发展为研究对象。所有数据及学术观点仅代表"少数民族非遗蓝皮书"湘西土家族苗族自治州分课题组意见，在此郑重声明，不妥之处敬请批评指正。
** 孙立青，吉首大学讲师，研究方向为文化遗产保护与文化对外传播；袁理，吉首大学副教授，博士，研究方向为生态人类学。

渝四省市交界处。1957年9月，湘西州成立。全州辖7县、1市、1个经济开发区，面积为1.55万平方公里，总人口为298万人，土家族、苗族占80%。各族人民创造出了悠久的历史文化和多彩的民族风情。①

# 一 湘西州非物质文化遗产项目概况

千百年来，湘西州包括土家族、苗族在内的各族同胞在与自然环境的调适过程中，创造出了多彩的非物质文化遗产（简称"非遗"）。特别是随着文化旅游产业的发展，非遗成为湘西州政治、经济、社会、文化发展中的重要影响因素。截至2019年12月31日，湘西州拥有国家级非遗项目26个、省级非遗项目64个。2016年，农历二十四节气（苗族赶秋）入选联合国教科文组织非遗名录。

## （一）湘西州国家级非遗项目名录

湘西州国家级非遗项目具有数量多、类型全、民族特色鲜明的特点。从数量来看，截至2019年12月31日，湖南共有118项国家级非遗项目，湘西州占26项；从类型来看，除曲艺和传统体育、游艺与杂技2个类别为空白外，其他各个类别国家级非遗项目均有分布；从民族来看，国家级非遗项目名称中直接体现土家族族称、苗族族称的项目分别有10项。其他国家级非遗项目没有直接体现族称，其是由以湘西土家族、苗族为主的诸多民族共同创造出来的优秀文化遗产（见表1）。

表1 湘西州国家级非物质文化遗产项目统计

| 项目类别 | 项目名称 | 项目编号 | 申报地区 | 批次 | 批准年份 |
|---|---|---|---|---|---|
| 民间文学<br>（4项） | 土家族梯玛歌 | I-80 | 龙山县 | 第二批 | 2008 |
| | 盘瓠传说 | I-93 | 泸溪县 | 第三批 | 2011 |
| | 土家族哭嫁歌 | I-112 | 永顺县、古丈县 | | |
| | 苗族古歌 | I-1 | 花垣县 | 扩展 | |

① 《州情介绍》，湘西土家族苗族自治州政府网站，http://www.xxz.gov.cn/zjxx/xxgk/xzqh/。

续表

| 项目类别 | 项目名称 | 项目编号 | 申报地区 | 批次 | 批准年份 |
|---|---|---|---|---|---|
| 传统音乐<br>（5项） | 土家族打溜子 | Ⅱ-54 | 湘西州 | 第一批 | 2006 |
| | 江河号子（酉水船工号子） | Ⅱ-98 | 保靖县 | 第二批 | 2008 |
| | 苗族民歌（湘西苗族民歌） | Ⅱ-109 | 吉首市 | | |
| | 土家族咚咚喹 | Ⅱ-125 | 龙山县 | | |
| | 土家族民歌 | Ⅱ-156 | 湘西州 | 第四批 | 2014 |
| 传统舞蹈<br>（3项） | 土家族摆手舞 | Ⅲ-17 | 湘西州 | 第一批 | 2006 |
| | 湘西苗族鼓舞 | Ⅲ-30 | 湘西州 | | |
| | 湘西土家族毛古斯舞 | Ⅲ-31 | 湘西州 | | |
| 传统戏剧<br>（1项） | 高腔（辰河高腔） | Ⅳ-7 | 泸溪县 | | |
| 传统美术<br>（4项） | 彩扎（凤凰纸扎） | Ⅶ-66 | 凤凰县 | 第二批 | 2008 |
| | 剪纸（踏虎凿花） | Ⅶ-16 | 泸溪县 | 扩展 | |
| | 苗画 | Ⅶ-98 | 保靖县 | 第三批 | 2011 |
| | 挑花（苗族挑花） | Ⅶ-25 | 泸溪县 | 扩展 | |
| 传统技艺<br>（4项） | 土家族织锦技艺 | Ⅷ-18 | 湘西州 | 第一批 | 2006 |
| | 苗族银饰锻制技艺 | Ⅷ-40 | 凤凰县 | | |
| | 蓝印花布印染技艺 | Ⅷ-24 | 凤凰县 | 扩展 | 2008 |
| | 土家族吊脚楼营造技艺 | Ⅷ-211 | 永顺县 | 第三批 | |
| 传统医药<br>（1项） | 苗医药（癫痫症疗法、钻节风疗法） | Ⅸ-15 | 凤凰县、花垣县 | 扩展 | 2011 |
| 民俗<br>（4项） | 苗族服饰 | Ⅹ-65 | 湘西州 | 扩展 | 2008 |
| | 土家年 | Ⅹ-128 | 永顺县 | 第三批 | 2011 |
| | 苗族四月八 | Ⅹ-77 | 吉首市 | 扩展 | |
| | 农历二十四节气（苗族赶秋） | Ⅹ-68 | 花垣县 | 扩展 | 2014 |
| 合计 | 26项 | | | | |

注：不同地区申报的同一非遗列记为1项国家级非遗项目，仅代表课题组观点。

资料来源：根据国家公布的四批国家级非物质文化遗产名录整理而成。

## （二）湘西州省级非遗项目名录

湘西州64个省级非遗项目涵盖所有非遗类别（见表2）。除了具有数量多、类型全、民族特色鲜明的特点之外，还具有以下两个特点。一是省级非遗项目存在政府、企业、高等院校多单位担任申报与保护主体的现象。例如，酿醋技艺（湘西香醋传统制作技艺）由湖南边城生物科技有限公司担任保护主体。在一定程度上，多元保护主体有利于对非遗项目进行因地制宜的保护。二是省级非遗项目体现出各民族共创中华文化的历史进程。乾州春会等项目名称中没有体现土家族、苗族等民族族称的项目表明湘西州非遗项目由多民族共同创造。其背后蕴含着湘西州各民族和谐交融、共创湘西历史文化的过程。

**表2　湘西州省级非物质文化遗产项目统计**

| 项目类别 | 项目名称 | 申报地区或单位 | 批次 | 批准年份 |
|---|---|---|---|---|
| 民间文学<br>（11项） | 苗族歌谣 | 花垣县 | 第一批 | 2006 |
| | 土家族梯玛神歌 | 永顺县、保靖县、古丈县 | | |
| | 土家族山歌 | 保靖县、龙山县 | | |
| | 土家族挖土锣鼓歌 | 古丈县、龙山县 | | |
| | 土家族摆手歌 | 古丈县、龙山县 | 第二批 | 2009 |
| | 苗族傩歌 | 吉首市 | 第三批 | 2012 |
| | 蚩尤传说 | 湘西州 | | |
| | 酉水船歌 | 龙山县 | | |
| | 老司城的传说 | 永顺县 | 第四批 | 2016 |
| | 八部大王的传说 | 保靖县 | | |
| | 翠鸟的传说 | 湘西州 | | |
| 传统音乐<br>（1项） | 唢呐艺术（苗族竹唢呐） | 花垣县 | | |
| 传统舞蹈<br>（5项） | 文武茶灯 | 凤凰县 | 第一批 | 2006 |
| | 龙舞（湘西苗族接龙舞） | 吉首市、花垣县 | 第二批 | 2009 |
| | 湘西土家族铜铃舞 | 保靖县 | | |
| | 苗族绺巾舞 | 花垣县 | | |
| | 苗族团圆鼓舞 | 古丈县 | 第三批 | 2012 |
| 传统戏剧<br>（4项） | 阳戏（湘西自治州阳戏） | 凤凰县、吉首市 | 第一批 | 2006 |
| | 苗戏 | 花垣县 | | |
| | 木偶戏（龙山木偶戏） | 龙山县 | 扩展 | 2012 |
| | 傩戏（傩愿戏） | 凤凰县 | 扩展 | 2016 |
| 曲艺（2项） | 湘西三棒鼓 | 龙山县 | 第二批 | 2009 |
| | 围鼓（永顺围鼓） | 永顺县 | 第四批 | 2016 |

续表

| 项目类别 | 项目名称 | 申报地区或单位 | 批次 | 批准年份 |
|---|---|---|---|---|
| 传统体育、游艺与杂技（4项） | 苗族武术 | 花垣县 | 第一批 | 2006 |
| | 苗家八合拳 | 古丈县 | 扩展 | 2012 |
| | 土家族武术 | 湘西州 | 第四批 | 2016 |
| | 高脚马 | 龙山县 | | |
| 传统美术（7项） | 浦市窨子屋建筑艺术 | 泸溪县 | 第二批 | 2009 |
| | 木雕（湘西木雕） | 永顺县、泸溪县（2012年拓展） | | |
| | 石雕（塔卧石雕、杨柳石雕、菊花石雕） | 永顺县、泸溪县 | | |
| | 土家族竹雕 | 龙山县 | | |
| | 湘西苗绣 | 花垣县、凤凰县 | | |
| | 泸溪傩面具 | 泸溪县 | | |
| | 挑花（土家族挑花） | 永顺县 | 第四批 | 2016 |
| 传统技艺（13项） | 湘西土陶制作技艺 | 龙山县、永顺县、保靖县 | 第二批 | 2009 |
| | 竹编技艺 | 永顺县、保靖县 | | |
| | 古丈毛尖茶制作技艺 | 古丈县 | | |
| | 酒鬼酒酿制技艺 | 湘西州 | | |
| | 保靖松花皮蛋制作技艺 | 保靖县 | | |
| | 苗族花带技艺 | 花垣县、凤凰县（2016年拓展） | | |
| | 凤凰扎染技艺 | 凤凰县 | 第三批 | 2012 |
| | 水冲石砚 | 吉首市 | | |
| | 苗族织锦技艺（湘西苗锦芭排技艺） | 吉首市 | 第四批 | 2016 |
| | 苗族八人秋制作技艺 | 花垣县 | | |
| | 竹纸制作技艺（湘西酉纸工艺） | 永顺县 | 扩展 | 2016 |
| | 绿茶制作技艺（黄金古茶制作技艺） | 保靖县 | | |
| | 酿醋技艺（湘西香醋传统制作技艺） | 湖南边城生物科技有限公司 | | |
| 传统医药（3项） | 小儿提风疗法 | 永顺县 | 第三批 | 2012 |
| | 湘西刘氏小儿推拿 | 吉首大学 | | |
| | 土家医（封刀接骨术、桐油接骨黑膏药制作法、蛇伤疗法） | 湘西州 | 第四批 | 2016 |

续表

| 项目类别 | 项目名称 | 申报地区或单位 | 批次 | 批准年份 |
|---|---|---|---|---|
| 民俗<br>（14项） | 乾州春会 | 吉首市 | 第一批 | 2006 |
| | 土家族舍巴日 | 湘西州 | | |
| | 苗族椎牛祭 | 湘西州 | | |
| | 苗族赶秋节 | 吉首市 | 第二批 | 2009 |
| | 古丈跳马节 | 古丈县 | | |
| | 苗族跳香 | 泸溪县 | | |
| | 苗族接龙 | 吉首市 | 第三批 | 2012 |
| | 八部大王祭 | 保靖县 | | |
| | 中元节（浦市中元节） | 泸溪县 | 第四批 | 2016 |
| | 民间信仰（苗族"巴代"） | 花垣县 | | |
| | 歌会（清明歌会） | 吉首市 | 扩展 | 2016 |
| | 茶俗（古丈茶俗） | 古丈县 | | |
| | 婚俗（湘西土家族婚俗） | 龙山县 | | |
| | 祭祖习俗（吕洞山祭祀习俗） | 保靖县 | | |
| 合计 | 64项 | | | |

注：不同地区申报的同一非遗列记为1项省级非遗项目，仅代表课题组观点。

资料来源：根据湖南省公布的四批省级非物质文化遗产名录整理而成。

在湘西州国家级非遗项目中，主要存在的问题是曲艺和传统体育、游艺与杂技2个类别上存在空白；在湘西州省级非遗产项目中，主要存在的问题是传统音乐、曲艺、传统医药等类别项目较少。上述项目类别缺项或是项目相较较少的原因主要包括以下几点。一是受申报单位申报偏好的影响。各申报单位在申报非遗项目的过程中，难免会受到以往申报获批情况的影响，进而有选择性地进行申报。二是受不同类别非遗资源多寡的影响。在湘西州，民间文学、传统技艺、传统美术、民俗等类别非遗资源较多。三是受申报制度的影响。非遗项目申报一般是逐级申报，列入各级非遗名录越多的非遗类别在逐级申报过程中更具优势。

## 二　湘西州非物质文化遗产项目代表性传承人梳理

在湘西州非遗保护发展中，最重要的内容就是保护包括非物质文化遗产项

目代表性传承人（简称"非遗传承人"）在内的传承群体。截至2019年12月31日，湘西州有国家级传承人33人（9人去世）、省级传承人70人（8人去世）。①

### （一）湘西州国家级非遗传承人概况

国家级非遗传承人获评数量多。其中，包括土家族打溜子、土家族哭嫁歌、土家族摆手舞、湘西苗族鼓舞、湘西土家族毛古斯舞、高腔（辰河高腔）、土家族织锦技艺、苗族银饰锻制技艺、蓝印花布印染技艺在内的9项国家级非遗项目都拥有两位或两位以上国家级非遗传承人（见表3）。

### （二）湘西州省级非遗传承人概况

从湖南省省级非遗传承人数量来看，湘西州数量排在全省第一位（见表4）。省级非遗传承人的数量优势对进一步扩大国家级非遗项目传承人规模、提高非遗项目传承能力具有重要的价值与意义。

综合表1和表3可见，包括苗族古歌、江河号子（酉水船工号子）、苗族服饰、土家年、剪纸（踏虎凿花）、彩扎（凤凰纸扎）在内的6项国家级非遗项目当前无国家级传承人。在世传承人当中，60岁及以下的传承人仅有4位，61~79岁的传承人有14位，80岁以上传承人有6位。可见，传承人老龄化较为严重。综合表2、表4可以看出，包括老司城的传说在内的35项省级非遗项目缺少省级非遗传承人。已统计到年龄的在世传承人当中，60岁及以下的传承人仅有16位，61~79岁的传承人有29位，80岁及以上的传承人有8位。可见，传承人老龄化较为严重，传承人的实际传习能力值得关注。上述现象产生的原因主要包括两方面。一是非遗项目掌握能力的积累是一个长期过程。这在一定程度上导致具有一定声望的传承人年龄普遍偏大。这是传承人年龄偏大的重要原因。二是非遗传承人的申报过程为逐级申报。这导致非遗传承人的级别晋升需要时间的积累。这是部分非遗项目缺少相应级别传承人的原因。

---

① 文中数据为课题组成员根据文化部办公厅、湖南省非物质文化遗产保护中心、湘西州非物质文化遗产保护中心公布的资料整理所得。非遗传承人去世资料来自湘西州非物质文化遗产保护中心。

表3 湘西州国家级非物质文化遗产项目代表性传承人名单

| 项目类别 | 序号 | 姓名 | 性别 | 民族 | 出生年月 | 项目编码 | 项目名称 | 申报地区或单位 | 传承人批次 |
|---|---|---|---|---|---|---|---|---|---|
| 民间文学 | 03-0801 | 彭继龙 | 男 | 土家族 | 1949年11月 | Ⅰ-80 | 土家族梯玛歌 | 龙山县 | 第三批 |
|  | 04-1503 | 彭祖秀 | 女 | 土家族 | 1931年1月 | Ⅰ-112 | 土家族哭嫁歌 | 古丈县 | 第四批 |
|  | 05-2011 | 侯自鹏 | 男 | 苗族 | 1938年6月 | Ⅰ-93 | 盘瓠传说 | 泸溪县 | 第五批 |
|  | 05-2017 | 严水花 | 女 | 土家族 | 1962年1月 | Ⅰ-112 | 土家族哭嫁歌 | 永顺县 | 第二批 |
| 传统音乐 | 02-0300 | 田隆信 | 男 | 土家族 | 1941年6月 | Ⅱ-54 | 土家族打溜子 | 湘西州 |  |
|  | 02-0299 | 罗仕碧 | 男 | 土家族 | 1931年4月 | Ⅱ-54 | 土家族打溜子 | 湘西州 | 第三批 |
|  | 03-0867 | 陈千均 | 男 | 苗族 | 1943年10月 | Ⅱ-109 | 苗族民歌(湘西苗族民歌) | 吉首市 |  |
|  | 03-0883 | 严三秀 | 女 | 苗族 | 1954年9月 | Ⅱ-125 | 苗族咚咚喹 | 龙山县 |  |
|  | 05-2081 | 杨文明 | 男 | 土家族 | 1946年7月 | Ⅱ-54 | 土家族打溜子 | 湘西州 | 第五批 |
|  | 05-2171 | 向汉光 | 男 | 土家族 | 1942年12月 | Ⅱ-156 | 土家族民歌 | 湘西州 |  |
| 传统舞蹈 | 02-0363 | 田仁信 | 男 | 土家族 | 1933年9月 | Ⅲ-17 | 土家族摆手舞 | 湘西州 |  |
|  | 02-0364 | 张明光 | 男 | 土家族 | 1938年4月 | Ⅲ-17 | 土家族摆手舞 | 湘西州 | 第二批 |
|  | 02-0389 | 洪富强 | 男 | 苗族 | 1936年1月 | Ⅲ-30 | 湘西苗族鼓舞 | 湘西州 |  |
|  | 02-0390 | 石顺民 | 女 | 苗族 | 1949年11月 | Ⅲ-30 | 湘西苗族鼓舞 | 湘西州 |  |
|  | 02-0391 | 彭英威 | 男 | 土家族 | 1933年6月 | Ⅲ-31 | 湘西土家族毛古斯舞 | 湘西州 | 第四批 |
|  | 04-1569 | 彭南京 | 男 | 土家族 | 1942年6月 | Ⅲ-31 | 湘西土家族毛古斯舞 | 湘西州 | 第二批 |
| 传统戏剧 | 02-0437 | 向荣 | 男 | 汉族 | 1935年9月 | Ⅳ-7 | 高腔(辰河高腔) | 泸溪县 | 第五批 |
|  | 05-2310 | 邓七枝 | 女 | 汉族 | 1957年1月 | Ⅳ-7 | 高腔(辰河高腔) | 泸溪县 | 第三批 |
| 传统美术 | 03-1237 | 邓兴隆 | 男 | 苗族 | 1949年10月 | Ⅶ-16 | 剪纸(踏虎凿花) | 泸溪县 |  |
|  | 03-1284 | 聂方俊 | 男 | 汉族 | 1933年6月 | Ⅶ-66 | 彩扎(凤凰纸扎) | 凤凰县 | 第五批 |
|  | 05-2605 | 杨春英 | 女 | 苗族 | 1950年7月 | Ⅶ-25 | 挑花(苗族挑花) | 泸溪县 |  |
|  | 05-2706 | 梁德颂 | 男 | 苗族 | 1964年11月 | Ⅶ-98 | 苗画 | 保靖县 |  |

续表

| 项目类别 | 序号 | 姓名 | 性别 | 民族 | 出生年月 | 年龄 | 项目编码 | 项目名称 | 申报地区或单位 | 传承人批次 |
|---|---|---|---|---|---|---|---|---|---|---|
| 传统技艺 | 01-0137 | 叶水云 | 女 | 土家族 | 1967年10月 | 52 | Ⅷ-18 | 土家族织锦技艺 | 湘西州 | 第一批 |
| | 01-0138 | 刘代娥 | 女 | 土家族 | 1955年12月 | 64 | Ⅷ-18 | 土家族织锦技艺 | 湘西州 | |
| | 03-1316 | 龙米谷 | 男 | 苗族 | 1948年10月 | — | Ⅷ-40 | 苗族银饰锻制技艺 | 凤凰县 | 第三批 |
| | 03-1312 | 刘大炮 | 男 | 汉族 | 1939年5月 | — | Ⅷ-24 | 蓝印花布印染技艺 | 凤凰县 | |
| | 03-1317 | 麻茂庭 | 男 | 苗族 | 1953年6月 | 66 | Ⅷ-40 | 苗族银饰锻制技艺 | 凤凰县 | |
| | 04-1934 | 彭善尧 | 男 | 土家族 | 1940年3月 | 79 | Ⅷ-211 | 土家族吊脚楼营造技艺 | 永顺县 | 第四批 |
| | 05-2735 | 刘新建 | 男 | 汉族 | 1968年5月 | 51 | Ⅷ-24 | 蓝印花布印染技艺 | 凤凰县 | 第五批 |
| 传统医药 | 04-1950 | 龙玉年 | 男 | 苗族 | 1935年11月 | — | Ⅸ-15 | 苗医药（癫痫症疗法） | 凤凰县 | 第四批 |
| | 05-2963 | 田兴秀 | 男 | 苗族 | 1933年11月 | 86 | Ⅸ-15 | 苗医药（钻节风疗法） | 花垣县 | |
| 民俗 | 05-3005 | 吴海深 | 男 | 苗族 | 1946年1月 | 73 | Ⅹ-68 | 农历二十四节气（苗族赶秋） | 花垣县 | 第五批 |
| | 05-3015 | 吴午振 | 男 | 苗族 | 1949年8月 | 70 | Ⅹ-77 | 苗族四月八 | 吉首市 | |
| 合计 | | | | | | | | 33人 | | |

注：仅代表课题组观点，传承人年龄统计截至 2019 年 12 月。"□"代表已故。

资料来源：根据国家公布的五批国家级非物质文化遗产项目代表性传承人名单整理而成。

表4　湘西州省级非物质文化遗产项目代表性传承人名单

| 项目类别 | 姓名 | 性别 | 民族 | 出生年月 | 年龄 | 项目名称 | 申报地区或单位 | 传承人批次 |
|---|---|---|---|---|---|---|---|---|
| 民间文学 | 彭武庚 | 男 | 土家族 | 1942年6月 | 77 | 土家族挖土锣鼓歌 | 龙山县 | 第一批 |
| | 彭万姣 | 女 | 土家族 | 1933年11月 | — | 土家族哭嫁歌 | 龙山县 | |
| | 杨光万 | 男 | 土家族 | 1937年12月 | — | 土家族山歌 | 保靖县 | |
| | 向云森 | 男 | 土家族 | 1929年9月 | 90 | 土家族梯玛歌 | 永顺县 | |
| | 张艳 | 女 | 苗族 | 1968年7月 | 51 | 苗族歌谣 | 花垣县 | 第二批 |
| | 李正平 | 男 | 土家族 | 1940年5月 | 79 | 土家族挖土锣鼓歌 | 古丈县 | |
| | 田祖福 | 男 | 土家族 | 1932年5月 | 81 | 土家族摆手歌 | 古丈县 | |
| | 田义翠 | 女 | 土家族 | 1963年5月 | 56 | 土家族哭嫁歌 | 古丈县 | |
| | 周光交 | 男 | 土家族 | 1963年11月 | 56 | 土家族梯玛歌 | 永顺县 | 第三批 |
| | 向品玉 | 男 | 土家族 | 1939年12月 | 80 | 土家族山歌 | 保靖县 | |
| | 石福保 | 男 | 苗族 | 1947年7月 | 72 | 苗族傩歌 | 吉首市 | |
| | 彭祖进 | 男 | 土家族 | 1946年9月 | 73 | 土家族梯玛歌 | 龙山县 | 第四批 |
| | 向魁益 | 男 | 土家族 | 1941年1月 | 78 | 八部大王传说 | 保靖县 | |
| 传统音乐 | 张官坤 | 男 | 土家族 | 1933年 | | 江河号子（酉水船工号子） | 保靖县 | 第一批 |
| | 吴腊保 | 女 | 苗族 | 1962年12月 | 57 | 苗族民歌（湘西苗族民歌） | 吉首市 | |
| | 田隆信 | 男 | 土家族 | 1941年6月 | 78 | 土家族咚咚喹 | 龙山县 | |
| | 田采和 | 女 | 土家族 | 1953年3月 | 66 | 土家族咚咚喹 | 龙山县 | 第三批 |
| | 吴廷翠 | 女 | 苗族 | 1986年11月 | 33 | 苗族民歌（湘西苗族民歌） | 吉首市 | 第四批 |
| 传统舞蹈 | 李云富 | 男 | 土家族 | 1938年11月 | 81 | 土家族毛古斯舞 | 古丈县 | |
| | 郭长明 | 男 | 汉族 | 1940年4月 | 79 | 文武茶灯 | 凤凰县 | 第二批 |
| | 吴国勤 | 男 | 苗族 | 1953年1月 | 66 | 龙舞（湘西苗族接龙舞） | 吉首市 | |
| | 石三冬 | 男 | 苗族 | 1947年12月 | 72 | 苗族绺巾舞 | 花垣县 | |
| | 彭英宣 | 男 | 土家族 | 1943年8月 | 76 | 土家族毛古斯舞 | 永顺县 | 第三批 |
| | 陈万玉 | 女 | 苗族 | 1937年2月 | 82 | 苗族团圆鼓舞 | 古丈县 | |
| | 杨敬莲 | 女 | 苗族 | — | — | 湘西苗族鼓舞 | 湘西州 | 第四批 |
| | 田志信 | 男 | 土家族 | — | — | 土家族摆手舞 | 湘西州 | |
| 传统戏剧 | 杨秀早 | 男 | 土家族 | 1950年4月 | 69 | 湘西阳戏 | 吉首市 | 第一批 |
| | 石成业 | 男 | 苗族 | 1918年3月 | — | 苗戏 | 花垣县 | |
| | 吴天清 | 男 | 苗族 | 1954年4月 | 65 | 苗戏 | 花垣县 | 第三批 |

续表

| 项目类别 | 姓名 | 性别 | 民族 | 出生年月 | 年龄 | 项目名称 | 申报地区或单位 | 传承人批次 |
|---|---|---|---|---|---|---|---|---|
| 曲艺 | 肖泽贵 | 男 | 土家族 | 1947年11月 | 72 | 湘西三棒鼓 | 龙山县 | 第二批 |
| | 宁国胜 | 男 | 汉族 | 1952年3月 | 67 | 湘西三棒鼓 | 龙山县 | 第三批 |
| 传统体育、游艺及杂技 | 石仕贞 | 男 | 苗族 | 1928年 | 91 | 苗族武术 | 花垣县 | 第一批 |
| | 石兴文 | 男 | 苗族 | 1959年6月 | 60 | 苗族武术 | 花垣县 | 第三批 |
| | 龙云海 | 男 | 苗族 | — | — | 苗族八合拳 | 古丈县 | 第四批 |
| 传统美术 | 梁永福 | 男 | 苗族 | 1941年8月 | 78 | 苗画 | 保靖县 | 第二批 |
| | 陶代荣 | 男 | 土家族 | 1937年12月 | 82 | 木雕（湘西木雕） | 永顺县 | |
| | 王仕辉 | 男 | 土家族 | 1932年12月 | 87 | 土家族竹雕 | 龙山县 | |
| | 吴四英 | 女 | 苗族 | 1944年4月 | 75 | 湘西苗绣 | 凤凰县 | |
| | 梁铁 | 男 | 汉族 | 1945年11月 | — | 泸溪傩面具 | 泸溪县 | 第三批 |
| | 聂大勇 | 男 | 汉族 | 1960年11月 | 59 | 彩扎（凤凰纸扎） | 凤凰县 | |
| | 杨桂军 | 男 | 苗族 | 1958年3月 | 61 | 剪纸（踏虎凿花） | 泸溪县 | |
| | 吴英继 | 女 | 苗族 | 1967年3月 | 52 | 湘西苗绣 | 花垣县 | |
| | 吴兴知 | 男 | 苗族 | 1963年9月 | 56 | 泸溪傩面具 | 泸溪县 | |
| | 余爱群 | 女 | 土家族 | 1955年 | 64 | 挑花（土家族挑花） | 永顺县 | 第四批 |
| | 佘军 | 男 | 苗族 | 1967年9月 | 52 | 石雕（杨柳石雕） | 泸溪县 | |
| 传统技艺 | 姚本顺 | 男 | 土家族 | 1951年1月 | 68 | 竹编技艺 | 保靖县 | 第二批 |
| | 田明花 | 女 | 土家族 | 1946年3月 | 73 | 土家族织锦技艺 | 保靖县 | |
| | 石菊香 | 女 | 苗族 | 1947年3月 | 68 | 苗族花带技艺 | 花垣县 | |
| | 张远忠 | 男 | 苗族 | 1950年2月 | 69 | 古丈毛尖茶制作技艺 | 古丈县 | |
| | 黎秋梅 | 女 | 土家族 | 1968年4月 | 51 | 土家族织锦技艺 | 龙山县 | 第三批 |
| | 叶菊秀 | 女 | 土家族 | 1964年1月 | 55 | 土家族织锦技艺 | 龙山县 | |
| | 万玉其 | 男 | 土家族 | 1949年11月 | 70 | 土家族吊脚楼营造技艺 | 永顺县 | |
| | 杨光三 | 男 | 土家族 | 1949年7月 | 70 | 水冲石砚 | 吉首市 | |
| | 向云芳 | 女 | 苗族 | — | — | 凤凰扎染技艺 | 凤凰县 | 第四批 |
| | 龙玉门 | 女 | 苗族 | — | — | 苗族花带技艺 | 凤凰县 | |
| | 胡廷贤 | 男 | 汉族 | 1965年 | 54 | 竹编技艺 | 永顺县 | |
| 传统医药 | 周青松 | 男 | 土家族 | 1973年10月 | 46 | 小儿提风疗法 | 永顺县 | 第三批 |

续表

| 项目类别 | 姓名 | 性别 | 民族 | 出生年月 | 年龄 | 项目名称 | 申报地区或单位 | 传承人批次 |
|---|---|---|---|---|---|---|---|---|
| 传统医药 | 田柏贵 | 男 | 土家族 | 1962年 | 67 | 土家医（封刀接骨术、桐油接骨黑膏药制作技法、蛇伤疗法） | 湘西州 | 第四批 |
| | 向泽初 | 男 | 土家族 | 1953年 | 66 | 土家医（封刀接骨术、桐油接骨黑膏药制作技法、蛇伤疗法） | 湘西州 | |
| | 秦志文 | 男 | 土家族 | 1974年 | 45 | 土家医（封刀接骨术、桐油接骨黑膏药制作技法、蛇伤疗法） | 湘西州 | |
| 民俗 | 滕召云 | 男 | 汉族 | 1942年4月 | — | 乾州春会 | 吉首市 | 第一批 |
| | 张启荣 | 男 | 苗族 | 1943年1月 | — | 苗族跳香 | 泸溪县 | 第二批 |
| | 鲁选明 | 男 | 苗族 | 1930年2月 | — | 古丈跳马节 | 古丈县 | |
| | 王钊 | 女 | 土家族 | 1963年11月 | 56 | 苗族服饰 | 湘西州民委 | 第三批 |
| | 张顺涛 | 男 | 土家族 | 1949年 | 70 | 八部大王祭 | 保靖县 | |
| | 龙红香 | 女 | 苗族 | — | — | 苗族服饰 | 湘西州 | |
| | 石寿贵 | 男 | 苗族 | 1951年 | 68 | 民间信仰（苗族"巴代"） | 花垣县 | 第四批 |
| | 吴三新 | 男 | 苗族 | — | — | 农历二十四节气（苗族赶秋） | 花垣县 | |
| | 滕勇 | 男 | 汉族 | — | — | 乾州春会 | 吉首市 | |
| | 彭家齐 | 男 | 土家族 | — | — | 土家年 | 永顺县 | |
| 合计 | 70人 | | | | | | | |

注：仅代表课题组观点，传承人年龄统计截至2019年12月。
资料来源：根据湖南省公布的四批省级非物质文化遗产项目代表性传承人名单整理而成。

# 三　湘西州非物质文化遗产保护实践经验

作为湖南省14个市（州）中非遗保护与利用的代表，湘西州在非遗保护与利用实践上取得了很多具有推广价值的经验。具体包括加强申报，不断

提高名录化保护水平；建章立制，推动非遗保护制度化建设；综合保护，打造非遗传承展示平台；活态传承，推动非遗项目的活态化保护。

## （一）强化名录式保护

当前，湘西州已经完成四批国家级非遗项目和五批国家级非遗传承人申报工作，完成四批省级非遗项目和四批省级非遗传承人的申报工作。湘西州对列入名录的各级各类非遗项目和非遗传承人进行名录内的动态化管理。在非遗传承人名录管理上，湘西州连续为年度考核优秀的非遗传承人按照120%的标准发放传习补助经费，并取消年度考核不合格传承人的资格。2019年，湘西州在考核的基础上依法依规取消了2名州级非遗传承人的资格[1]；在非遗传承人申报工作过程中，湘西州根据非遗项目的传承实际，在推荐和评选非遗传承人的同时，推荐和评选了部分非遗传承群体。非遗传承群体的评选有利于集体传承性非遗项目实现有效传承。

## （二）推动制度化建设

近年来，湘西州不断发挥自治州制度优势，制定《湘西土家苗族自治州民族民间文化遗产保护条例》《湘西土家苗族自治州土家族医药苗医药保护条例》《湘西自治州非物质文化遗产项目代表性传承人管理办法》，推动湘西州非遗保护的制度化建设。十多年来，制度化建设直接推动了湘西州非遗保护工作的开展。在非遗传承人培训上，湘西州依照办法与条例，组织四级非遗传承人前往北京、南京、上海、武汉等地进行系统性研修；在传承补助经费安排上，湘西州不断提高四级非遗传承人的传承补助经费。制度规定，当前国家级非遗传承人年度传承补助经费为4.8万元、省级非遗传承人年度传承补助经费为2.4万元。与此同时，2019年文化和旅游部印发的《国家级非物质文化遗产代表性传承人认定与管理办法》规定中央财政给予

---

[1] 张鹏：《湘西州国家级非遗代表性传承人传承活动评估见真招》，红网，2019年4月25日，https：//xx.rednet.cn/content/2019/04/25/5391593.html。

国家级非遗传承人每年 2 万元传习补助。可见,湘西州国家级非遗传承人传承补助经费相对较高。

## (三)突出平台化保护

湘西州贯彻非物质文化遗产保护"见人见物见生活"的理念,构建起了以湘西州非遗馆为龙头,以国家级非遗生产性保护示范基地等为亮点,以县级非遗传习中心以及乡镇非遗传习所为基础的非遗传承与展示平台。湘西州非遗馆(2016 年开馆)总建筑面积达到 3.8 万平方米,由土家族、苗族非遗综合展区以及非遗大师工作室组成,展馆具有非遗征集、典藏、展示和研究的功能。非遗大师工作室(2019 年对外开放)是一个非遗展示、非遗传习的公共空间。工作室内展示了九大类非遗项目和包括梁德颂、张春海在内的 20 余位州级以上非遗传承人的文化成果,工作室还会不定期邀请非遗学者、非遗传承人开展非遗公开课等非遗推广活动。[①]

## (四)实现活态化传承

近年来,湘西州多举措推动非遗的活态传承与传播。具体包括指导湘西博物文化创意产业有限公司、湘西山谷居民文化传播有限公司等企业和非遗扶贫就业工坊等开展非遗产品的研发、设计和生产工作;组织各县(市)举行包括吉首国际鼓文化节、苗族四月八、土家族舍巴日在内的品牌文化活动,不断提高湘西州非遗的知名度和美誉度;通过开展教材编撰、校园展演等工作,在校园内培育了一定规模的非遗年轻传习群体;湘西州通过出版《神秘湘西》《湘西匠人》等非物质文化遗产书籍,推出一系列非遗研究成果;按照"摇滚 + 非遗 + 新媒体"的模式,提取土家族哭嫁歌、湘西三棒鼓等非遗文化精髓,创造了包括《子》《乡下人上北京》《绿肥红瘦》在内的非遗摇滚音乐,通过新媒体渠道实现非遗文化的广泛传播。

---

[①] 欧阳琴芳、向朝阳:《湘西州非遗大师工作室正式揭牌开放》,红网,2019 年 4 月 30 日,https://hn.rednet.cn/m/content/2019/04/30/5402449.html。

# 四　湘西州非物质文化遗产保护发展中存在的问题

当前，湘西州非遗保护发展工作受到非遗存续发展客观规律以及湘西州经济社会发展条件的双向制约。在这种制约和影响下，湘西州非遗保护与发展工作主要遇到以下问题：多元文化冲击，文化生态出现快速变迁；传习人员减少，传承群体出现萎缩；管理水平不足，资金使用效率有待提高；保护主体较弱，社会参与存在不足。

## （一）文化生态快速变迁

文化生态指非遗产生、存续、发展所处的文化空间。湘西人民在与文化生态的调适过程中，创造出包括非遗在内的文化秩序和文化内容。传统社会中的湘西儿童从呱呱落地开始，就进入了包含各类非遗在内的文化秩序当中。只有在习得包括非遗在内的传统文化的基础上，湘西人民才能够获得成长发展的能力。近年来，随着文化生态快速变迁，湘西人民无法完全依靠传统文化来获得生存发展的能力，对包括非遗在内的传统文化的依赖程度减弱。湘西的青壮年多数依赖前往东南沿海务工获得经济收入。虽然通过十余年的建设，武陵山区（湘西）土家族苗族文化生态保护区成效显著，但是应对文化生态快速变迁、实现非遗与文化变迁相适应仍然是湘西州非遗保护发展首先需要解决的问题。

## （二）传承群体出现萎缩

非遗保护得以实现的前提是具有稳定的非遗传承主体。可惜的是，受生产生活方式变迁的影响，湘西州非物质文化遗产不可避免地出现了后继无人的现象。湘西州非遗面临着传习群体老龄化的困境。以湘西苗族鼓舞为例，两名国家级传承人当中，石顺民（1949 年生）已经去世，洪富强（1936 年生）年事已高，已经无法有效开展非遗的传习工作。在湘西州，青少年由于面临升学压力，即使是在"非遗进校园"活动开展如火如荼的过程中，也缺少足够的精力投身于非遗的活态传承工作；青壮年在市场经济的大背景下，多是外出务工或工作以获得生产生活所需要的资料，同样无法有效进行非遗的传承。

## （三）资金使用效率不高

在非遗传承人传习补助经费金额排在全国同类型城市前列的情况下，湘西州非遗传承人传习补助经费的使用效率成为备受关注的一大问题。传习补助经费的用途是支持非遗传承人开展非遗活态传承工作，而不是非遗传承人的经济收入或生活补贴。一方面，在实际的传习补助经费使用过程中，非遗保护部门并不能进行全面有效的监管，确保传习补助经费有效地用于非遗传承人收徒、传艺、参与宣传和交流工作；另一方面，部分非遗传承人存在"等靠要"思想，在通过提高经费使用效率来推动非遗项目创新发展、改善自身生活条件方面存在不足。在这样的背景下，如何进一步提升传习补助经费使用效率，确保经费全部有效地投入非遗传承人的传习活动，还需要进行进一步的制度化建设和科学化管理。

## （四）社会参与存在不足

非遗保护与传承工作离不开社会各界力量的参与。在湘西州非遗保护发展的实际过程中，社会参与存在不足。社会参与不足主要体现在以下几个方面。一是缺少人民群众的参与。非遗是人民群众适应文化生态变迁的结果。在非遗的保护和传承过程中，需要的不仅是非遗传承人和非遗保护部门的参与，还需要人民群众的参与。二是高等院校、科研院所代表的学界与地方政府开展遗产保护工作相对独立，联动性不足。当前，学界与地方政府在非遗保护过程中缺少联动保护的机制、平台。联动机制的缺失不利于校地合作开展非遗保护与传承工作。三是新闻媒体的参与存在不足。新闻媒体受媒体定位、受众喜好等因素的影响，对非遗的关注和报道存在不足之处。四是商界参与不足。商界是实现非遗生产性保护的主体。当前，湘西州从事非遗生产性保护的企业和庞大的资源相比显得较少。

# 五 湘西州非物质文化遗产保护发展的建议

分析湘西州非遗保护发展经验和存在的问题后，课题组提出以下有利于湘西州非遗保护发展的举措。

## （一）适应文化变迁，推动非遗整体性保护

非遗的特性决定非遗保护主体需要对非遗进行整体性保护。具体到湘西州而言，非遗的整体性保护至少包括三个层次。一是文化生态的整体性保护是实现非遗整体性保护的基础。要以创建文化生态保护示范区为契机，切实保护湘西州非遗赖以生存的发展空间。二是在保护非遗传承人的过程中，强化对非遗传承群体的培育工作。这有利于培育非遗的年轻传承群体和年轻化的非遗传承人。非遗的发展并非取决于少数非遗传承人，而是依赖整个非遗传承群体的力量。三是在保护湘西州名录内非遗项目的过程中，深度调研非遗文化资源，避免濒危非遗资源的流失和消亡。非遗项目申报的时间、数量限制导致并非所有的非遗资源都可以及时进入非遗名录。因此，需要实现非遗项目保护和濒危非遗资源普查间的有机统一。

## （二）开展系统研究，展示非遗保护的经验

中国非遗保护工作开展至今，在非遗学科建设、非遗理论研究、非遗文化研究等方面进行了较为深入的研究。聚焦湘西州非遗保护发展，系统性研究仍需加强。具体包括以下几点。一是开展包括对湘西州非遗项目与湘西州文化生态的互动关系在内的非遗研究。该研究有利于厘清非遗的文化表征。二是开展非遗理论的研究。该研究不仅有利于指导湘西州非遗的保护工作，也有助于构建中国非遗学科，向世界展示非遗保护的"中国方案"。三是开展对非遗的活态传承与利用的研究。其有利于非遗适应文化生态变迁，有利于实现非遗与时代精神的结合。需要注意的是，高等院

校、科研院所在研究过程中要避免文化中心主义的倾向，要从文化他者的角度上理解非遗项目及其传承人。

### （三）加强制度建设，提高资金使用水平

在湘西州非遗传承人传承补助经费相对较高的情况下，需要进一步加强制度建设，不断提升经费管理和使用水平，切实提高传承补助经费的使用效率。具体而言，包括三个方面的内容：一是要强化经费筹措制度建设，确保四级非遗传承人传承补贴经费来源充足，经费划拨不打折扣；二是要加强经费管理的制度建设，确定经费划拨责任人与划拨流程，确保经费使用符合传承补贴经费的使用规则和使用要求；三是要建设提高经费使用效率的考察制度，不断强化对传承补贴经费使用效率的考核，确保传习补助经费有效用于非遗传承人收徒、传艺、参与宣传和交流工作，确保经费的使用能够推动非遗项目的持续传承与创新发展。

### （四）利用新兴媒介，实现非遗的创新传播

21世纪以来，随着新媒体技术的发展，原有的传播方式发生了质的改变。在广播、报纸、电视为主要媒介的时代，媒体资源相对稀缺，非遗作为小众的传播内容难以获得足够的传播机会。新媒体实现了基于移动互联网的人际传播。包括非遗传承人在内的每个个体依靠智能手机等设备获得了快捷传播的能力，每一项遗产都拥有了快速传播机会。从项目来看，新媒体的技术手段突破了非遗传播的时空限制，使非遗从乡村到城市、从边缘到中心进行传播成为可能；从非遗传承人和传承群体来看，人们通过新媒体进行非遗历史、技艺等方面的展示，可以获得文化自信、文化自觉和经济收入。同时，非遗的新媒体传播还可以在网络空间跨区域培育一批参与非遗保护与利用的新群体。网络群体的扩大有利于当前非遗的保护。

### （五）加强社会参与，实现文旅产业的融合

文旅产业已经成为湘西州发展的主导产业。作为文旅产业的核心资源，

非遗项目与文旅产业融合成为当前湘西州非遗保护和文旅产业发展的趋势之一。这一方面有利于非遗的生产性保护，另一方面有利于湘西州全面推进乡村振兴。非遗保护与文旅融合包括以下三个层次。一是非遗与旅游演艺相结合。湘西州非遗保护发展可以参照国内知名的"印象系列"、"千古情系列"和湖南本土的"张家界·魅力湘西"、"凤凰·边城"等各类文化旅游演艺品牌的发展经验，策划和打造"非遗＋演艺"系列的旅游品牌。二是非遗与文创产品结合。湘西州非遗保护发展可以参照北京故宫博物院、成都蜀锦织绣博物馆、杭州工艺美术博物馆等机构的文创产品设计经验，开发大众化、生活化、日常化的非遗旅游文创产品。三是非遗与文化展览结合。文化展览是当前旅游景区的重要旅游吸引物之一。湘西州可以打造非遗与旅游景区景点相结合的文化展览。

**B.7**

# 2006~2019年甘南藏族自治州
# 非物质文化遗产保护发展报告*

刘　媛　阿旺嘉措**

**摘　要：** 甘南州历史悠久，地域辽阔，拥有丰富的非物质文化遗产资源。近年来，甘南州加强了非物质文化遗产项目的保护力度，取得了优异的成绩。本报告从国家级和省级非物质文化遗产项目和代表性传承人着手，总结了甘南州在制定法律条例、举办各类展演活动、借助"扶贫"发展非遗事业等方面取得的重要经验，分析了在非遗传承与发展上传承人老龄化严重、专业人才与资金匮乏、群众参与度低等问题。本报告认为可通过学校，培养新时代非遗传承人；依托各类高校，加强专业培训；依靠非遗保护的各类主体，促进非遗发展等方式促进甘南州非物质文化遗产的保护与发展。

**关键词：** 非物质文化遗产　传承方式　甘南州

## 一　甘南州非物质文化遗产的现状

甘南藏族自治州（简称"甘南州"）位于甘肃省的西南部，总面积为

---

\* 本报告系国家社科重大项目"藏族民间苯教经书'莱坞四典四部广经'的分类整理及研究"（项目编号：15ZDB115）和2016年度兰州大学科研创新团队培育项目"苯教古籍文献精选本整理及其数字化建设"（项目编号：16LZUJBWTD011）的阶段性成果。

\*\* 刘媛，兰州大学西北少数民族研究中心2018级硕士研究生，研究方向为藏族非物质文化遗产；阿旺嘉措，藏族，兰州大学西北少数民族研究中心教授、博士生导师。

4.5 万平方公里。东与甘肃省的渭源、岷县、宕昌、武都等县相连，南与四川省阿坝州相连，西与青海省黄南州、果洛州接壤，北与甘肃省的临夏回族自治州为邻。① 甘南州下辖合作市和夏河、玛曲、碌曲、卓尼、迭部、临潭、舟曲七县。甘南州是一个以藏族为主体的多民族聚居区，这里主要居住着藏族、回族、汉族等民族。藏族作为甘南州的主体民族在生活生产中创造了丰富多彩又独具特色的非物质文化遗产，这些独特的非物质文化遗产又是藏族历史与文化的结晶，具有重要的保护价值。

## （一）甘南州国家级非物质文化遗产名录

截至 2019 年，甘南州国家级非物质文化遗产代表性项目（含扩展）共 8 项，分别是藏族民歌（甘南藏族民歌）、佛教音乐（拉卜楞寺佛殿音乐道得尔）、多地舞、巴郎鼓舞、藏戏（南木特藏戏）、藏族唐卡（甘南藏族唐卡）、砚台制作技艺（洮砚制作技艺）、藏医药（甘南藏医药），分别隶属于传统音乐、传统舞蹈、传统戏剧、传统美术、传统技艺、传统医药等 6 个类别（见表 1）。8 项非遗项目中有 7 项（砚台制作技艺除外）与藏族日常生活息息相关，这些非遗项目是甘南藏族历史与文化的集中体现，具有重要的保护与研究价值。

表 1 甘南州国家级非物质文化遗产代表性项目

| 项目类别 | 项目名称 | 项目编号 | 申报地区 | 批次 | 批准年份 |
|---|---|---|---|---|---|
| 传统音乐 | 藏族民歌（甘南藏族民歌） | Ⅱ－115 | 甘南藏族自治州 | 第二批 | 2008 |
| | 佛教音乐（拉卜楞寺佛殿音乐道得尔） | Ⅱ－138 | 夏河县 | 第二批 | 2008 |
| 传统舞蹈 | 多地舞 | Ⅲ－90 | 舟曲县 | 第二批 | 2008 |
| | 巴郎鼓舞 | Ⅲ－91 | 卓尼县 | 第二批 | 2008 |
| 传统戏剧 | 藏戏（南木特藏戏） | Ⅳ－80 | 甘南藏族自治州 | 扩展 | 2011 |
| 传统美术 | 藏族唐卡（甘南藏族唐卡） | Ⅶ－14 | 夏河县 | 扩展 | 2008 |

① 《甘南藏族自治州概况》编写组：《甘南藏族自治州概况》，民族出版社，2008，第 1 页。

续表

| 项目类别 | 项目名称 | 项目编号 | 申报地区 | 批次 | 批准年份 |
|---|---|---|---|---|---|
| 传统技艺 | 砚台制作技艺(洮砚制作技艺) | Ⅷ－133 | 卓尼县 | 第二批 | 2008 |
| 传统医药 | 藏医药(甘南藏医药) | Ⅸ－9 | 碌曲县 | 扩展 | 2008 |
| 合计 | 8 项 | | | | |

注：仅代表甘南州课题组观点。

资料来源：根据国务院公布的四批国家级非物质文化遗产代表性项目名录整理而成。

由表1可知，甘南州国家级非物质文化遗产代表性项目主要集中在传统音乐和传统舞蹈方面，十大类别中仅占六类，类别尚不齐全，民间文学，曲艺，传统体育、游艺与杂技，民俗四项类别还未有项目申报成功。甘南州非遗资源十分丰富，但州内经济发展滞后、交通不便、专业人员匮乏等困境导致非遗资源没有得到深入挖掘。甘南州的国家级非遗项目地理分布十分不均，各县（市）中，国家级非遗项目仅在夏河县、舟曲县、卓尼县、碌曲县这四个县（见图1）。但甘南州的文化具有共性，国家级非遗项目中藏族民歌（甘南藏族民歌）和藏戏（南木特藏戏）就以甘南州为申报地区，藏族民歌（甘南藏族民歌）和藏戏（南木特藏戏）在甘南州的一市七县均有分布，而甘南州州文化馆掌握着这两项国家级非遗项目和传承人资料，并且因为更有能力保护等情况而被认定为保护单位。

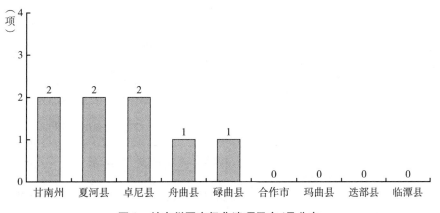

**图1　甘南州国家级非遗项目市/县分布**

资料来源：据表1制图。

## （二）甘南州省级非物质文化遗产名录

2006 年 9 月 30 日，甘肃省公布了第一批省级非物质文化遗产名录，随后又在 2008 年、2011 年、2017 年分别公布了第二批、第三批、第四批省级非物质文化遗产名录。甘南州第一批省级非物质文化遗产名录有 19 项，第二批有 8 项，第三批有 11 项，第四批有 10 项。截至 2019 年 12 月，甘南州共有 48 项省级非物质文化遗产项目（见表 2）。

表 2　甘南州省级非物质文化遗产名录

| 项目类别 | 项目名称 | 项目编号 | 申报地区（单位） | 批次 | 批准年份 |
|---|---|---|---|---|---|
| 民间文学（3 项） | 《格萨尔》 | Ⅰ－1 | 玛曲县 | 第二批 | 2008 |
| | 藏族民间故事 | Ⅰ－8 | 迭部县 | 第三批 | 2011 |
| | 藏族民间谚语 | Ⅰ－9 | 迭部县 | | |
| 传统音乐（6 项） | 花儿(新城花儿会) | Ⅱ－2 | 临潭县 | 第一批 | 2006 |
| | 佛宫音乐"道得尔" | Ⅱ－3 | 甘南州 | | |
| | 甘南藏族民歌 | Ⅱ－8 | 甘南州 | | |
| | 卓尼土族民歌 | Ⅱ－7 | 卓尼县 | 第二批 | 2008 |
| | 牛角琴演奏 | Ⅱ－7 | 玛曲县 | 第三批 | 2011 |
| | 藏鹰笛演奏技艺 | — | 玛曲县 | 第四批 | 2017 |
| 传统舞蹈（7 项） | 锅庄舞 | Ⅲ－13 | 甘南州 | 第一批 | 2006 |
| | "哈钦木" | Ⅲ－12 | 合作市 | 第二批 | 2008 |
| | 拉卜楞民间舞 | Ⅲ－13 | 夏河县 | | |
| | 巴郎鼓舞 | Ⅲ－11 | 卓尼县 | 第一批 | 2006 |
| | 多地舞 | Ⅲ－9 | 舟曲县 | | |
| | 摆阵舞 | Ⅲ－1 | 舟曲县 | 第三批 | 2011 |
| | 尕巴舞 | Ⅲ－10 | 迭部县 | 第一批 | 2006 |
| 传统戏剧（1 项） | "南木特"藏戏 | Ⅳ－6 | 甘南州 | 第一批 | 2006 |
| 曲艺（2 项） | 藏族民间弹唱 | Ⅴ－6 | 玛曲县 | | |
| | 甘南"则肉"演唱 | Ⅴ－8 | 甘南州 | | |
| 传统体育、游艺与杂技(2 项) | 万人扯绳赛 | Ⅵ－2 | 临潭县 | 第一批 | 2006 |
| | 博洛 | — | 玛曲县 | 第四批 | 2017 |

续表

| 项目类别 | 项目名称 | 项目编号 | 申报地区（单位） | 批次 | 批准年份 |
|---|---|---|---|---|---|
| 传统美术（4项） | 藏族唐卡 | Ⅶ-3 | 甘南州 | 第一批 | 2006 |
| | 木雕 | Ⅶ-4 | 卓尼县 | 第二批 | 2008 |
| | 临潭民间洮绣艺术 | — | 临潭县 | 第四批 | 2017 |
| | 舟曲刺绣 | — | 舟曲县 | | |
| 传统技艺（9项） | 洮砚制作技艺 | Ⅷ-3 | 临潭县、卓尼县 | 第一批 | 2006 |
| | 舟曲县织锦带 | Ⅷ-10 | 舟曲县 | | |
| | 夏河金属饰品制作技艺 | Ⅷ-11 | 夏河县 | | |
| | 擦擦佛像印版制作技艺 | Ⅷ-1 | 夏河县 | 第三批 | 2011 |
| | 榻板房制作技艺 | Ⅷ-12 | 迭部县 | 第三批 | 2011 |
| | 藏式建筑技艺（碉房） | — | 卓尼县 | 第四批 | 2017 |
| | 古战申氏金属加工技艺 | — | 临潭县 | | |
| | 临潭牛氏金属铸造技艺 | — | 临潭县 | | |
| | 青稞酒酿造技艺 | — | 迭部县 | | |
| 传统医药（1项） | 藏医药 | Ⅸ-2 | 甘南州 | 第一批 | 2006 |
| 民俗（13项） | 博峪采花节 | Ⅹ-1 | 舟曲县 | 第一批 | 2006 |
| | 夏河县香浪节 | Ⅹ-2 | 夏河县 | | |
| | 插箭节 | Ⅹ-13 | 甘南州 | | |
| | 正月十九迎婆婆 | Ⅹ-5 | 舟曲县 | 第二批 | 2008 |
| | 藏族服饰 | Ⅹ-6 | 甘南州 | | |
| | 甘南藏族婚礼 | Ⅹ-7 | 夏河县 | | |
| | 毛兰木法会 | Ⅹ-5 | 夏河县 | 第三批 | 2011 |
| | 天干吉祥节 | Ⅹ-1 | 舟曲县 | | |
| | 东山转灯 | Ⅹ-4 | 舟曲县 | | |
| | 巴寨朝水节 | Ⅹ-7 | 舟曲县 | | |
| | 卓尼藏族服饰 | Ⅹ-11 | 卓尼县 | | |
| | 龙神赛会 | — | 临潭县 | 第四批 | 2017 |
| | 磊族跑马射箭 | — | 卓尼县 | | |
| 合计 | 48项 | | | | |

注：1. 仅代表课题组观点。2. 项目编号根据当年所公布的批次整理而成，省级中不同批次项目编号为单独编号，故表中编号有重复，项目数量按照实际数量进行统计。

资料来源：根据甘肃省人民政府公布的四批省级非物质文化遗产名录整理而成。

127

由表 2 可以看出，甘南州 48 项省级非物质文化遗产项目囊括了十大类别（民间文学，传统音乐，传统舞蹈，传统戏剧，曲艺，传统体育、游艺与杂技，传统美术，传统技艺，传统医药，民俗）。省级非遗项目集中分布在民俗（13 项）和传统技艺（9 项）上，其次是传统舞蹈（7 项）和传统音乐（6 项）。甘南州是一个以藏族为主体的多民族聚居区，因此省级非物质文化遗产中也集中体现了藏族的文化和习俗。在以上 48 项中，属于藏族的有 44 项，属于汉族的有 2 项（洮砚制作技艺和正月十九迎婆婆），属于回族的有 1 项［花儿（新城花儿会）］，属于土族的有 1 项（卓尼土族民歌）。

甘南州 48 项省级非物质文化遗产项目中，以甘南州为申报单位的有 9 项，分别是佛宫音乐"道得尔"、甘南藏族民歌、锅庄舞、"南木特"藏戏、甘南"则肉"演唱、藏族唐卡、藏医药、插箭节、藏族服饰，这 9 项省级非遗项目在甘南州一市七县都有分布，且甘南州文化馆更有能力保护因而以甘南州为申报地区（见图 2）。合作市是甘南州政府所在地，申报项目基本也是以甘南州为申报单位。甘南州藏医药应用得最好的应属碌曲县藏医院，但碌曲县地处牧区，经济发展相对缓慢，因此由甘南州作为保护单位。

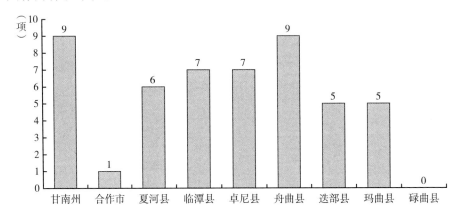

**图 2　甘南州省级非遗项目市/县分布**

说明：卓尼县和临潭县都有"洮砚制作技艺"项目，此处重复计算。
资料来源：据表 2 制图。

## （三）甘南州国家级/省级非物质文化遗产项目占全省的比重

甘南州8项国家级非物质文化遗产项目占甘肃省国家级非物质文化遗产项目（68项）的11.8%，在全省排名第二（与天水市数量相同，临夏回族自治州第一）。甘南州48项省级非物质文化遗产占甘肃省省级非物质文化遗产项目（492项）的9.8%（见表3、图3、图4），在全省排名中位于第三（天水市第一，定西市第二）。甘南州的国家级和省级非物质文化遗产项目在全省具有很强的竞争力。

甘南州非物质文化遗产资源十分丰富，甘南州现有8项国家级非遗项目、48项省级非遗项目，还有192项州级非遗项目、518项县级非遗项目。2019年，甘南锅庄舞、玛曲龙头琴弹唱等6项省级非遗项目已申报为第五批国家级非遗项目。① 甘南州的非遗资源具有广阔的开发前景，但甘南州地处甘肃省西南部，经济发展相对滞后，交通不便，又是少数民族聚居区，限制了非物质文化遗产资源的进一步开发。

**表3　甘肃省各市（州）国家级/省级非遗项目分布**

单位：项，%

| 编号 | 市（州） | 国家级项目 | 占全省的比重 | 省级项目 | 占全省的比重 |
|------|----------|------------|--------------|----------|--------------|
| 1 | 兰州市 | 4 | 5.9 | 42 | 8.5 |
| 2 | 嘉峪关市 | 0 | 0 | 7 | 1.4 |
| 3 | 金昌市 | 1 | 1.5 | 12 | 2.4 |
| 4 | 白银市 | 2 | 2.9 | 21 | 4.3 |
| 5 | 天水市 | 8 | 11.8 | 50 | 10.2 |
| 6 | 武威市 | 4 | 5.9 | 35 | 7.1 |
| 7 | 张掖市 | 4 | 5.9 | 33 | 6.7 |

① 甘南州文化广电与旅游局非遗科内部资料。

续表

| 编号 | 市(州) | 国家级项目 | 占全省的比重 | 省级项目 | 占全省的比重 |
|---|---|---|---|---|---|
| 8 | 酒泉市 | 5 | 7.4 | 41 | 8.3 |
| 9 | 平凉市 | 3 | 4.4 | 29 | 5.9 |
| 10 | 庆阳市 | 5 | 7.4 | 39 | 7.9 |
| 11 | 定西市 | 7 | 10.3 | 49 | 10.0 |
| 12 | 陇南市 | 3 | 4.4 | 43 | 8.7 |
| 13 | 临夏回族自治州 | 11 | 16.2 | 28 | 5.7 |
| 14 | 甘南藏族自治州 | 8 | 11.8 | 48 | 9.8 |
| 15 | 省直单位 | 3 | 4.4 | 15 | 3.0 |
| 合计 | | 68 | | 492 | |

资料来源:《非物质文化遗产处工作情况》,甘肃省文化和旅游厅网站,2019 年 5 月 6 日。

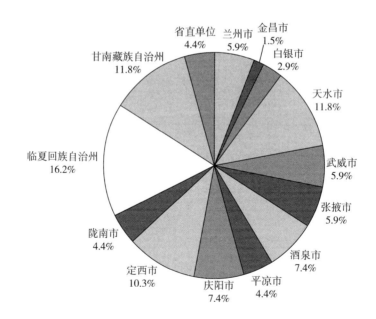

**图 3 甘南州国家级非物质文化遗产项目占全省的比重**

资料来源:据表 3 制图。

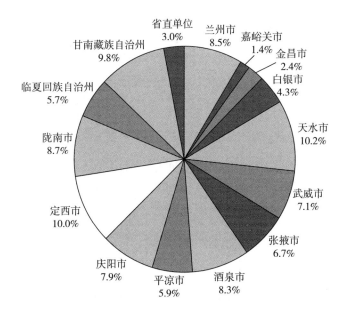

**图 4　甘南州省级非物质文化遗产项目占全省的比重**

资料来源：据表 3 制图。

## 二　甘南州非物质文化遗产项目代表性传承人名录

传承人是非物质文化遗产知识和技艺的承载者和传递者，是非物质文化遗产传承的主体。"人"是少数民族非物质文化遗产中最为重要的因素，少数民族非物质文化遗产的"活态性"最主要是依靠"人"来承载，而这里讲的"人"，也就是我们时常所提及的"传承人"。① 截至 2019 年 12 月，甘南州有 9 位（1 位已离世）国家级非物质文化遗产项目代表性传承人，60位（1 位已离世）省级非物质文化遗产项目代表性传承人。

### （一）甘南州国家级非物质文化遗产项目代表性传承人

根据国务院公布的五批国家级项目名录相关传承人资料可知，甘南州 7

---

① 麻国庆、朱伟：《文化人类学与非物质文化遗产》，三联书店，2018，第 39 页。

项国家级非物质文化遗产代表性项目（含扩展）中有 9 位国家级传承人（见表 4）。在这 9 位传承人中，年龄最大的九麦老人已于 2015 年 1 月 23 日离世。以 2019 年 12 月为截止时间，8 位国家级传承人中，年龄最小的也已经 51 岁，平均年龄约为 63 岁，甘南州国家级非物质文化遗产传承人老龄化十分严重。

表 4　甘南州国家级非物质文化遗产项目代表性传承人名录

| 项目类别 | 编号 | 姓名 | 性别 | 民族 | 出生年月 | 年龄 | 项目编码 | 项目名称 | 申报地区或单位 | 传承人批次 |
|---|---|---|---|---|---|---|---|---|---|---|
| 传统音乐 | 03-0872 | 华尔贡 | 男 | 藏族 | 1949 年 6 月 | 70 | Ⅱ-115 | 藏族民歌（甘南藏族民歌） | 甘南藏族自治州 | 第三批 |
| | 03-0892 | 成来加措 | 男 | 藏族 | 1943 年 | 76 | Ⅱ-138 | 佛教音乐（拉卜楞寺佛殿音乐道得尔） | 甘肃省夏河县 | 第三批 |
| 传统舞蹈 | 03-0951 | 李扎西 | 男 | 藏族 | 1946 年 9 月 | 73 | Ⅲ-90 | 多地舞 | 甘肃省舟曲县 | 第三批 |
| | 03-0952 | 卢永祥 | 男 | 藏族 | 1950 年 8 月 | 69 | Ⅲ-91 | 巴郎鼓舞 | 甘肃省卓尼县 | 第三批 |
| 传统美术 | 05-2586 | 交巴加布 | 男 | 藏族 | 1967 年 10 月 | 52 | Ⅶ-14 | 藏族唐卡（甘南藏族唐卡） | 甘肃省夏河县 | 第五批 |
| | 04-1751 | 九麦 | 男 | 藏族 | 1936 年 6 月 | — | | | | 第四批 |
| | 04-1750 | 希热布 | 男 | 藏族 | 1961 年 8 月 | 58 | | | | 第四批 |
| 传统技艺 | 05-2828 | 卢锁忠 | 男 | 汉族 | 1968 年 9 月 | 51 | Ⅷ-133 | 砚台制作技艺（洮砚制作技艺） | 甘肃省卓尼县 | 第五批 |
| 传统医药 | 05-2958 | 索南旺杰 | 男 | 藏族 | 1965 年 12 月 | 54 | Ⅸ-9 | 藏医药（甘南藏医药） | 甘肃省碌曲县 | 第五批 |
| 合计 | | | | | | 9 人 | | | | |

注：此表仅代表课题组观点。传承人年龄统计截至 2019 年 12 月。

资料来源：根据国务院公布的五批国家级非物质文化遗产代表性传承人名录整理而成。

## （二）甘南州省级非物质文化遗产项目代表性传承人

甘肃省文化和旅游厅公布的四批省级非物质文化遗产项目代表性传承人名单中，甘南州有60位省级传承人，其中一位已于2012年4月离世（见表5）。以2019年12月为截止日期计算年龄，这60位传承人中，年龄最大的是甘南藏族民歌传承人之一准可吉（1933年出生86岁），年龄最小的是牛角琴演奏传承人之一尕藏旦巴（1982年出生37岁）。

表5 甘南州省级非物质文化遗产项目代表性传承人名录

| 项目类别 | 姓名 | 性别 | 民族 | 出生年月 | 年龄（岁） | 项目编码 | 项目名称 | 申报地区或单位 | 传承人批次 |
|---|---|---|---|---|---|---|---|---|---|
| 民间文学（3人） | 子九 | 男 | 藏族 | 1952年3月 | 67 | Ⅰ-8 | 藏族民间故事 | 迭部县文化馆 | 第三批 |
| | 扎西 | 男 | 藏族 | 1946年6月 | 73 | Ⅰ-9 | 藏族民间谚语 | 迭部县文化馆 | 第三批 |
| | 尕尔考 | 男 | 藏族 | 1944年9月 | 75 | Ⅰ-1 | 《格萨尔》 | 玛曲县文化馆 | 第一批 |
| 传统音乐（12人） | 老哲金巴 | 男 | 藏族 | 1975年6月 | 44 | Ⅱ-3 | 佛宫音乐"道得尔" | 甘南州文化馆 | 第四批 |
| | 桑吉道吉 | 男 | 藏族 | 1978年8月 | 41 | | | | |
| | 成立加措 | 男 | 藏族 | 1977年7月 | 42 | | | | |
| | 准可吉 | 女 | 藏族 | 1933年3月 | 86 | Ⅱ-8 | 甘南藏族民歌 | 甘南州文化馆 | 第一批 |
| | 达老 | 男 | 藏族 | 1939年5月 | 80 | | | | |
| | 杨便英 | 男 | 藏族 | 1972年10月 | 47 | | | | 第四批 |
| | 晏三妹 | 女 | 汉族 | 1964年2月 | 55 | Ⅱ-2 | 花儿（新城花儿会） | 临潭县文化馆 | 第四批 |
| | 朵栋地尼 | 男 | 回族 | 1961年2月 | 58 | | | | |
| | 开龙布 | 男 | 藏族 | 1935年7月 | 84 | Ⅱ-7 | 卓尼土族民歌 | 卓尼县文化馆 | 第一批 |
| | 开莉 | 女 | 土族 | 1974年10月 | 45 | | | | 第四批 |
| | 尕藏旦巴 | 男 | 藏族 | 1982年1月 | 37 | Ⅱ-7 | 牛角琴演奏 | 玛曲县文化馆 | 第四批 |
| | 青知布 | 男 | 藏族 | 1945年10月 | 74 | | | | 第三批 |
| 传统舞蹈（8人） | 久西草 | 女 | 藏族 | 1948年9月 | 71 | Ⅲ-13 | 拉卜楞民间舞 | 夏河县文化馆 | 第四批 |
| | 杨学明 | 男 | 藏族 | 1968年10月 | 51 | Ⅲ-11 | 巴郎鼓舞 | 卓尼县文化馆 | 第四批 |
| | 卢东主 | 男 | 藏族 | 1963年7月 | 56 | | | | |
| | 苗卓玛 | 女 | 藏族 | 1977年12月 | 42 | Ⅲ-9 | 多地舞 | 舟曲县文化馆 | 第一批补报 |
| | 全桑九面 | 女 | 藏族 | 1973年1月 | 46 | | | | 第四批 |
| | 郭高道 | 男 | 藏族 | 1949年5月 | 70 | Ⅲ-1 | 摆阵舞 | 舟曲县文化馆 | 第四批 |
| | 郭殿臣 | 男 | 藏族 | 1947年8月 | 72 | | | | |
| | 郭给舟 | 男 | 藏族 | 1946年2月 | — | | | | 第三批 |

续表

| 项目类别 | 姓名 | 性别 | 民族 | 出生年月 | 年龄（岁） | 项目编码 | 项目名称 | 申报地区或单位 | 传承人批次 |
|---|---|---|---|---|---|---|---|---|---|
| 传统戏剧（1人） | 达布 | 男 | 藏族 | 1940年2月 | 79 | Ⅳ-6 | "南木特"藏戏 | 甘南州文化馆 | 第一批 |
| 曲艺（2人） | 德白 | 男 | 藏族 | 1967年9月 | 52 | Ⅴ-6 | 藏族民间弹唱 | 玛曲县文化馆 | 第四批 |
| | 道瑞 | 男 | 藏族 | 1966年6月 | 53 | | | | |
| 民间美术（5人） | 扎群 | 男 | 藏族 | 1968年10月 | 51 | Ⅶ-3 | 藏族唐卡 | 甘南州文化馆 | 第二批 |
| | 贡去乎加措 | 男 | 藏族 | 1972年12月 | 47 | | | | 第四批 |
| | 加央索南 | 男 | 藏族 | 1978年4月 | 41 | | | | |
| | 安拉目九 | 男 | 藏族 | 1962年6月 | 57 | Ⅶ-4 | 木雕 | 卓尼县文化馆 | 第一批 |
| | 安玛尼 | 男 | 藏族 | 1950年4月 | 69 | | | | 第一批 |
| 传统手工技艺（9人） | 王久西加 | 男 | 藏族 | 1962年9月 | 57 | Ⅷ-11 | 夏河金属饰品制作技艺 | 夏河县文化馆 | 第四批 |
| | 王举才 | 男 | 藏族 | 1959年2月 | 60 | Ⅷ-1 | 擦擦佛像印版制作技艺 | 夏河县文化馆 | 第四批 |
| | 王玉明 | 男 | 藏族 | 1966年9月 | 53 | Ⅷ-3 | 洮砚制作技艺 | 卓尼县文化馆 | 第一批 |
| | 张建华 | 男 | 藏族 | 1965年1月 | 54 | | | 卓尼县文化馆 | 第一批 |
| | 李海平 | 男 | 汉族 | 1977年3月 | 42 | | | 卓尼县文化馆 | 第四批 |
| | 王才让草 | 女 | 藏族 | 1977年9月 | 42 | Ⅷ-10 | 舟曲县织锦带 | 舟曲县文化馆 | 第一批 |
| | 金东秀 | 女 | 藏族 | 1981年6月 | 38 | | | | 第四批 |
| | 毛浪 | 男 | 藏族 | 1974年8月 | 45 | Ⅷ-12 | 榻板房制作技艺 | 迭部县文化馆 | 第四批 |
| | 卡交 | 男 | 藏族 | 1957年9月 | 62 | | | | 第三批 |
| 传统医药（8人） | 才项仁增 | 男 | 藏族 | 1967年11月 | 52 | Ⅸ-2 | 藏医药 | 碌曲县藏医院 | 第一批、第二批补报 |
| | 旦正甲 | 男 | 藏族 | 1967年11月 | 52 | | | | 第一批、第二批补报 |
| | 道吉仁青 | 男 | 藏族 | 1968年5月 | 51 | | | | 第一批 |
| | 斗格扎西 | 男 | 藏族 | 1950年8月 | 69 | | | | 第一批 |
| | 卓玛 | 男 | 藏族 | 1953年10月 | 66 | | | | 第二批 |
| | 卓玛加 | 男 | 藏族 | 1970年7月 | 49 | | | | 第四批 |
| | 其江草 | 女 | 藏族 | 1980年10月 | 39 | | | | 第四批 |
| | 看照加 | 男 | 藏族 | 1974年1月 | 45 | | | | 第四批 |

续表

| 项目类别 | 姓名 | 性别 | 民族 | 出生年月 | 年龄（岁） | 项目编码 | 项目名称 | 申报地区或单位 | 传承人批次 |
|---|---|---|---|---|---|---|---|---|---|
| 民俗（12人） | 道吉扎西 | 男 | 藏族 | 1947年8月 | 72 | X－2 | 夏河县香浪节 | 夏河县文化馆 | 第四批 |
| | 马尧草 | 女 | 藏族 | 1954年4月 | 65 | X－11 | 卓尼藏族服饰 | 卓尼县文化馆 | 第三批 |
| | 安包朝 | 女 | 藏族 | 1966年7月 | 53 | | | | 第四批 |
| | 金机林 | 男 | 藏族 | 1950年7月 | 69 | X－1 | 博峪采花节 | 舟曲县文化馆 | 第四批 |
| | 金干斗 | 女 | 藏族 | 1966年7月 | 53 | | | | |
| | 王成成 | 男 | 汉族 | 1964年1月 | 55 | X－5 | 正月十九迎婆婆 | 舟曲县文化馆 | 第四批 |
| | 杨面英 | 女 | 藏族 | 1971年7月 | 48 | X－1 | 天干吉祥节 | 舟曲县文化馆 | 第三批 |
| | 高建德 | 男 | 藏族 | 1966年5月 | 53 | | | | 第三批 |
| | 房显庆 | 男 | 藏族 | 1951年7月 | 68 | X－4 | 东山转灯 | 舟曲县文化馆 | 第三批 |
| | 房明轩 | 男 | 藏族 | 1942年7月 | 77 | | | | 第三批 |
| | 郭殿臣 | 男 | 藏族 | 1947年8月 | 72 | X－7 | 巴寨朝水节 | 舟曲县文化馆 | 第三批 |
| | 郭祺家 | 男 | 藏族 | 1971年7月 | 78 | | | | 第四批 |
| 合计 | 60人 | | | | | | | | |

注：此表仅代表课题组观点。传承人年龄统计截至2019年12月。

资料来源：根据甘肃省公布的四批省级非物质文化遗产项目代表性传承人名单整理而成；甘肃省文化和旅游厅非物质文化遗产处；甘南州文化广电与旅游局非遗科。

由表5可知，甘南州的60位省级传承人集中分布在传统音乐（12人）、传统舞蹈（8人）、传统手工技艺（9人）、传统医药（8人）和民俗（12人），其中藏医药这一项就有8位传承人。甘南州有48项省级非物质文化遗产项目，仅29项有传承人，还有19项尚未评选出省级传承人。这19项未申报传承人的项目中有10项是第四批省级非遗项目，申报时间较短，省级传承人还在申报过程中。第一、二、三批尚未有传承人的项目，因自身的独特性在申报过程中存在困难，如万人扯绳赛、甘南藏族婚礼，当前这两项国家级项目中也还没有群体性传承人的认定。

从性别角度看，60位省级非物质文化遗产传承人中有47位男性传承人、13位女性传承人，男性传承人约是女性的3.6倍。男性传承人分布在九大类别中，而女性传承人主要集中在传统音乐、传统舞蹈和民俗等类别中。藏族女性的受教育程度比男性低，"传男不传女"的传统观念都是女性在非遗传承方面人数较少的重要原因。从民族角度看，60位省级非物质文化遗产传承人中有55位是藏族，3位是汉族，1位是回族，1位是土族。根据第六次全国人口普查资料，甘南州民族构成仍以藏族为主体，藏族人口为37.66万人，占总人口的54.64%[①]，藏族在漫长的生活生产过程中创造了丰富且独特的藏族文化。从市/县分布角度看，甘南州（18人）和舟曲县（16人）是申报最多的地区，甘南州和舟曲县都有9项省级非遗项目，是甘南州省级项目申报最多的两个地区。甘南州和舟曲县也高度重视非物质文化遗产活态性传承，积极申报非遗项目传承人（见表6）。

表6　甘南州国家/省级非遗代表性项目及传承人分布

单位：项，人

| 地区 | 国家级项目 | 国家级传承人 | 省级项目 | 省级传承人 |
| --- | --- | --- | --- | --- |
| 甘南州 | 2 | 1 | 9 | 18 |
| 合作市 | 0 | 0 | 1 | 0 |
| 夏河县 | 2 | 4 | 6 | 4 |
| 临潭县 | 0 | 0 | 7 | 2 |
| 卓尼县 | 2 | 2 | 7 | 11 |
| 舟曲县 | 1 | 1 | 9 | 16 |
| 迭部县 | 0 | 0 | 5 | 4 |
| 碌曲县 | 1 | 1 | 0 | 0 |
| 玛曲县 | 0 | 0 | 5 | 5 |
| 合计 | 8 | 9 | 49 | 60 |

注：卓尼县和临潭县都有"洮砚制作技艺"项目，此处重复计算。

# 三　甘南州非物质文化遗产保护的现状

## （一）甘南州非物质文化遗产保护的有效措施

### 1. 有理有据的法律保护

2015年8月甘南藏族自治州第十五届人大常委会第二十六次会议公布

---

① 《甘南州人口发展综述》，甘南藏族自治州统计局网站，2019年7月19日，http://tjj.gnzrmzf.gov.cn/info/1052/2173_2.htm。

施行《甘肃省甘南藏族自治州非物质文化遗产保护条例》（简称《条例》），这标志着甘南州的非物质文化遗产保护进入有法可依的时代。《条例》按照"保护为主，抢救第一，合理利用，继续发展"的方针，通过挖掘、保护、传承、发展，开创甘南州非物质文化遗产保护工作的新局面。《条例》从甘南州的现实情况出发，对甘南州非物质文化遗产的调查、代表性项目名录、传承与传播和法律责任做了明确规定，对加强非物质文化遗产保护工作，推动甘南州文化建设具有十分重要的意义。甘南州实施"文化撑州"战略，将文化旅游产业确定为全州两大首位产业之一，相继出台《关于实施文化撑州战略建设文化甘南的意见》《甘南州推进华夏文明传承创新区建设实施意见》《甘南州藏羌彝文化产业走廊建设实施意见》《关于加快推进文化产业发展的实施意见》等政策措施，这些措施都将积极促进甘南州非物质文化遗产的保护和发展。[1]

2. 形式多样的保护方式

甘南藏族唐卡、卓尼洮砚制作技艺项目传承人从 2015 年开始参加西北民族大学承办的非遗传承人培训计划全国研培班。[2] 甘南州鼓励支持传承人开展传承活动等，非遗传承群体不断扩大，技艺、素质、传承能力不断提升，先后累计推荐甘南州 126 名非遗传承人参加了天津大学、上海工艺美术学院、西北民族大学等举办的培训，培养非物质文化遗产学员达 200 多人。2017 年甘南州依托国家级、省级传承人，在甘肃民族师范学院举办了主题为"传承文化遗产，弘扬民族精神"的非物质文化遗产进校园晚会。[3]

甘南州建成甘南藏族歌舞演艺基地（合作）、拉卜楞藏传佛教文化基地（夏河）、甘南藏医药生产基地（碌曲、合作、夏河）、迭部腊子口生态文化基地（迭部）、《格萨尔》演绎与《格萨尔》影视推广基地（玛曲）等 7 个

---

① 张成芳：《甘南州围绕"四大板块"大力发展文化产业》，《甘南日报》2018 年 11 月 5 日。
② 《西北民族大学"中国非物质文化遗产传承人群研培计划"2017 年高级研修班学员作品选》，《西北民族大学学报》（哲学社会科学版）2018 年第 1 期。
③ 《甘肃民族师范学院组织开展藏区"非遗"进校园系列活动》，《甘肃日报》2017 年 7 月 18 日。

文化产业基地项目；实施甘南州拉卜楞白噶尔文化传承创新博览园、蕃巴秀、中华砚乡——安多藏区卓尼县"洮砚产业集群"、迭部县茨日那民俗文化展示中心等30个文化产业项目；扶持壮大藏宝网、白噶尔文化、拉木娜文化等10个文化骨干企业。[①]

甘南州还通过文字、影像等多种形式保护非物质文化遗产。州、县（市）政府相继出版发行了"甘南州历史文化丛书"（共23册）、《甘南藏族民歌》（共4册）、《甘南州藏戏剧本集》、《夏河县非物质文化遗产》、"舟曲非物质文化遗产丛书"等丛书。宣传片《梦幻香巴拉》《甘南》《卓尼影像》，纪录片《盛境甘南》《最近的雪域高原》《发现卓尼》等向国内外观众全方位展示了甘南州异彩纷呈的自然景象、人文历史和独具藏族特色的非物质文化遗产资源。

甘南州以全国第一次非物质文化遗产普查为契机，由州文化局和州文化馆牵头，各县（市）文化馆员配合，深入全州96个乡镇600多个行政村，历时5个月，以"见人见物见生活"的理念，收集整理了1000条非物质文化遗产项目信息，初步建立了以文字、影像为主的电子数据库。[②]

3.丰富多彩的"非遗"展演

甘南州藏族唐卡、洮砚制作技艺、甘南"南木特"藏戏、甘南锅庄舞、藏族服饰、藏族弹唱、藏族民歌等项目，在尼泊尔、台湾、香港、深圳、上海、天津、北京、成都、西安、兰州、敦煌等地参加了非遗展示展演和第十五届中国（深圳）国际文化产业博览交易会；洮砚参加过多次"中国文房四宝艺术博览会"；2017年和2019年举办了甘南"南木特"藏戏展演；[③]甘南州临潭县举办了"文化和自然遗产日"系列活动[④]。

---

[①] 《西北民族大学"中国非物质文化遗产传承人群研培计划"2017年高级研修班学员作品选》，《西北民族大学学报》（哲学社会科学版）2018年第1期。

[②] 甘南州文化广电与旅游局非遗科内部资料。

[③] 《全州"南木特"藏戏展演在碌曲尕秀拉开帷幕》，"甘南州文旅局官网"百家号，2019年9月11日，https：//baijiahao.baidu.com/s？id=1644387116729056798&wfr=spider&for=pc。

[④] 《甘南州临潭县举办2019年"文化和自然遗产日"非遗展示暨文艺汇演系列活动》，"甘肃省文化和旅游厅"百家号，2019年6月12日，https：//www.sohu.com/a/320095461_120026097。

甘南州通过九色甘南香巴拉旅游艺术节，各县（市）举办的大型民俗活动、重大节日活动，对国家级、省级、州级非物质文化遗产进行大力宣传。① 如在夏河拉卜楞寺每年举行的正月、二月、七月大法会上，甘南州优秀的民族民间文化精品——酥油花、"桑欠木"、"哈钦木"、佛宫音乐"道得尔"等得以集中展示，参演人员达 200 余人，每年吸引观众近 20 万人②；临潭万人扯绳活动参与人数多达万人。甘南州主办"非遗进校园"活动，深入大中小学开展甘南"南木特"藏戏、洮砚制作技艺、唐卡制作技艺、藏族弹唱、锅庄舞、刺绣、剪纸等精品项目进校园公益展示展演，受益学生 6 万人次③。州博物馆、州文化馆、县（市）民俗馆、非遗展馆始终坚持对外免费开放，年接待群众 8 万人次，其中，合作市的甘肃民族师范学院和合作一中、二中已把州博物馆、文化馆展厅作为它们的教育基地，每年组织不少于 800 人的学生前来参观学习。④

4. "非遗＋扶贫"的助力

甘南州一方面组织帮助省级以上非物质文化遗产项目的传承人积极申报，争取传习补贴；另一方面鼓励继承人进行开发生产，成立扶贫就业工坊。截至 2020 年 4 月，以甘南藏族唐卡、洮砚制作技艺等传统工艺振兴为主的非物质文化遗产项目生产、加工公司已达 18 个，完成了从输血到造血的改造。2017 年 3 月，甘肃省共有 15 项国家级非遗代表性项目列入第一批《中国传统工艺振兴计划》，甘南州的甘南藏族唐卡绘制技艺、洮砚制作技艺两项入选（见表 7）。⑤

---

① 《甘南州香巴拉旅游艺术节》，新华网，2018 年 3 月 19 日，http：//www.xinhuanet.com/travel/2018－03/19/c_ 1122560588.htm。

② 《晒佛，祈求众生平安，拉卜楞寺的这个大法会引人注目》，"陇上非遗"百家号，2019 年 8 月 20 日，https：//baijiahao.baidu.com/s？id＝1642103031589353465&wfr＝spider&for＝pc。

③ 《我校组织开展藏区"非遗"进校园系列活动》，甘南民族师范学院官网，2017 年 7 月 14 日，http：//www.gnun.edu.cn/info/1003/8503.htm。

④ 甘南州文化广电与旅游局非遗科内部资料。

⑤ 《文化和旅游部 工业和信息化部关于发布第一批国家传统工艺振兴目录的通知》，中国非物质文化遗产网，2018 年 5 月 31 日，http：//www.ihchina.cn/Article/Index/detail？id＝11576。

**表7  甘南州入选第一批《中国传统工艺振兴计划》项目名单**

| 编号 | 项目类别 | 项目编号 | 项目名称 | 分布地区 |
|---|---|---|---|---|
| 1 | 剪纸刻绘（JZKH） | I–JZKH–56 | 甘南藏族唐卡绘制技艺 | 甘肃夏河县 |
| 2 | 文房制作（WFZZ） | I–WFZZ–20 | 洮砚制作技艺 | 甘肃省卓尼县、岷县 |

资料来源：《文化和旅游部  工业和信息化部关于发布第一批国家传统工艺振兴目录的通知》，中国非物质文化遗产网，2018 年 5 月 31 日，http：//www.ihchina.cn/Article/Index/detail？id=11576。

2019 年《甘肃省文化和旅游厅  甘肃省扶贫开发办公室关于支持设立省级非遗扶贫就业工坊的通知》发布，支持在全省贫困县组织开展省级非遗扶贫就业工坊建设，确定将夏河县善源民族工艺品有限公司等 91 家单位认定为甘肃省省级非遗扶贫就业工坊，其中甘南州 12 家单位认定为省级非遗扶贫就业工坊（见表 8）。① 这些非遗扶贫就业工坊在促进甘南州非遗保护和经济发展方面发挥着重要作用。

**表8  甘南州省级非遗扶贫就业工坊名单**

| 序号 | 参与企业名称 | 涉及非遗项目 | 建立地点 | 所在市（州） |
|---|---|---|---|---|
| 1 | 夏河县善源民族工艺品有限公司 | 夏河金属饰品制作技艺 | 夏河县达麦乡乎尔卡加行政村切浪道自然村 | 甘南州 |
| 2 | 卓尼县万荣洮砚文化艺术品有限公司 | 洮砚制作技艺 | 卓尼县洮砚乡纳儿村 | 甘南州 |
| 3 | 卓尼县德琴巧手民俗文化旅游发展贸易公司 | 卓尼刺绣 | 卓尼县喀尔钦镇达子多村奋大自然村 | 甘南州 |
| 4 | 卓尼县望杰藏式建筑技艺有限责任公司 | 藏式建筑技艺（碉房） | 卓尼县柳林镇寺台子禅定寺向左 300 米处藏式建筑技艺传习所 | 甘南州 |
| 5 | 卓尼县炫丽民族服饰加工有限责任公司 | 卓尼藏族服饰 | 卓尼县洮河林业局 19 号楼 612 号 | 甘南州 |
| 6 | 卓尼县润毫洮砚开发有限公司 | 洮砚制作技艺 | 卓尼县柳林镇寺台子 | 甘南州 |

---

① 《甘肃省文化和旅游厅  甘肃省扶贫开发办公室关于支持设立省级非遗扶贫就业工坊的通知》，甘肃省文化和旅游厅网站，2019 年 12 月 18 日，http：//wlt.gansu.gov.cn/wlt/c108548/202104/4b55560bab0f43f49d515e8e5cf46795.shtml。

续表

| 序号 | 参与企业名称 | 涉及非遗项目 | 建立地点 | 所在市(州) |
|---|---|---|---|---|
| 7 | 临潭县洮绣传承开发责任有限公司 | 临潭民间洮绣艺术 | 临潭县城关镇 | 甘南州 |
| 8 | 临潭县双龙民族工艺铜器加工有限责任公司 | 临潭牛氏金属铸造技艺、古战申氏金属加工技艺 | 临潭县城关镇 | 甘南州 |
| 9 | 临潭县洮砚产业基地传习所 | 洮砚制作技艺 | 临潭县王旗镇 | 甘南州 |
| 10 | 临潭县锦绣洮绣艺术有限责任公司 | 临潭民间洮绣艺术 | 临潭县羊永镇 | 甘南州 |
| 11 | 临潭县洮艺芭手绣加工有限责任公司 | 临潭民间洮绣艺术 | 临潭县新城镇 | 甘南州 |
| 12 | 舟曲县泉城手工艺品有限公司 | 舟曲刺绣 | 舟曲县 | 甘南州 |

资料来源:《甘肃省文化和旅游厅　甘肃省扶贫开发办公室关于支持设立省级非遗扶贫就业工坊的通知》,甘肃省文化和旅游厅网站,2019年12月18日,http://wlt.gansu.gov.cn/wlt/c108548/202104/4b55560bab0f43f49d515e8e5cf46795.shtml。

## (二)甘南州非物质文化遗产保护存在的问题

### 1.传承人老龄化严重

少数民族非物质文化遗产最为根本的特征就是"活态性",其具有的物质方式是被某一民族的后代即个人、集体、群体所认同、传承、更新的。[①] 传承人是非物质文化遗产知识和技艺的承载者和传递者,是少数民族非物质文化遗产传承的主体。截止到2019年12月,甘南州国家级非遗传承人都是60年代前后的老人,平均年龄约为63岁,省级传承人的平均年龄是58岁,国家级和省级传承人老龄化堪忧。甘南州非遗传承人老龄化严重,传承人们没有足够的精力收授徒弟和开展传承活动,严重影响了甘南州非遗的持续发展。随着现代社会的不断发展,交通的日益便捷,越来越多的藏族人走出山

---

① 贾银忠主编《中国少数民族非物质文化遗产教程》,民族出版社,2008,第10页。

141

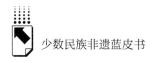

村，进入城市工作和生活，传统文化和技艺在农村已陷入无人传承的困境。

### 2. 保护模式过于陈旧

截至 2020 年，甘南州尚未建立成熟的非遗数字化体系，未将现代科技与非遗保护结合起来。甘南州主要通过文字形式静态地保护非物质文化遗产；饱含浓郁藏族特色的宣传片——《梦幻香巴拉》《甘南》等着重为甘南地区的旅游做宣传，未深入非遗项目的保护和传承；甘南州政府和博物馆网站呈现的非遗信息仅是文字和图片，没有详细展现非遗项目的全貌；甘南州也没有建立专门的网站来介绍和宣传甘南州的非物质文化遗产；甘南州各类非遗相关的文化基地和文化产业项目基础薄弱，尚未形成产业规模。甘南州非物质文化遗产的宣传主要是借助各类节日活动，其经济价值主要借助于旅游发展，许多非遗项目本身的价值尚未开发，还未摸索出适宜的发展模式。

### 3. 专业人才与资金匮乏

甘南州的非物质文化遗产极具民族性、地域性和季节性，如正月法会、二月插箭节、四月娘乃节、五月庙会、六月采花节、七月赛马节、九月朵巴等，这些项目时间性非常强，必须要按时下乡普查、搜集、拍摄第一手资料；藏族唐卡、藏医药、砚台制作技艺、佛宫音乐"道得尔"、榻板房制作技艺等专业性要求高。甘南州的绝大多数非遗项目属于藏族群众，多数非遗传承人只会说藏语而不懂汉语，而非遗工作人员的藏语水平不高，对农区、牧区的藏语不甚精通，双方交流有很大障碍；非遗工作人员，大都没有经过专业的训练与培训，不了解非遗项目的历史渊源、文化背景和传承谱系，制约着他们开展各类工作；非遗工作人员对非遗事业没有深刻的认识，各类工作难以深入。甘南州非物质文化资源十分丰富，在搜集整理中，需要一定的专业设备（如数码照相机、摄像机、电脑等）。但是，甘南州财政有限，经费投入少，无力购置高端设备，这严重制约了非物质文化遗产保护工作的有效开展。甘南州也缺乏技术人员，难以独立完成高质量的音像、图片等资料的搜集整理，这在很大程度上影响了申报效果。

#### 4.群众参与度低

甘南州的总面积为 4.5 万平方公里，下辖一市七县（合作市和夏河县、玛曲县、碌曲县、卓尼县、迭部县、临潭县、舟曲县），是一个以藏族为主体的多民族聚居区，辖区内面积广阔，民族众多，很多非遗项目是群众日常生活的一部分，随时随地都能接触到。由于对非遗的重要性没有清楚的认识，群众很少参与非遗保护事业，在非遗保护中也只充当观众的角色，个人、家庭、社会和学校没有发挥非遗保护的主体作用，只是被动地参与，群众对非遗保护的参与度特别低。甘南州很多非遗项目的保护与传承仅靠几个传承人苦苦坚持，缺少交流经验的平台。甘南藏族自治州文化与旅游局非物质文化遗产科难以面面俱到地保护州内的每项非遗项目，很多工作的开展依赖县（市）非遗办公室，然而各县（市）非遗办公室人员不足，没有结合各地实际情况深入开展宣传工作，难以调动群众参与非遗保护的积极性。

## 四 甘南州非物质文化遗产保护的建议

### （一）立足学校，培养新时代传承人

甘南州非物质文化遗产可持续传承的首要问题是如何培养传承人。甘南州在学校做了很多宣传活动，但尚未将中小学生列为潜在的非遗传承人。在甘南州传承人老龄化日益加剧的当下，我们应将目光放在年轻一代身上，在不耽误他们学习的前提下，培养他们对非遗文化的兴趣。非物质文化具有重要的教育价值，[①] 在中小学里不单单是请非遗传承人去讲非遗文化，更应该将非遗文化中的精华部分纳入甘南州中小学的地方课程，张海燕在其硕士学位论文中就大量探讨了非物质文化遗产传承园本课程的可行性与必要性[②]。

---

[①] 王文章主编《非物质文化遗产概论》，科学教育出版社，2008，第94页。

[②] 张海燕：《基于内蒙古非物质文化遗产传承的园本课程开发研究》，硕士学位论文，内蒙古师范大学，2012，第8~12页。

甘南州的县（市）应积极营造良好的非遗文化氛围，让孩子们热爱非遗文化，调动他们学习和传承非遗文化的兴趣，鼓励他们拜师学艺。在省内的各个高校里可以开设有关非遗技艺的公共选修课，定期请非遗传承人到场授课指导，对有天赋、有基础的学生多加指导，鼓励他们投身于非遗文化的传承。具有巨大经济开发前景的非遗项目，如藏族唐卡（甘南藏族唐卡）、砚台制作技艺（洮砚制作技艺）、舟曲县织锦带等可以开设工作坊，招收大中专学生，既能解决学生就业问题，又能为非遗项目培养传承人。

**（二）依靠现代科技，更新保护模式**

甘南州可借助"互联网＋非遗"新模式，将电商与非物质文化遗产活化传承相结合，使非物质文化遗产现代生活化、时尚商品化、产业可持续化，从而帮助州内群众致富。甘南州可以借助文化和旅游部、国务院扶贫办支持非遗扶贫就业工坊的"东风"，依托州内各类非遗项目，设立一批有藏族特色、带动作用明显、促进就业增收、巩固脱贫成果的本地企业。甘南州应该借助现代科技的力量，打造甘南州特色的"非遗＋电商"模式，开发非遗项目本身的经济价值，促进州内非遗项目更有活力地发展。在开发甘南州非遗项目时也要正确处理好抢救、挖掘、传承、保护、开发、利用的关系，把"非遗"保护与建设生态甘南、旅游甘南等工作结合起来，发掘州内各项非物质文化遗产的经济价值。

**（三）依托各类高校，加强专业培训**

为形成多层次、多学科和多形式的非物质文化遗产保护、传承人才的培训机制，全面提高有关人员的业务素质，甘南州应积极与甘肃省内的各高校合作。一是甘南州要加强与甘肃民族师范学院的藏区非物质文化遗产数字化保护技术研究重点实验室的合作，借鉴其先进的科研技术，加快建立非遗数字化体系；二是甘南州要紧紧依靠西北民族大学的教育资源，加强非遗工作人员的专业培训，西北民族大学作为全国最早参与中国非遗传承人群研培计划的院校之一，拥有丰富的培训经验，甘南州应把这些经验运用到传承人的传承活动中；三是甘南州要加强与兰州大学的学术交流活动，开展甘南州非物质文化遗产学术研讨会，让广大学者参与甘南州非物质文化遗产保护与发展的讨论和研究。甘南州要利用高校和地方科研机构的社会服务功能，共同培养专业的非物质文化遗产研究员，与高校和地方科研机构一同发掘、保护和传承甘南州优秀传统文化，为推动中华优秀传统文化的创造性转化、创新性发展贡献力量。

## （四）依靠各类主体，促进非遗发展

个人、家庭、社会和学校都是非物质文化遗产传承的主体，各主体应相互协作、相互配合。[①] 甘南州的非物质文化遗产与群众的日常生活紧密相连，每个人都是保护和传承的主体，要利用各种方式提升大家对非遗的关注度。甘南州应发挥传承人的带头作用，鼓励传承人开展各类传承活动；通过展板和宣传资料等方式定期向社会普及非物质文化遗产的基础概念和重要作用等知识；通过原生态文艺节目展演、非物质文化遗产实物展示等更直观的方式来唤醒大众对非物质文化遗产的认识；建立便捷有效的保护机制，鼓励大家参与非遗事业。甘南州在促进非物质文化遗产发展的过程中要积极利用公益协会的力量。甘南州迭部县的退休老干部们组成的"迭部县非物质文化遗产协会"，在促进迭部县非遗事业发展方面发挥了重要的作用。2007 年成立的卓尼县洮砚协会，为当地制砚艺人们搭建了沟通交流的平台，还有效促进了当地洮砚行业的规范化发展。甘南州在非遗的保护过程中，一定要紧紧依靠这些民间团体力量，并鼓励各方力量参与非遗事业。

---

① 普丽春、袁飞：《少数民族非物质文化遗产教育传承的主体及其作用》，《民族教育研究》2012 年第 1 期。

# 理 论 篇

**Theoretical Researches**

## B.8
## 我国少数民族国家级非遗传承人
## 保护现状及云传承机制研究[*]

罗　婷[**]

摘　要： 保护和传承少数民族非遗，关键在于传承人，尤其是国家级
传承人。少数民族国家级非遗传承人，是少数民族非遗优秀
的创造者、传播者、传承者，具备技艺精湛、影响力较大、
积极开展传承等突出优势。然而，随着社会经济的发展与时
代的变迁，传承人面临巨大冲击，一系列的新要求、新困境

* 本报告系广西教育厅2019年度中青年教师科研基础能力提升项目"'非遗'视域下京族海洋
文化保护与活态传承研究"（项目编号：2019KY0660）的阶段性成果；本报告受广西财经学
院经济与贸易学院课题"乡村振兴战略下广西传统村落文化资源保护与旅游产业开发研究"
资助；本报告受广西财经学院经济与贸易学院课题"广西海洋非物质文化遗产传承与活化发
展研究"资助。
** 罗婷，中南大学中国村落文化研究中心博士研究生，广西财经学院经济与贸易学院讲师，研
究方向为少数民族民俗文化、村落文化。

接踵而至，传统的传承方式已经无法满足社会的需求。云时代需要云传承，基于当下传承的诸多新挑战，云传承围绕"传承—提升—发展"的逻辑，以传承人为核心，建立"云传承、云传播、云交流、云赋能、云评估"系统传承机制，从而让少数民族国家级非遗传承人更好地融入云时代，真正做到活态传承。

**关键词：** 少数民族 非遗传承人 云传承 活态传承

# 一 引言

我国有 55 个少数民族，少数民族文化富有特色，少数民族非遗文化资源丰富。在我国的历史发展进程中，少数民族非遗文化成为维护民族稳定和谐，促进经济繁荣发展，提升民族文化自信的重要文化资源，保护和传承我国优秀的少数民族传统文化遗产具有重要意义。

保护和传承少数民族非遗，关键在于传承人，尤其是国家级传承人。少数民族国家级非遗传承人是少数民族非遗优秀的创造者、传播者、传承者，具备技艺精湛、影响力较大、便于开展传承等突出优势。然而，随着社会经济的发展与时代的变迁，传承人面临巨大冲击，一系列的新要求、新困境接踵而至，传统的传承方式已经无法满足社会的需求。时代在变，非遗传承在变，非遗传承人也可以在保持非遗内核的前提下做出改变。在当今时代，如何融入现代生活，将时代挑战转变为时代机遇，变"被动保护"到"主动传承"，实现非遗传承人的最大价值，考验当代非遗传承人的智慧。

当前所处的时代已经成为"线上时代"，也可以称为"云时代"。"万物皆可云"，云教学、云录制、云过节、云对歌、云游博物馆、云赏景区……云时代，已经到来。云时代需要云传承，基于当下传承的诸多新挑战，云传承围绕"传承—提升—发展"的逻辑，以传承人为核心，建立"云传承、云传播、云交流、云赋能、云评估"系统传承机制，从而让少数民族国家级非遗传承人更好地融入云时代，真正做到活态传承，"见人见物见生活见发展"。

## 二 少数民族国家级非遗传承人面临新挑战

### （一）新要求：政策文本分析

新时代背景下，通过对国家级非遗传承人认定与管理办法的两个版本（2008 年版本以及 2019 年版本）进行文本分析可以发现，新政策对国家级非遗传承人提出了基于"传承人效果导向"的新要求。

我国重视对国家级非遗传承人保护和传承非遗的政策支持。总体而言，非遗的传承和保护遵循"政府主导，社会参与"的模式，我国积极动员各方力量参与非遗保护及传承工作，帮助非遗传承人开展相关活动；颁布《中华人民共和国非物质文化遗产法》，健全非遗法律建设，从法律层面对非物质文化遗产代表性传承人制度进行了确认，为传承人"保驾护航"；联合各地高校定期开展传承人培训研修，提升非遗传承人技艺能力和传承能力；将每年六月的第二个星期六设定为"文化和自然遗产日"，开展常态化的非遗活动，营造"尊重、展示、保护、传承"非遗的良好社会环境。

与国家级非遗传承人关系最为紧密的政策，是对国家级非遗传承人的认定与管理办法。我国分别于 2008 年和 2019 年颁布了《国家级非物质文化遗产项目代表性传承人认定与管理暂行办法》（简称《暂行办法》）及《国家级非物质文化遗产代表性传承人认定与管理办法》（简称《办法》）。两个版本部分内容对比见表 1。

表1　国家级非遗传承人认定与管理办法政策文本对比

| 项目 | 2008 年《暂行办法》 | 2019 年《办法》 |
|---|---|---|
| 认定部门 | 文化部 | 文化和旅游部 |
| 传承认定条件 | (一)掌握并承续某项国家级非物质文化遗产;(二)在一定区域或领域内被公认为具有代表性和影响力;(三)积极开展传承活动,培养后继人才 | (一)长期从事该项非物质文化遗产传承实践,熟练掌握其传承的国家级非物质文化遗产代表性项目知识和核心技艺;(二)在特定领域内具有代表性,并在一定区域内有较大影响;(三)在该项非物质文化遗产的传承中具有重要作用,积极开展传承活动,培养后继人才;(四)爱国敬业,遵纪守法,德艺双馨 |
| 认定与管理要求 | 未明确 | 保护传承非物质文化遗产,推动中华优秀传统文化创造性转化、创新性发展;完善非物质文化遗产传承体系,尊重传承人的主体地位和权利,注重社区和群体的认同感 |
| 传承人品德 | 未明确 | 应当锤炼忠诚、执着、朴实的品格,增强使命和担当意识,提高传承实践能力,在开展传承、传播等活动时遵守宪法和法律法规,遵守社会公德,坚持正确的历史观、国家观、民族观、文化观,铸牢中华民族共同体意识,不得以歪曲、贬损等方式使用非物质文化遗产 |
| 评定时间 | 未明确 | 每五年 |
| 传承义务 | (一)在不违反国家有关法律法规的前提下,根据文化行政部门的要求,提供完整的项目操作程序、技术规范、原材料要求、技艺要领等;(二)制定项目传承计划和具体目标任务,报文化行政部门备案;(三)采取收徒、办学等方式,开展传承工作,无保留地传授技艺,培养后继人才;(四)积极参与展览、演示、研讨、交流等活动;(五)定期向所在地文化行政部门提交项目传承情况报告 | (一)开展传承活动,培养后继人才;(二)妥善保存相关实物、资料;(三)配合文化和旅游主管部门及其他有关部门进行非物质文化遗产调查;(四)参与非物质文化遗产公益性宣传等活动 |
| 传承评估机制 | 省级文化行政部门应于每年年底前将本行政区域国家级非物质文化遗产项目代表性传承人的情况报送国务院文化行政部门 | 省级文化和旅游主管部门根据传习计划应当于每年 6 月 30 日前对上一年度国家级非物质文化遗产代表性传承人义务履行和传习补助经费使用情况进行评估,在广泛征求意见的基础上形成评估报告,报文化和旅游部备案。评估结果作为享有国家级非物质文化遗产代表性传承人资格、给予传习补助的主要依据 |

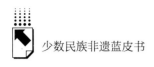

少数民族非遗蓝皮书

续表

| 项目 | 2008 年《暂行办法》 | 2019 年《办法》 |
|---|---|---|
| 取消传承人资格规定 | 提出两种情况:无正当理由不履行传承义务;丧失传承能力 | (一)丧失中华人民共和国国籍的;(二)采取弄虚作假等不正当手段取得资格的;(三)无正当理由不履行义务,累计两次评估不合格的;(四)违反法律法规或者违背社会公德,造成重大不良社会影响的;(五)自愿放弃或者其他应当取消国家级非物质文化遗产代表性传承人资格的情形 |
| 施行时间 | 2008 年 6 月 14 日起 | 2020 年 3 月 1 日起 |

注:此表仅代表课题组观点。

资料来源:根据《国家级非物质文化遗产项目代表性传承人认定与管理暂行办法》与《国家级非物质文化遗产代表性传承人认定与管理办法》整理而成。

2019 年《办法》结合新时代非遗传承的特点以及近年来取得的经验,细化了传承人认定与管理的时间节点、程序,比如明确每五年对传承人进行认定,提出了在评审环节根据需要可采取现场答辩,要求于每年的 6 月 30 日前提交评估报告,并对传承人去世后的相关事宜从国家级层面给予关怀。

通过对比分析两个版本的文本可以发现,2019 年的版本,立足于新时代背景,对国家级非遗传承人提出了基于"传承效果导向"的新要求。传承效果导向体现为三点。一是树立传承人传承典范形象,增强形象示范效应。2019 年《办法》对传承人品德提升提出了细化要求,要求传承人"锤炼忠诚、执着、朴实的品格,增强使命和担当意识"。在 2008 年《暂行办法》的基础上增加了"爱国敬业,遵纪守法,德艺双馨",传承人不仅有"艺",更要有"德",而且"德"包含个人品德和社会公德,坚持正确的"历史观、国家观、民族观、文化观",国家级传承人只有在品德和技艺两个方面都具有典范性,才能真正称得上"国家级"典范。二是提升传承人创新能力,推动传承的创造性转化和创新性发展。在传承人认定与管理方面,指出要"推动中华优秀传统文化创造性转化、创新性发展",非遗是中华优秀传统文化,而传承人是其实现"双创"发展的关键,在保障传承人主体地位的基础上,发挥传承人智慧,创新传承非遗,凝聚民众认同。在传承人义务方面,两个版本都提出了核心的要求,包括培养后继人才、主动参加相关传播宣传活动、保存相关资料等，而2019年《办法》特别指出要参与非物质文化遗产公益性宣传等活动，让非遗传承人充分发挥主动性与能动性，开展形式多样的传承实践。三是建立系统的评估机制，实现传承人"可进可退"的动态系统。2008年《暂行办法》只要求上报情况，未形成明确的评估机制，而针对10年来传承人评定后却未履行传承义务的特殊情况，2019年《办法》建立了传承人"评估—退出"机制。第一步开展评估是明确于每年6月30日前提交评估报告；第二步是根据评估结果以及其他情况，提出了五种取消传承人资格的情况，比如"累计两次评估不合格"可取消资格，指标细化可操作。

## （二）新困境：传承人队伍建设情况分析

我国积极开展非遗名录体系建设，形成了国家级、省级、市级以及县级四级非遗名录体系，已经公布了四批国家级非遗项目1372项以及五批国家级非遗传承人3068人，其中，少数民族国家级非遗传承人845人，占我国非遗传承人总数的27.54%。少数民族非遗资源丰富，覆盖十大类别，形成了包括苗族鼓藏节、藏族服饰、江格尔、新疆曲子、玛纳斯、苗族古歌、侗族大歌、布洛陀、瑶族长鼓舞、雪顿节、苗族芦笙舞、土家族梯玛歌等富有少数民族风情的国家级非遗项目。然而，少数民族非遗传承人在数量和质量上都面临困境，例如传承类别不平衡、性别不平衡、民族不平衡以及传承人老龄化等。

1. 国家级非遗传承人数量波动上升

由图1可知，尽管第四批传承人数量出现减少的情况，但总体而言，国家级非遗传承人呈现增长的趋势，第一批仅为226人，第五批为1082人，第五批为第一批的近5倍。数量的大幅增加，反映了国家对非遗传承人的重视，也体现了社会由不了解"非遗"到认同"非遗"，关注国家级传承人，出现了"非遗热"的成果。

2. 少数民族国家级非遗传承人占比缓慢增长，但发展不平衡

由表2可知，少数民族国家级非遗传承人占比缓慢增长。国家级非遗传承人有3068人，其中少数民族国家级非遗传承人有845人，占27.54%，相

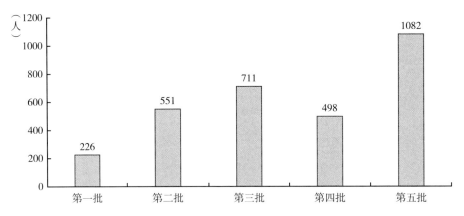

**图1 国家级非遗传承人批次统计**

注：此图仅代表课题组观点。

资料来源：根据五批国家级非物质文化遗产项目代表性传承人名单整理而成。

较于前四批少数民族国家级非遗传承人占比25.48%，① 增长了2.06个百分点。近年来，国家在广大少数民族地区实施传统工艺振兴计划与非遗传承人研培计划，投入大量资金支持少数民族传承非遗，挖掘少数民族非遗，开展"抢救性保护""生产性保护""整体性保护"等措施，少数民族国家级非遗传承人队伍日益壮大。

**表2 国家级非遗传承人十大类中少数民族国家级非遗传承人的数量及比重**

单位：人，%

| 类别 | 民间文学 | 传统音乐 | 传统舞蹈 | 传统戏剧 | 曲艺 | 传统体育、游艺与杂技 | 传统美术 | 传统技艺 | 传统医药 | 民俗 | 总计 |
|---|---|---|---|---|---|---|---|---|---|---|---|
| 国家级非遗传承人数量 | 123 | 380 | 298 | 784 | 207 | 88 | 378 | 518 | 132 | 160 | 3068 |
| 少数民族国家级非遗传承人数量 | 86 | 150 | 150 | 63 | 34 | 23 | 78 | 135 | 43 | 83 | 845 |

① 肖远平、王伟杰：《中国少数民族非遗名录及传承人统计分析》，《西南民族大学学报》（人文社会科学版）2016年第1期。

| 类别 | 民间文学 | 传统音乐 | 传统舞蹈 | 传统戏剧 | 曲艺 | 传统体育、游艺与杂技 | 传统美术 | 传统技艺 | 传统医药 | 民俗 | 总计 |
|---|---|---|---|---|---|---|---|---|---|---|---|
| 少数民族国家级非遗传承人比重 | 69.92 | 39.47 | 50.34 | 8.04 | 16.43 | 26.14 | 20.63 | 26.06 | 32.58 | 51.88 | 27.54 |
| 该类别传承人占少数民族国家级非遗传承人比重 | 10.18 | 17.75 | 17.75 | 7.46 | 4.02 | 2.72 | 9.23 | 15.98 | 5.09 | 9.82 | 100.00 |

注：此表仅代表个人观点。
资料来源：根据五批国家级非物质文化遗产项目代表性传承人名单整理而成。

　　然而，少数民族国家级非遗传承人发展不平衡。从非遗十大类别分布来看，传承人数较多的是传统音乐、传统舞蹈和传统技艺。传统音乐和传统舞蹈都有 150 人，传统技艺有 135 人，而传统体育、游艺与杂技，曲艺以及传统医药数量较少，仅分别为 23 人、34 人和 43 人。从数量来看，传统体育、游艺与杂技人数还不到传统音乐人数的 1/5。

　　从少数民族国家级非遗传承人比重来看，民间文学、民俗和传统舞蹈占比均超过 50%，占比最高的民间文学占 69.92%，民俗和传统舞蹈分别为 51.88%、50.34%。这与前四批少数民族国家级非遗传承人比重趋势基本一致。[1] 而对于民间文学比重高居榜首的原因，王丹认为"在我国少数民族和民族地区，民间故事讲述、民间歌谣演唱、史诗讲唱均较汉族丰富、活跃"，"民间文学三套集成"以及史诗调查研究等工作推动了民间文学传承人的挖掘与保护。[2] 传统舞蹈无论是从数量上还是比重

--------

[1]　肖远平、王伟杰：《中国少数民族非遗名录及传承人统计分析》，《西南民族大学学报》（人文社会科学版）2016 年第 1 期。
[2]　王丹：《少数民族非物质文化遗产保护现状和问题研究——基于国家级非遗项目和代表性传承人的分析》，《文化遗产》2018 年第 2 期。

上都占优势，体现了少数民族在传统舞蹈传承方面具有较成功的经验。

由图 2 可知，传统戏剧、曲艺的国家级非遗传承人分别有 784 人、207 人，而少数民族国家级非遗传承人仅有 63 人、34 人。传统戏剧少数民族国家级传承人占比仅为 8.04%，仍然是比重最低的类别。

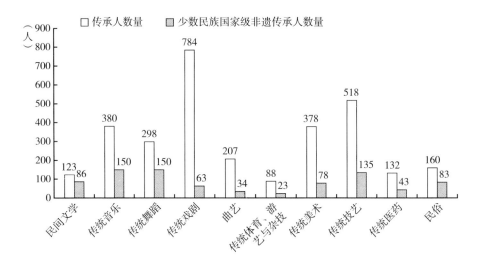

**图 2　国家级非遗传承人十大类别中少数民族国家级非遗传承人的数量及比重**

注：此图仅代表课题组观点。
资料来源：根据五批国家级非物质文化遗产项目代表性传承人名单整理而成。

传承人性别分布不平衡。由表 3 可知，少数民族国家级非遗传承人共有 845 人，其中女性传承人共有 203 人，而男性传承人有 642 人，女性传承人占比仅为 24.02%。但与前四批女性传承人占比 22.53%①的情况相比而言，已经增长了 1.49 个百分点，意味着女性传承人在第五批名录中的占比增加了，女性传承人队伍呈现增长的趋势。但是总体而言，女性依然没有充分发挥自身在非遗传承上的优势和力量。

---

① 肖远平、王伟杰：《中国少数民族非遗名录及传承人统计分析》，《西南民族大学学报》（人文社会科学版）2016 年第 1 期。

表3　少数民族国家级非遗传承人中不同性别传承人数量及女性比重

单位：人，%

| 类别 | 民间文学 | 传统音乐 | 传统舞蹈 | 传统戏剧 | 曲艺 | 传统体育、游艺与杂技 | 传统美术 | 传统技艺 | 传统医药 | 民俗 | 总计 |
|---|---|---|---|---|---|---|---|---|---|---|---|
| 女性传承人 | 13 | 39 | 22 | 12 | 12 | 3 | 34 | 32 | 2 | 34 | 203 |
| 男性传承人 | 73 | 111 | 128 | 51 | 22 | 20 | 44 | 103 | 41 | 49 | 642 |
| 女性传承人占比 | 15.12 | 26.00 | 14.67 | 19.05 | 35.29 | 13.04 | 43.59 | 23.70 | 4.65 | 40.96 | 24.02 |

注：此表仅代表课题组观点。
资料来源：根据五批国家级非物质文化遗产项目代表性传承人名单整理而成。

　　在十大类别中，女性在传统音乐、传统美术和民俗类别人数稍多，分别为39人、34人和34人，在少数民族国家级非遗传承人中的占比为26.00%、43.59%、40.96%。传统音乐女性传承人主要体现为擅长民歌演唱，例如苗族多声部民歌、藏族民歌、维吾尔族民歌以及锡伯族民歌。传统美术方面，主要涉及编织、剪纸、刺绣等项目。例如第五批国家级非遗传承人的传统美术项目，女性传承人稍多，传承的项目有苗族剪纸、回族剪纸、雷山苗绣、花溪苗绣、剑河苗绣、苗族挑花、毛南族花竹帽编织技艺、哈萨克族芨芨草编织技艺、羌族刺绣、蒙古族刺绣、侗族刺绣等。这与"传统中国男女的社会角色、职业分工"紧密相关。① 从古代开始，家庭中的女性心灵手巧，大多承担刺绣、剪纸的创作，并形成了以此为生的早期"非遗匠人"，例如"绣娘"。而且在一些少数民族习俗里，母亲都要为女儿绣制出嫁的嫁衣，一针一线不仅传承了习俗，表达了母亲对女儿的爱，更在一定意义上传承了刺绣的技艺，为民族刺绣的代代传承奠定了基础，既满足了心

---

① 王丹：《少数民族非物质文化遗产保护现状和问题研究——基于国家级非遗项目和代表性传承人的分析》，《文化遗产》2018年第2期。

理需求，也体现了实际功用，真正具有活态传承的动力。

而传统医药女性传承人只有 2 人，男性传承人有 41 人，女性传承人占比为 4.65%。男性在传统舞蹈方面占据优势，有 128 人，是女性人数的近 6 倍。传统女性除了从事刺绣、编织这一类劳作外，有相当一部分女性也从事舞蹈创作和演绎，对于舞蹈传承，女性在传统角色和身体演绎方面具有一定的优势，可是传承人只有 22 人，男性反而占据了绝对优势，其中缘由值得进一步思考。总体而言，女性传承人数量较少，而且不同类别差异显著。

各民族国家级非遗传承人分布不平衡。以 2018 年公布的第五批少数民族国家级非遗传承人为例，排名前十的分别为藏族（59 人）、蒙古族（44 人）、苗族（32 人）、维吾尔族（20 人）、土家族（17 人）、回族（15 人）、彝族（15 人）、瑶族（14 人）、满族（13 人）、哈萨克族（11 人）（见图 3），排名前十的少数民族国家级非遗传承人占当批少数民族国家级非遗传承人总数的比例为 70.8%，而其他少数民族加起来一共占 29.2%。55 个少数民族中，第五批入选民族 44 个，有一些少数民族入选人数较少，例如怒族、仫佬族、独龙族只入选 1 位，而 11 个少数民族该批次无一人入选，民族间非遗传承人数量差距较大。

综上，少数民族国家级非遗传承人数量少、结构不合理，例如传承类别不平衡、性别不平衡、民族不平衡。此外，少数民族国家级非遗传承人队伍还出现老龄化严重、传承人生活困难、资金扶持不足、传承场地缺乏、传承人断代等问题，非遗传承面临后继无人的困境。随着社会转型，存在少数民族文化受到冲击，非遗赖以生存的文化土壤逐渐缺失，[1] 传承人才出现断层及传承保护资金不足，[2] 部分项目濒临失传，[3] 部分项目的传承局限于少数

① 刘晓春、关小云：《鄂伦春非遗项目及传承研究》，《黑龙江民族丛刊》2018 年第 4 期。
② 刘芳华、孙皓：《中国朝鲜族非物质文化遗产传承保护探析》，《黑龙江民族丛刊》2017 年第 6 期。
③ 曹海滨：《从文化迷失到文化自信：少数民族舞蹈类非物质文化遗产保护与发展》，《贵州民族研究》2019 年第 2 期。

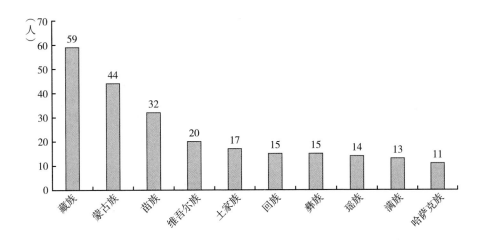

**图3　第五批少数民族国家级非遗传承人各民族传承人数量**

注：此图仅代表课题组观点。
资料来源：根据第五批国家级非物质文化遗产项目代表性传承人名单整理而成。

民族群体内部，① 缺乏专业的传承教育队伍，② 代表性传承人老龄化但青少年缺乏传承激情和动力，部分项目教育传承功能萎缩，传承场地建设面临困难③等问题。

## 三　云传承：少数民族国家级非遗传承新路径

由表4可见，针对新挑战，应对路径是建立云传承人机制。云传承，不仅是方式创新，不是简单的应用"互联网＋"或者其他数字化方法实施保护与传承，而是基于云时代的思维创新，以传承人为核心的机制创新，以效果评估为导向的传承机制。不只要"见人见物见生活"，还要"见发展"。

---

① 田艳：《少数民族非物质文化遗产传承方式创新研究》，《贵州社会科学》2019年第8期。
② 刘青青：《少数民族非物质文化遗产传承的学校教育研究——以贵州省民族地区学校教育为例》，《贵州民族研究》2015年第9期。
③ 朱祥贵、李金玉：《加强对少数民族非物质文化遗产教育传承的法律保护——以宜昌市五峰土家族自治县为例》，《民族教育研究》2015年第4期。

一方面，需要增强传承人内生动力，体现为传承人愿意将非遗传承下去，并能持续提升非遗品质，同时，活态传承非遗能为传承人带来美好生活；另一方面，营造传承与评估并重的外部环境，突破时空，突破群体，突破经费等现实条件限制。既能让非遗作为少数民族优秀的民族文化代代相传，又能让非遗实现长效赋能，不仅能丰富少数民族日常生活，更能满足少数民族对美好生活的向往，实现"非遗，让生活更美好"的长远目标。

表4　少数民族国家级非遗传承人保护现状及应对路径分析

| 保护现状分析 | 新挑战 | 具体内容 | 问题总结 | 应对路径 |
| --- | --- | --- | --- | --- |
| 政策文本 | 新要求 | 传承人德艺双馨;传承人创新传承能力;传承效果评估机制 | 内生动力不足，外部环境缺乏，传承赋能缺乏 | 云传承机制:云传承、云传播、云交流、云赋能、云评估 |
| 传承人队伍建设 | 新困境 | 传承人数量少、结构不合理、老龄化、资金不足、生活困难、教育传承体系不健全、后继无人等 | | |

　　云传承机制，需要遵守三项原则：第一，可持续发展，让非遗传承代代相传；第二，活态传承，让非遗融入现代生活，展现非遗活力；第三，把握"质""度""真"，确保非遗内核不变，初心不变。

　　云传承，能够突破时间、空间、群体、平台、资金等多重限制，以传承实效为导向。少数民族国家级非遗传承人，一般生活在少数民族地区，在社会转型的时代背景之下，经济条件偏差。非遗原来的传承空间也发生了变化，非遗传承人能用于开展传承的时间有限、传承的群体有限，缺乏传承平台，资金不足，导致出现传承人不愿意开展传承、不能开展传承或者因年轻人不愿意学习而无人可传的情况。在多重限制下，传承人逐渐内生动力不足，导致传承效果不理想。在这样的情况下，如何突破限制扩大传承范围，是摆在少数民族国家级非遗传承人面前的难题。除了传统的"口传心授"的面对面、手把手传承外，应逐步开展"线上传承"，实现云传承普及化。大多数国家级非遗传承人年龄在60～70岁，整体年龄较大，开展线上传承首要解决的问题是操作线上平台的技术问题。可探讨实施"传承人＋"制度，当地主管文化部门在考虑传承人意愿以及结合当地实际的情况下，为国家级非遗传承人在当地配备一名云传承助手，可以采取传承人推荐、其他层次传承人自荐、部门工作人员集中帮扶、志愿者征集等手段。另外，可选取十大类别中易于通过云平台传承的非遗项目进行试点，例如传统音乐、传统技艺等，如效果良好，再逐步扩展到其他项目。

云传播，促进"大众传播，大众共享"。现实情况中，导致传承效果不佳的其中一个重要因素是传承人群体性的缺失。非遗传承人的培育，多数只以列入名录中的传承人为重点；非遗传承活动也是多由已经在名录体系中的非遗传承人开展。但这样容易导致一个问题：非遗传承缺少大众传播。非遗的活态传承仅靠少数的传承人，很难形成长效的传播机制，难以在更广的区域范围内凝聚认同。云时代，万物皆可"指尖共享"。通过民众如今使用较多的视频分享平台以及相关软件，以传承人为核心，以传承人所在区域民众为重点，鼓励"传承人在你身边""随手拍非遗""非遗智慧知多少"等视频分享，以点带面，使不同民族、不同区域、不同性别的人有更多机会了解非遗、热爱非遗、分享非遗、传播非遗。

云交流，促进传承人之间的技艺切磋与技艺提升，实现"传承人联动"。传承人的技艺不是一成不变的，随着时代的发展以及技艺的活态变化，技艺可以再进行学习、提升和发展。传承人应当秉持"匠心"，促使技艺日益精进。然而，各级非遗传承人往往缺乏交流，技艺难以得到业内人士的提点。云交流不需要传承人"千里赴会"，各级传承人可借助相关数字平台，定期开展交流活动，包括答疑解惑、商讨传承合作等，更有效地发挥国家级非遗传承人的带动作用，也真正让各级传承人共同组建起"技艺共同体"，并扩大影响力。

云赋能，实现非遗的创造性转化和创新性发展，推进非遗促发展。非遗具备促进发展的巨大作用，可通过"云赏非遗"，更全面地介绍和展示非遗，促进非遗在文旅融合、区域化合作、非遗节等方面发挥作用，提升文化软实力和地区发展"硬"实力。

云评估，成效评估常态化，以评估促实效，建立"云非遗"传承发展评价指标体系。实施评价考核，目的在于促进非遗保护。但是，专家组实地评估精力和时间有限，可建立科学、客观、可操作性强的评价指标体系，实现"云"上评估常态化。建立非遗传承发展评价指标体系，对非遗保护传承、存续发展情况进行指标评价。指标包括传承人、传承场域、传承方式、传承条件、传承效果等。具体步骤可参考陈炜等建立的活态传承绩效评价指标体系：第一步是深入分析文献和政策文本，对国家级非遗传承人的权利和义务开展理论维度的提炼；第二步是结合专家问卷法，筛选评价的一级指标、二级指标和三级指标；第三步是通过层次分析法确定各评价指标的权重，从而建立"云非遗"传承发展评价指标体系。① 通过评估，清晰呈现非遗传承效果情况，让好的非遗传承经验得到推广，对于因履职不当未能较好履行传承义务、未能实现传承效果的传承人，取消其传承人资格，让更多有能力、有情怀、有担当的人加入国家级非遗传承人的队伍。

## 四 结语

云时代，少数民族国家级非遗传承人面临挑战，也迎来机遇。从挑战来看，国家重视从政策层面支持和指导非遗建设，2019 年《办法》提出了"传承实效导向"的新要求，内涵是注重传承人的品德、能力与评估，表现为以下几点：自身"品德"与"技艺"都要过硬是前提，自身"立得住"，才能代表国家级水平，让人信服，凝聚认同；创新传承是核心，"酒香也怕巷子深"，针对新形势新情况，要在变与不变之间做到平衡，在传承实践中展现时代智慧，活态传承，可持续发展；建立系统的评估机制是保障，传承人"可进可退"，每年都要有专业的评估报告。而传承人队伍建设情况却面临新困境，少数民族国家级非遗传承人数量较少，且存在结构不合理、老龄化、传承断代、资金不足等问题。这从更深的层次反映了我国少数民族国家

---

① 陈炜、高翔：《民族地区体育非物质文化遗产活态传承绩效评价指标体系及模型构建》，《青海民族研究》2016 年第 4 期。

级非遗传承人"一重三轻"的现实问题，即"重建设，轻规划，轻管理，轻评估"。当前，少数民族国家级非遗传承人队伍建设正由"注重名录建设"迈向"实现传承实践"的新阶段。而云传承为少数民族国家级非遗传承人提供了新机遇。云传承包括"云传承、云传播、云交流、云赋能、云评估"，遵循的是"传承—提升—发展"的逻辑。传承，体现为云传承、云传播，推动传承人范围扩大，实现大众传承、大众共享、大众传播的"传承人+"效应；提升，体现为传承人云交流，促进传承人之间的技艺切磋与技艺提升，实现"传承人联动"；发展，体现为云赋能与云评估，非遗赋能个人及区域，助力少数民族地区发展，实现"传承人动态发展"机制，创新形式对传承实践进行有效评估。新时代，云传承是非物质文化遗产保护和发展的重要路径。

# B.9
# 非遗扶贫视阈下迪庆藏族传统技艺
# 保护及发展研究

周毓华　马　勇　廖志颖*

**摘　要：** 迪庆藏族自治州藏族人民在长期的历史发展过程中，依托迪庆州这一特定的自然地理及人文历史环境，创造了一系列生产知识与技能类遗产，在迪庆藏民族的生产生活中主要以传统手工技艺的形式呈现。本报告以入选国家、省级非物质文化遗产名录的传统手工技艺为例来论证、分析迪庆藏族传统手工技艺的传承现状以及在扶贫视阈下的发展。目前迪庆藏族传统手工技艺的传承发展取得了一定的成绩，但还存在一些问题亟待解决。本报告认为通过对迪庆藏族自治州传统手工技艺的商品化、产业化生产性开发，传统手工技艺精准扶贫性开发利用等措施，能达到保护以及传承迪庆藏族传统手工技艺，为迪庆藏族人民脱贫致富的目的。

**关键词：** 迪庆藏族自治州　非遗扶贫　传统手工技艺

　　“迪庆”在藏语中有“吉祥如意”的含义。《中华人民共和国地名词

---

* 周毓华，西藏民族大学西藏哲学社会科学重点研究基地主任，教授，硕士生导师，研究方向为民族文化、非物质文化遗产；马勇，《陕西理工大学学报》编辑部助理编辑，研究方向为非物质文化遗产开发与保护；廖志颖，西藏民族大学文学院 2016 级硕士研究生，研究方向为现当代文学。

典·云南省》一书中是这样解释"迪庆"的："'迪庆'系藏语音译，为太平极乐之意，表达了各族人民争取社会主义美好幸福生活的共同愿望。"① 云南藏区民众在自愿原则上选其作为民族自治州的名称，表达了藏族同胞对此地美好的祝福与期许。"迪庆藏族自治州（简称"迪庆州"）地处滇、川、藏三省（区）交界处，坐标在东经98°20′~100°19′，北纬26°52′~29°16′。总面积23870平方千米。全州辖中甸、德钦、维西傈僳族自治县3个县，共有30个乡镇。"② 现藏族人口约占迪庆州总人口的39%，是迪庆州人口占比最多的少数民族，迪庆藏族人民依托特定的自然环境，创造了属于这一地域的生产生活方式。迪庆藏族传统手工技艺，不仅是藏民族在迪庆特定地域生计方式的缩影，更是藏族文化的具体呈现形式之一。迪庆藏族传统手工技艺所承载的文化是丰富多彩的，所代表的价值是多样的。手工艺因其民俗性与传承性，是了解、分析我国民间文化的必要手段之一，是一个族群文化与社会记忆的复合体，其重要程度不言而喻。③ 手工技艺是民间技艺的具体呈现之一，其不仅解决了民众的现实生产生活需求，更承载着丰富的民族民间文化。

## 一 迪庆州藏族传统技艺概况

"传统手工技艺"是在中文语境中的一个专业术语，要理解这一术语，就要按照汉语的构词法对其进行一定的内涵解读。"传统手工技艺"明显是一个偏正结构的词语，"传统"与"手工"是用来修饰"技艺"的。"传统"是一个经常使用的通用词语，其经常与"现代"相比较，是一个相对的概念，往往指经历了一定的时间，传承下来的经验。而"手工"一词也是用来修饰技艺的，通常指在工业文明产生之前，主要依靠双手来完成制作

① 吴光范：《迪庆·香格里拉旅游风物志》，云南人民出版社，2009，第46页。
② 刘群：《迪庆藏族自治州志》（上），云南民族出版社，2003，第1页。
③ 钟蕾、朱荔丽、罗京艳：《手工艺的设计再生——非物质文化遗产与地域文化传承》，中国建筑工业出版社，2016，第2页。

器物的工艺。扎呷在其著作《西藏传统民族手工艺研究》中对传统手工技艺是这样定义的:"'传统手工艺'是一个时代性的指称。在时序上它相对于现代,在内容上指现代工业社会以前的所有工艺类,即主要仍以传统形式生产的工艺品。"① 传统手工技艺的发展,也可以等同于人类文明进步的历史。

## (一)迪庆藏族传统手工技艺项目概述

传统技艺是民众在社会发展早期,于特定的地域之内,结合本地的自然地理环境以及人文历史,为了延续生命及维持生计而创造的实践经验技能总结以及技术成果,这些传统技艺体现在民众生产生活的方方面面。迪庆藏民在长期的历史发展过程中,也依托迪庆这一特定的自然地理环境,创造了诸如黑陶烧制技艺、传统金属铸造工艺、藏族传统服饰制作技艺等丰富的生产知识与技能类遗产。而这些生产生活知识与技能类遗产,在迪庆藏民族的生产中主要以传统手工技艺的形式出现。这些传统的生产手工技艺在迪庆藏民族的生产活动中曾发挥过至关重要的作用,为迪庆藏民族的生产生活奠定了一定的物质基础以及为开展各种各样的实践活动提供了可能,现今依然"活跃"在迪庆藏民族的生产以及生活中。传统手工技艺是以手工作业的方式对材料施以某种或多种手段使之改变形状的过程及结果。② 传统手工技艺不仅是一个民族及地域的文化组成部分,也是该地域及民族的历史发展缩影。研究一个民族或者一个地域的传统手工技艺,不仅具有文化价值,还具有重要的现实意义。

迪庆藏族传统手工类技艺是迪庆藏民族在其长期的历史发展时期中,依托特定的自然环境以及本民族的传统文化而创造的。迪庆州传统手工类技艺类型以及数量众多,下文只是选取了其中具有代表性,以及入选省级非遗项目名录及以上的项目——汤堆藏族黑陶烧制技艺、藏族传统金属铸造工艺、

---

① 扎呷:《西藏传统民族手工艺研究》,中国藏学出版社,2005,第1页。
② 张学东、黄凯:《创意设计视阈下传统手工技艺非遗的生产性保护》,《合肥工业大学学报》(社会科学版)2015年第5期。

藏族传统服饰制作技艺、藏族传统酿酒工艺、木碗制作技艺等（见表1、表2）来论述迪庆州藏族传统手工技艺的发展源流历史、制作技艺工序，以及传承现状和所面临的一些发展问题。

表1　迪庆州国家级藏族传统技艺类非物质文化遗产代表性项目名录统计

| 项目类别 | 项目名称 | 项目编号 | 申报地区 | 批次 | 批准年份 |
|---|---|---|---|---|---|
| 传统技艺 | 汤堆藏族黑陶烧制技艺 | Ⅷ－98 | 云南省迪庆藏族自治州 | 第二批 | 2008 |
| 合计 | 1项 | | | | |

资料来源：根据国务院公布的国家级非物质文化遗产代表性项目名录整理而成。

表2　迪庆州省级藏族传统技艺类非物质文化遗产代表性项目名录统计

| 项目类别 | 项目名称 | 项目编号 | 申报地区 | 批次 | 批准年份 |
|---|---|---|---|---|---|
| 传统技艺 | 香格里拉市藏族服饰 | — | 香格里拉市非遗中心 | 第二批 | 2009 |
| | 藏族传统金属铸造工艺 | — | 德钦县非遗中心 | 第二批 | 2009 |
| | 酒制作技艺（青稞酒） | — | 迪庆州非遗中心 | 第三批 | 2013 |
| | 德钦藏族服饰制作技艺 | — | 德钦县非遗中心 | 第三批 | 2013 |
| | 木碗制作技艺 | — | 香格里拉市非遗中心 | 第三批 | 2013 |
| | 迪庆藏刀制作技艺 | — | 迪庆州非遗保护中心 | 第四批 | 2017 |
| | 藏族雕版印经技艺 | — | 迪庆州非遗保护中心 | 第四批 | 2017 |
| | 藏香制作技艺 | — | 迪庆州非遗保护中心 | 第四批 | 2017 |
| 合计 | 8项 | | | | |

注："—"代表暂无数据。

资料来源：根据云南省公布的省级非物质文化遗产代表性项目名录整理而成。

## （二）迪庆藏族传统手工技艺项目概述

### 1. 汤堆藏族黑陶烧制技艺

在藏区流行的黑陶以迪庆州香格里拉市尼西乡汤堆村的藏族黑陶制作技艺最具代表性。汤堆藏族黑陶制作技艺于2008年入选国家级非物质文化遗产代表作名录，现在已经成为香格里拉乃至整个迪庆藏族自治州的"非遗名片"。在迪庆州境内金沙江及澜沧江流域考古挖掘出的黑陶，证实了汤堆黑陶已经具有上千年的历史传承，而且其造型以及样式都没有很大的变化，这也足以说明汤堆黑陶在迪庆藏民族生产生活的缩影以及见证。汤堆藏族黑陶制作技艺，同大多数流行的陶器制作技艺的流程大同小异，其与众不同之处主要在于：汤堆藏族黑陶所选取的原材料为当地的红土及白土，然后经过精挑细选（用筛子筛选）之后，焖在大铁桶之内。另外，汤堆藏族黑陶的烧制不是在专门的"窑"中，而是沿用传统的篝火烧制。这种烧制方法的成功与否取决于制陶传承人的技艺水平的高低。但是现在随着汤堆黑陶的市场发展规模的逐渐扩大，已经对一些传统的烧制技艺进行了改进。尼西汤堆传统黑陶的烧制过程纷繁复杂，其制作工序中的每一步都没有形成现代的、严格的、标准的操作流程及规范，几乎每一步都需要凭借烧陶人的经验以及"感官"来操作完成，所以烧制出的每一个黑陶都具有唯一性。

2. 迪庆藏族传统金属铸造工艺

迪庆藏族传统金属铸造工艺，除了一些金属锻造工艺之外，还包括一些佛像的造像处理技术及绘画等传统的手工技艺。因为迪庆藏族传统金属铸造工艺，一般都会涉及佛像的造像处理，以及金属表面的雕刻、绘画等装饰。

3. 德钦藏族服饰制作技艺

德钦县位于迪庆州的西北部，地处迪庆地区的横断山脉之间。由于地处山区，耕地资源少以及森林、草场资源丰富，德钦县以发展畜牧业为主。德钦县的藏族服饰以鲜艳、艳丽为其特色，且十分注重各种色彩的搭配。德钦县的藏族服饰主要分为男性服装与妇女服装两种。而男性服装又根据其适用场合及功能主要分为三种类型，具体包括："勒规"（劳动装）、"赘规"（礼服）、"扎规"（武士装）。现在只有在重大的节庆活动以及锅庄表演中，德钦县男子才会盛装出席，身着锅庄服饰。男子头戴金边帽，上身里面穿古襟高领金边的长袖白衫，德钦男子一般选择袖左穿右袒。在白衫外面穿由不同编织材料制作而成的"楚巴"，楚巴的下摆通常垂至膝盖以下，多余的部分堆积在腰部。在腰间系上彩色毛织或丝织腰带，脚上穿着长筒藏式靴子。这样的穿着打扮彰显着德钦男子粗犷豪放、潇洒刚劲的民族性格和风格。

德钦县藏族妇女服饰以风格、特点的不同，主要分为澜沧江与金沙江两大流域藏族妇女服饰类型。杨圣敏在《黄河文化丛书·服饰卷》中介绍，中甸高原河谷地区的藏族妇女服装为连衣裙式，上部为紧身窄袖燕尾领口，胸襟领口处用金丝锻或彩色图案组成，肘部镶有三色绒布圈；下段为百褶裙，裙的后摆较长，呈半圆形，裙长至膝。[①] 金沙江流域以奔子栏藏族妇女服饰最具特色，奔子栏在藏语中有"公主起舞的地方"的含义，其藏族服饰也是多彩的，奔子栏藏族传统妇女服饰，不仅指上衣、裙子，还包括头饰、挂饰以及鞋。奔子栏藏族传统头饰为：女子把长发辫在头部绕成圈之后，再用七彩丝缠绕于发辫外层的上半部。女子上衣着绸缎团花缎面宽口长袖（缎面一般多为红、蓝、绿三种颜色，而青年女子多选择红色），外穿大襟坎肩（氆氇），在坎肩边上镶金边，前后左右各有一个云图（吉祥花形），坎肩通常比外衣短3~5厘米，在坎肩外腰间再系一条七彩毛线腰带。下身着百褶裙（奔子栏妇女服装为白色），脚上穿高腰的藏式靴子或者皮靴。除此之外，在奔子栏藏族传统妇女服饰上还有丰富、复杂的饰品，其通常在胸前挂由金、银、白铜等金属打制的"嘎吾"（护身符盒），其上面镶嵌着金、玉、玛瑙、绿松石、红珊瑚等雕刻的各种吉祥图案，通常在盒子里装佛像、经书等。

4. 德钦藏族酿酒工艺

藏族民族民间传统酿酒工艺历史悠久，早在吐蕃时期就已经有自家手工制作酿酒的历史了，藏族的酒文化丰富多彩，既与歌舞有着密切的联系，也与藏族的历史文化有着千丝万缕的联系。藏民热情、好饮的民族性格，更是为藏族民间传统酿酒工艺的传承及发展提供了充足的民众发展基础。德钦县属于寒温带山地季风气候，盛产青稞。青稞不仅满足了德钦县人民的温饱需求，剩余的青稞还被德钦藏民用来酿酒。青稞酒、葡萄酒、藏啤酒至今在村寨几乎家家酿制，家家有酿酒器具、酿酒技术，开发前景好。德钦藏族传统青稞酒酿造有一套自己完整的工艺流程以及精致的制作技艺。

---

① 杨圣敏：《黄河文化丛书·服饰卷》，内蒙古人民出版社，2001，第48页。

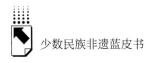

5. 迪庆藏族木碗制作技艺

迪庆藏族木碗属于传统的康巴藏区木碗之一，而在迪庆州境内，又以德钦县奔子栏镇奔子栏村及香格里拉市尼西乡上桥头村最为典型，素有"木碗之乡"的名号。这两个村庄制作木碗已经逐渐形成了产业化，其不仅仅是简单的木碗制作，还包括木碗的销售以及木碗工艺品的展览。在迪庆州几乎每一位藏民都拥有一个属于自己的木碗，但是因为社会阶层、家庭经济状况等因素，迪庆藏族木碗分为僧人木碗、普通木碗；"男碗""女碗""宝木碗"等类型。

# 二 迪庆藏族传统技艺传承及现状

## （一）迪庆藏族传统手工技艺传承现状总体概述

藏族手工艺十分发达，且历史悠久，是中国民族文化艺术的重要组成部分。在几千年的历史发展进程中，传统工艺形成了自己的生存方式及发展过程。① 因为社会的不断进步与发展，藏族的传统生产生活方式已经逐步发生了变化，那么依托于传统社会的藏族传统手工技艺也面临着如何传承与发展的问题。

过去在迪庆的传统社会中，藏族传统手工技艺主要以小作坊的形式存在，且其规模以及经济效益并不乐观，往往较难满足传统手工技艺传承人的生产生活需求。近年来，随着迪庆社会的经济以及交通运输业的发展，迪庆境内尤其是香格里拉地区已经成为国内外的游客必选地之一。迪庆藏族传统手工技艺产品成为游客首选的旅游纪念品，尤其是藏族服饰制作技艺中所生产的一些装饰品。汤堆藏族黑陶烧制技艺所生产的黑陶，原来主要用作满足基本生活的用具——罐、盆、锅、壶，以及一些宗教祭祀品的需求；但是随着人民生活水平的提高以及审美情趣的变化，汤堆藏族黑陶也开始生产工艺

---

① 扎呷：《西藏传统民族手工艺研究》，中国藏学出版社，2005，第2页。

品，以迎合市场以及民众的需求。迪庆的藏族服饰制作技艺也得到了广泛的流传，在香格里拉的大街小巷的商店都可以看到藏族服装的展卖。与这些得到市场青睐以及民众喜欢的传统手工技艺相对的是，另一些传统手工技艺正面临无人问津、逐渐消亡的现状，这里所指的传统手工技艺就包括藏族传统弓箭制作技艺及皮革制作技艺等。藏族传统的弓箭制作技艺与皮革制作技艺，是藏民族在长久的狩猎生活过程中，逐渐形成的一项生产生计方式。但是随着社会的进步与发展，在迪庆地区很少有狩猎的机会，传统的弓箭及皮革已经很少有用武之地了。

## （二）迪庆藏族主要的传统手工技艺项目传承现状

迪庆州国家级、省级藏族传统技艺类非物质文化遗产代表性项目代表性传承人，如表3、表4所示。

表3 迪庆州国家级藏族传统技艺类非物质文化遗产代表性项目代表性传承人统计

| 序号 | 姓名 | 性别 | 民族 | 出生年份 | 年龄 | 项目编码 | 项目名称 | 申报地区或单位 | 传承人批次 |
|---|---|---|---|---|---|---|---|---|---|
| 03-1356 | 孙诺七林 | 男 | 藏族 | 1948 | 已故 | Ⅷ-98 | 陶器烧制技艺（藏族黑陶烧制技艺） | 云南省迪庆藏族自治州 | 第三批 |
| 05-2793 | 当珍批初 | 男 | 藏族 | 1971 | 48 | | | | 第五批 |
| 合计 | | | | | 2人 | | | | |

注：传承人年龄统计截至2019年12月。
资料来源：根据国务院公布的五批国家级非物质文化遗产代表性项目代表性传承人名单整理而成。

表4 迪庆州省级藏族传统技艺类非物质文化遗产代表性项目代表性传承人统计

| 序号 | 姓名 | 性别 | 民族 | 出生年份 | 年龄 | 项目编码 | 项目名称 | 申报地区或单位 | 传承人批次 |
|---|---|---|---|---|---|---|---|---|---|
| 1 | 洛桑扎西 | 男 | 藏族 | 1963 | 56 | — | 金属铸造工艺 | 迪庆藏族自治州 | 第一批 |
| 2 | 谢亮 | 男 | 藏族 | 1954 | 65 | — | 木碗制作技艺 | 香格里拉市 | 第二批 |
| 3 | 卓玛 | 女 | 藏族 | 1962 | 57 | — | 藏族服装缝制技艺 | 德钦县 | 第三批 |

续表

| 序号 | 姓名 | 性别 | 民族 | 出生年份 | 年龄 | 项目编码 | 项目名称 | 申报地区或单位 | 传承人批次 |
|---|---|---|---|---|---|---|---|---|---|
| 4 | 格茸 | 男 | 藏族 | 1950 | 69 | — | 木器制作技艺 | 德钦县 | 第三批 |
| 5 | 格玛扎堆 | 男 | 藏族 | 1967 | 52 | — | 藏族经文雕刻技艺 | 迪庆藏族自治州 | 第三批 |
| 6 | 鲁茸格登 | 男 | 藏族 | 1970 | 49 | — | 彩绘面具制作 | 德钦县 | 第三批 |
| 7 | 郭军华 | 男 | 藏族 | 1971 | 48 | — | 藏族黑陶烧制技艺 | 迪庆州香格里拉市 | 第四批 |
| 8 | 鲁茸卓玛 | 女 | 藏族 | 1968 | 51 | — | 木碗制作技艺 | 香格里拉市 | 第五批 |
| 9 | 王彬文 | 男 | 藏族 | 1954 | 65 | — | 酒制作技艺（青稞酒） | 迪庆藏族自治州 | 第五批 |
| 10 | 江参 | 男 | 藏族 | 1986 | 33 | — | 藏香制作技艺 | 迪庆藏族自治州 | 第六批 |
| 11 | 拉茸开主 | 男 | 藏族 | 1975 | 44 | — | 藏族雕版印经技艺 | 迪庆藏族自治州 | 第六批 |
| 12 | 鲁茸恩主 | 男 | 藏族 | 1967 | 52 | — | 藏族黑陶烧制技艺 | 迪庆藏族自治州 | 第六批 |
| 13 | 廖金明 | 男 | 藏族 | 1963 | 56 | — | 迪庆藏刀制作技艺 | 迪庆藏族自治州 | 第六批 |
| 14 | 扎西拉姆 | 男 | 藏族 | 1956 | 63 | — | 酒制作技艺（青稞酒） | 迪庆藏族自治州 | 第六批 |
| 合计 | | | | | 14 人 | | | | |

注：传承人年龄统计截至 2019 年 12 月。

资料来源：根据云南省公布的省级非物质文化遗产代表性项目代表性传承人名单整理而成。

### 1. 汤堆藏族黑陶的制作技艺传承及现状

在迪庆有两位著名的黑陶制作大师，分别是：孙诺七林（2015 年已故）与当珍批初（汉语名为郭军华），两位都是香格里拉市尼西乡汤满村人。孙诺七林于 2009 年被命名为国家级非物质文化遗产保护名录项目"藏族黑陶传统手工技艺"项目代表性传承人，当珍批初于 2010 年被云南省政府命名为"云南省非物质文化遗产项目省级代表性传承人"。二者都是黑陶烧制技艺的家庭传承人，孙诺七林的黑陶烧制技艺传承其爷爷，其作为黑陶烧制技艺的传承人，依然把技艺传承给其儿子以及女婿。当珍批初的技艺传承其父亲，不管是孙诺七林还是当珍批初的家族黑陶烧制技艺都具有六七代的传承历史。2005 年当珍批初成立了生产黑陶的公司——香格里拉龙巴汤堆黑土陶有限责任公司。当珍批初成立的黑陶烧制公司，不仅是生产黑陶的营利性企业，同时也承担着黑陶烧制技艺传承的功能。现在孙诺七林与当珍批初都已经有了传承人。孙诺七林的儿子洛桑恩主是家族手艺的第三代传承人，13 岁开始跟着其父亲孙诺七林学习制作黑陶，现在也已经成为国家级非遗项目藏族黑陶烧制技艺代表性传承人。当珍批初的儿子拉茸肖巴，是一位标准的"90 后"，在家族以及父亲的影响之下，6 岁就开始学习制陶了，他于 2016 年毕业于云南民族大学藏语文系，毕业之后毅然选择了回到家乡继续传承这一份家族技艺，其现在已经成为黑陶工艺家族的第八代传承人。尼西汤堆藏族黑陶烧制技艺传承人除了以上几位之外，还有孙诺江才、降初吹批、扎西培措、祥巴等，这些传承人的传承方式以家族传承为主，黑陶烧制技艺主要传承于父辈，父亲即是师父。

汤堆藏族黑陶制作技艺，目前是迪庆最为成功的传统手工技艺生产性保护的例子。汤堆村现在有近百户的家庭在从事黑陶的烧制，其主要以家庭作坊的形式存在。汤堆藏族黑陶产品不仅涉及民众生活的方方面面，还有一些具有现代气息的艺术品。这些黑陶产品还出口至美国、加拿大、日本、澳大利亚等国家。为了满足市场上对黑陶的大量需求，大部分黑陶作坊引进了现代化的机器以及生产线化的制作流程，这样虽然扩大了黑陶的生产规模，但是生产的黑陶制品失去了传统手工技艺的"灵魂"。如何在黑陶烧制技艺的生产过程中处理好传统技艺与经济利益之间的关系，既做到传承黑陶烧制技艺，又做到黑陶烧制技艺的发展及生产性保护，也是目前所遇到的最大难题之一。汤堆村现在虽然已经成立了专门的黑陶生产及销售公司，但是其公司实质上还是属于手工作坊，没有现代科学的管理制度以及专业性的营销部门。汤堆藏族黑陶虽然一些产品远销国外，但是其主要市场还是在迪庆州境内的香格里拉及德钦地区，相对狭窄。除此之外，由于汤堆藏族黑陶的价格相对较高，民众的购买力不足，也影响了市场以及经营规模的扩大。

2. 藏族传统金属铸造工艺的传承及现状

洛桑扎西，是迪庆藏族自治州省级非遗项目藏族传统金属铸造工艺代表性传承人，也是藏族传统金属铸造工艺家族第十四代传人。洛桑扎西的藏族传统金属铸造工艺家族传承从第一代工艺人洛桑仁青，到第十三代工艺人洛桑扎西的父亲——洛桑西劳，传承谱系较完整地保留下来。据洛桑扎西回忆，其父辈们常常讲：洛桑仁青并非迪庆州人，他是从尼泊尔加德满都迁徙来的手工艺人，后来在德钦娶妻生子，从此定居在迪庆州。故其所掌握的金属铸造工艺也在德钦县扎根发芽，并逐渐成长起来，成为迪庆藏族自治州乃至整个康巴藏区唯一延续了十四代的工艺。洛桑扎西不仅是金属铸造工艺的传承人，还是一位具有现代经营意识的民族企业家。洛桑扎西于1993年担任德钦民族银制品厂厂长，数十年的企业经营经验以及对金属铸造技艺的热爱，使洛桑扎西对自己所传承的金属铸造技艺有了更加明确的传承发展思路。洛桑扎西认为传统手工技艺的发展，离不开新的思路以及现代科技。所以，他多次到昆明、西藏、四川、上海、江苏等地学习有色金属冶炼、金属表面处理工艺、贵金属加工、精密铸造技术等现代金属加工工艺，充分利用现代科技传承和发展藏族传统金属铸造技艺。现在洛桑扎西把其所掌握以及承载的藏族金属铸造工艺传承给其儿子洛桑都吉，洛桑都吉不仅跟随父亲学习传统的金属铸造工艺，还在云南艺术学院进修金属工艺专业，学习现代先进的金属铸造技艺。洛桑扎西已经意识到其所传承的藏族金属铸造工艺，背负的不只是家族的命运，更是民族的责任以及使命。他还认识到传统技艺的传承发展，不能脱离传统的根本技艺而进行创造，必须在保持其原真性、整体性的基础上进行局部的改造以及创新。

虽然随着现代社会的进步与发展，一些工业化以及机器生产的生活用品开始逐渐充斥在迪庆藏民的生产生活实践中，但是在迪庆藏民的家庭中依然会有大小不等的几件用传统的金属锻造技艺制作的生活日用器皿，这与迪庆藏民传统的生活习惯有着密切的关系，也正是因为这一点，迪庆藏族传统金属铸造技艺在当今社会中依然能够"薪火相传"。除此之外，迪庆藏族自治州境内浓郁的宗教信仰氛围，尤其是藏传佛教的兴盛，使佛像造像技艺以及宗教节庆金属用品有很广阔的市场以及大量需求，从而使藏族传统金属铸造技艺能够继续存在于迪庆藏族自治州。如何更好地传承以及发展迪庆藏族传统金属锻造技艺，让其更好地与时代发展相融合，不仅是传统金属锻造技艺传承人所需要面临的问题，也是政府及学者应该考虑的问题之一。藏族传统金属铸造技艺的传承与发展在未来的发展道路上必然会面临更多的机遇与挑战，现代科技为传统金属铸造技艺提供了更为便捷的技术支持，但是现代科学技术的使用也会在一定程度上冲击传统技艺的发展。如何把握好现代科学技术在传统金属铸造工艺中的使用比例以及"分寸"，是传承人面临的最大问题之一。

3. 德钦县藏族传统服饰制作技艺传承及现状

卓玛是迪庆藏族自治州德钦县奔子栏镇人，是省级藏族传统服饰技艺传承人。卓玛制作藏族传统服饰的技艺传承自其父亲，其于 2007 年 9 月 21 日被云南省政府命名为"云南省民间文化传承人"（藏族服装缝制工艺），并成立了自己的藏族服装加工厂——恰增卡民族传统服饰有限公司。卓玛成立的藏族服装加工厂虽然名为有限公司，但其实只有卓玛以及儿媳妇两个人在制作藏族服装，忙不过来的时候也会花钱请邻居过来帮忙。卓玛家还经营民宿酒店，平常由儿媳妇打理经营，所以制作藏族传统服装的主要任务通常由卓玛一个人来完成。卓玛多次谈到现在家庭的经济收入相对来说较为可观，并不像父辈那时候需要依靠制作藏族服饰来养家糊口，但是卓玛这些年依然坚持继续制作藏族服饰，因为她认为这是民族的文化，应该得到传承与发展。当然，卓玛作为一名藏族传统服饰的技艺传承人，她也清楚自己的责任和义务。她在教授自家儿媳学习藏族传统服饰的制作过程中，也向一些乐于学习的人教授藏族传统服饰制作技艺。

提美，也是迪庆州德钦县奔子栏镇人，是州级藏族传统服饰制作技艺传承人，其师承于西藏拉萨藏族服装厂的洛桑尼玛。在拉萨学艺三年之后，提美回到家乡，利用在西藏学习的服装制作技艺以及自身所拥有的服装制作技艺，在结合奔子栏镇当地的自然地理环境以及人文历史特征的基础之上，创造了更加适合本地的藏族服饰。提美说自己曾同时教授十多个徒弟，一起学习传统的藏族服饰制作，但是能够一直坚持下来的，也就一两个人而已。提美也于2013年成立了自己的服装加工厂——德钦县提美藏族传统手工艺服饰文化传播有限公司。次仁取追（汉名为钟雪莲），德钦县阿墩子社区人，于2014年3月被迪庆州人民政府命名为"迪庆州州级非物质文化遗产保护名录《藏族服饰制作》代表性传承人"。其藏族传统服饰制作技艺传承自其父亲，并成立了自己的藏族服饰制作公司——德钦县钟氏鸿运民族服饰有限公司。钟雪莲是藏族服饰制作的第五代家族传承人，其六旬的父亲现在依然还在继续坚持着藏族服饰的制作。她认为藏族服饰作为藏民族自身的文化，必须要依靠本民族的力量去弘扬以及发展，他们作为藏族传统服饰制作技艺的传承人，必须要积极履行好自己的职责以及义务。

目前，在迪庆州境内，尤其是香格里拉及德钦县，成立了众多的藏族服饰制作公司。这些藏族服装制作公司名为公司，但实质上是以手工作坊为核心，通常为"家族"企业。这些公司虽然没有科学的管理制度，但是在传承以及发展藏族传统服饰方面发挥着一定的作用。随着现代社会的发展与进步，以及族群之间的交往越来越频繁，藏民族与其他民族之间的经济活动及文化交流也越来越多。藏民族的审美观以及审美需求日益提高，藏民族不再简单地满足于穿着传统的藏族服饰，而是开始穿着西装以及汉装等新式的衣服。另外，现代社会的发展给青年人提供了更多的就业机会以及创造价值的机会及平台，年轻人不愿意传承又苦又累的藏族传统手工技艺，使一些诸如藏族传统的织布技艺、染色技艺逐渐出现断层的现象，面临消亡的危险。香格里拉及德钦县政府鼓励藏族传统服饰的传承人自主经营服装公司，传承及发展藏族传统服饰。但是，政府在资金扶持方面往往心有余而力不足。另外，由于藏族传统服饰纯手工制作、原材料需进口、制作周期长等原因，所以价格相对较高。普通民众购买力不足，往往只能购买一件或者两件作为出席节日的盛装，故藏族传统服饰的消费市场相对较小。

4. 迪庆藏族酿酒工艺传承及现状

王彬文，迪庆藏族自治州香格里拉市建塘镇人，省级非遗项目藏族青稞酒传统酿酒技艺代表性传承人，现在经营一家青稞酒厂。其酒厂现在已经发展为在当地小有名气的中型企业，而且有自己的系列产品，如"藏乡醇""吉塘""尼玛央金""雪域藏香金"等。王彬文的酒厂沿用的依然是传统的酿酒工艺，但是在酒的包装方面使用的是现代化的流水作业。王彬文多次强调利用现代先进的全自动包装设备，不会影响传统酿酒工艺的传承与发展，这样做也是为了与时俱进，以及提高工厂的生产效率，同时能够更好地达到国家的卫生安全标准，保障消费者的健康安全。王彬文有两个儿子，都在政府部门从事公务员的工作，他们对继承酒厂以及传承藏族传统酿酒工艺的兴趣并不是很大，这也使王彬文一直很困惑。但是值得庆幸的是，两个儿媳对传统酿酒工艺有一定的兴趣，王彬文现在一直带着两个儿媳学习传统酿酒工艺以及酒厂的管理。王彬文在向其两个儿媳传授传统酿酒工艺之外，还主动向其工厂内有意向学习传统酿酒工艺的工人传授技艺，定期进行传统酿酒工艺的培训。

香格里拉的青稞酒现在已经成为云南省乃至藏族聚居地区的著名酒品牌。现在香格里拉青稞酒厂，已经开发出了青稞低度酒、青稞虫草酒、青稞红景天酒、青稞窖酒、青稞礼品酒等系列产品。这些产品不仅适用于藏民的日常生活，还可以作为礼品送给亲朋好友。香格里拉青稞酒厂酿造青稞酒的工艺在保持传统特色的基础之上，又引进了现代科技成果，提高了产品的质量、完善了青稞酒的生产流程。除香格里拉青稞酒厂之外，香格里拉及德钦县境内还有很多家庭作坊式的青稞酒酿造酒厂。这些家庭作坊式的酒厂酿酒原材料、酒曲、酿造技艺的不确定性很大，往往导致酿制的同一批次的酒品质量参差不齐，影响销售。迪庆藏族传统酿酒工艺的操作过程全凭艺人的经验以及技巧把控，这也是其精华之处。但是，和王彬文的两个儿子一样，现代的年轻人不愿意学习又苦又累且无趣的酿酒工艺，这就使得藏族传统的酿酒工艺面临"断层"的危机。

5. 迪庆藏族木碗制作技艺传承及现状

在迪庆州境内，尤其是号称"木碗之乡"的奔子栏村以及上桥头村，有着许许多多的木碗制作者，其主要以家庭作坊的形式存在。随着社会的发展，这些手工作坊也逐渐走向了公司制。

鲁茸卓玛，香格里拉市尼西乡上桥头村人，她是藏族木碗制作技艺的省级非遗传承人，还是木碗工艺家族第四代传承人。鲁茸卓玛的木碗制作技艺传承自其丈夫王德明的父亲——知诗孙诺（汉名王汉青）。知诗孙诺十几岁的时候便与弟弟在奔子栏跟着师傅学做木碗，其学艺三年之后，便回到家乡上桥头村自己做木碗。20 世纪 60 年代，上桥头村成立了木碗制作合作社，知诗孙诺作为当地有名的木碗制作艺人，被招进工厂进行木碗的制作。直到 20 世纪 80 年代其所在的木碗制作工厂合并，他才脱离工厂，开始个体的木碗制作及加工。鲁茸卓玛完整地继承了知诗孙诺木碗制作中上漆及绘画的工艺。

格茸，德钦县奔子栏镇奔子栏村人，也是木碗工艺家族第四代传承人，藏族木碗手绘技艺的州级非遗传承人。出生于 1950 年的他，现今已经 70 岁了，已经不做木碗了，只是在采购的素胚之上进行手绘。在奔子栏镇现在有一家名为"德钦县益西藏文化产业有限公司"的木碗制作工厂，老板为鲁茸益西，也是奔子栏镇人，他受到身边木碗制作技艺以及木碗制作艺人的影响，逐渐开始对木碗制作感兴趣，曾拜师奔子栏当地的木碗制作艺人学习木碗的制作。2001 年前后，鲁茸益西在多次来往于西藏、青海、四川、甘肃的藏族聚集区后，发现云南藏族木碗在这些藏族聚居区有很大的市场，便开始把云南藏族木碗运往这些地区进行销售。随着生意越做越大，他于 2004 年成立了德钦县益西藏文化产业有限公司，专门经营云南木器的制作及销售。

迪庆藏族木碗制作技艺的传承现状，同迪庆州的其他非遗项目一样面临着一些困境。首先，木碗制作技艺及木碗的漆绘技艺传承面临困境，一是木碗制作技艺传承人年龄大，年轻人普遍不愿意学习制作技艺，传承面临断层问题。二是现阶段能掌握整套完整木碗制作技艺的传承人越来越少，一些传承人只是精于木碗制作中的部分工序。其次，木碗的市场较为狭窄，主要集中在本地区的藏民间，同时随着藏民与其他民族及汉族之间文化交流活动的增多，受现代化的影响，等等原因，藏民也开始使用瓷碗。再次，随着市场经济的快速发展，以及藏民经济购买力的不断提高，木碗的需求量逐渐增加，导致制作木碗的原材料——木材逐渐呈现供不应求的局面。最后，虽然现阶段迪庆州的一些木碗制作传承人名义上成立了公司，但是其实质上还是以手工作坊的形式存在。这些木碗制作公司，一是没有足够的资金来扩大生产规模，二是缺乏正规专业的管理，木碗的产业化程度仍很低。

## 三 扶贫视阈下迪庆藏族传统手工技艺保护与发展

目前，就迪庆的藏族传统手工技艺来说，生产性保护已经开始发展，并初具规模了，以香格里拉市尼西乡汤满村的汤堆黑陶制作最为典型。尼西乡汤堆村现有生产黑陶的公司以及传统手工作坊数十家，其中规模较大的为郭军华的香格里拉龙巴汤堆黑土陶有限责任公司，其产品不仅在迪庆州销售，甚至还在国外进行展出和销售。另外，藏族传统服饰制作技艺的生产性保护也已经有一定的规模，在德钦县已有数家生产藏族传统服饰的服装加工厂，如恰增卡民族传统服饰有限公司、德钦县提美藏族传统手工艺服饰文化传播有限公司、德钦县钟氏鸿运民族服饰有限公司等。迪庆州传统手工技艺的生产性保护，在接下来的一个阶段之内，主要任务是要有质的提高，学习以及引进现代企业科学的管理和技术，提高生产水平和产品质量。此外，在传统手工技艺的生产性保护过程中，还要注意进行各种形式的宣传，以扩大其影响力。作为非物质文化遗产价值体系的一部分，在市场经济条件下，经济价值成为非物质文化遗产的一种重要价值。[1] 迪庆州要利用好现有的市场机制，让市场充分发挥资源配置的作用，让迪庆州传统手工技艺产品能够进入国内市场。除此之外，还要充分开发国外市场，让迪庆藏族传统手工技艺走

---

① 王文章：《非物质文化遗产概论》（修订版），教育科学出版社，2013，第104页。

出国门，走向世界。只有让传统手工技艺产品充分进入市场，迪庆藏族传统手工技艺的传承人才能够获得更多的经济收益，也才能逐渐达到脱贫致富的目的。

### （一）转变发展观念，构建非遗扶贫思维

对迪庆藏族传统手工技艺进行保护与发展，必须要转变现有的观念。精准扶贫应该不仅仅只表现在经济方面，还应该表现在文化、社会生活等方面。只有在经济扶贫的同时，做好文化扶贫，引领贫困地区正确的社会风气，才能有效地降低返贫率。① 经济基础决定上层建筑，上层建筑又反作用于经济基础。由于导致贫困的因素很多，精准扶贫不仅需要采取综合性的扶持措施，而且需要有长远的眼光。② 如果贫困人口的文化以及思想观念没有及时改变，扶贫只能做到治标不治本。人们的思想观念及文化水平只有得到提高或者改观，人们才能够深刻理解国家层面的政策及措施并积极响应，自力更生逐渐摆脱贫困落后的境地。政府在精准扶贫的过程中，要注重在文化方面的精准扶贫或者说精准扶贫的文化功能。"精准扶贫的文化功能，指的是在国家实施精准扶贫项目的落后地区，依靠扶贫实施主体有意识的文化导向，传播文明理念和先进观念，改变贫困地区的落后习俗，提升贫困人口的精神文化素养，使其具备现代化的文化观念，由自在自发的'传统人'向自由自觉的'现代人'转变。"③ 习近平总书记曾多次强调，要坚决、坚持打好扶贫开发的攻坚战，加快民族地区经济社会的发展。我国少数民族聚居地区多为山地等不利经济发展的地形以及脆弱的生态环境，生态环境的保护以及生态的治理等因素，限制了其经济社会的发展规模以及范围，使得民族地区经济社会发展存在一定局限。"构建和优化因地制宜的、合理的、有特色的民族地区产业结构，通过产业带动实现精准扶贫既是实现精准扶贫的必

---

① 时荣凯：《新常态下的"精准扶贫"》，《农村经济与科技》2016 年第 24 期。
② 汪三贵、郭子豪：《论中国的精准扶贫》，《贵州社会科学》2015 年第 5 期。
③ 王卫兵、宋东皓：《论精准扶贫的文化功能：价值体现与功能释放》，《中共郑州市委党校学报》2017 年第 3 期。

经之路，同时，也是实现民族地区持续增收致富的重要途径，更是增强民族地区人民群众获得感的重要方式。"① 这一点表现在我国少数民族聚居地区，就是利用少数民族群众掌握和熟悉的民族特色文化以及传统技艺，来打造传统民族制造技艺特色产业以及民族民俗旅游等文化产业。

## （二）健全非遗扶贫制度机制，兴建非遗扶贫就业工坊

俗话说，没有规矩不成方圆。同理，扶贫视阈下迪庆藏族传统手工技艺保护、发展，也必须构建一定的制度、体系。非遗扶贫是一项系统性的工程，应建立相应的应用原则、管理体系、监督管理、效果评估等制度机制。非遗扶贫相关体制机制的构建，能为非遗扶贫项目的发展提供政策、制度等方面的保障，更加明确非遗扶贫的工作内容和要求。非遗扶贫体制机制的健全，也为非遗扶贫就业工坊提供了管理细则和方法。

迪庆州受到自然地理环境的制约，经济社会发展相对落后，境内还有部分区域处于贫困地区。但也正是这些贫困地区，因为相对封闭，传统手工技艺相对保存得较完整。但是同时，这些掌握传统手工技艺的传承人，往往又是贫困人口。政府通过组织申报，让这些传统手工艺人享受到非物质文化遗产传承人应有的待遇。另外，政府相关部分还要鼓励传统手工艺人对其掌握的传统手工技艺进行生产性保护，予以增加经济收入。除此之外，迪庆州应该充分利用其丰富的传统手工技艺，响应国家的号召建立"非遗扶贫就业工坊"或"传统工艺工作站"。传统工艺工作站的设立，是新时期振兴传统工艺与精准扶贫相结合的探索新举措。2018 年 6 月，文化和旅游部办公厅下发了《关于大力振兴贫困地区传统工艺助力精准扶贫的通知》，充分肯定了"非遗＋扶贫"的工作模式，还积极鼓励支持贫困地区设立非遗扶贫就业工坊。传统工艺工作站主要依托某一项传统手工技艺，开展传承、加工、生产、销售等。传统工艺工作站主要接收传统技艺当地的贫困户，并设立

---

① 杨永清、陈璐：《川西南民族地区农村金融精准扶贫对策研究——以凉山州为例》，《西昌学院学报》（自然科学版）2017 年第 3 期。

"扶贫就业工坊"，为其创造就业的机会，增加其收入。传统工艺工作站要依托某一项传统手工技艺，如汤堆藏族黑陶烧制技艺、传统金属铸造工艺、藏族传统服饰制作技艺等，充分吸收当地的贫困户，为其创造工作及就业的机会。"授人以鱼不如授人以渔"，传统工艺工作站，还肩负着传承传统手工技艺的责任。目前，在迪庆州，众多的传统手工技艺传承人，都依托于其所掌握以及传承的传统手工技艺，开办了工厂或者公司，在当地社区率先走上了致富之路。在德钦县，一些掌握了藏族传统服饰制作技艺的传承人在当地政府相关部门的支持下，纷纷成立了服装加工制造工厂，这些服装加工制造厂不仅使这些藏族传统服饰制作技艺传承人发家致富，还充分吸收了当地的贫困户，为他们提供就业及增收的机会和平台。

### （三）做好乡村振兴顶层设计，发展非遗相关产业

实施乡村振兴，是党和国家对"三农"问题关心、关注的延续，基于发展农业、农村，推进农业、农村的现代化。乡村振兴不应仅仅局限于乡村的经济物质层面，还应扩展到文化层面。乡村振兴战略必须以维护广大民众的根本利益为出发点。正所谓，振兴乡村，非遗先行。非物质文化遗产中的价值观念、伦理道德、情感表达、审美情趣等都能够为传统村落提供文化底蕴、内涵。将传统村落作为一个整体，打造成为一个"文化空间"，让村落中的各项文化事业以及自然生态得到整体性的发展。把当下流行的民族民俗乡村旅游项目引入乡村，充分利用乡村山清水秀的自然环境，以及特色醇厚的地域文化，为乡村的旅游经济发展助力。乡村振兴的要义之一就是要充实人民群众的口袋，让人民群众富裕起来。对非物质文化遗产进行产业化开发，以及设立传统工艺工作站，不仅传承及发展了非物质文化遗产，也增加了传承人及村民的经济收入，充实了民众的日常生活，为乡村振兴奠定了基础。传统手工技艺的发展，不仅在一定程度上提高了民众的经济收入，也满足了民众的文化精神需求。

当然，迪庆州的精准扶贫还要与乡村振兴战略相结合，大力发展迪庆州境内乡村的相关产业。乡村振兴必须重视文化的引领作用，尤其是传统文化

的作用。在迪庆州这些传统手工技艺多数都集中在乡村，扎根于农村。在乡村振兴战略引领下，对迪庆州传统手工技艺的保护与开发，可以使传统手工技艺传承人的社会地位以及经济收入得到一定程度的提高。在非物质文化遗产视阈之下，以乡村旅游为契机探讨非遗扶贫发展，不仅具有很强的实操性，也具有充足的现实依据以及一定的科学性。在乡村发展旅游不仅可以促进乡村经济的发展，也能在很大程度上改善乡村的基础设施，改变乡村相对封闭落后的现状，更能够帮助乡村文化及乡村非物质文化遗产得到保护及开发。

# 扶 贫 篇

Poverty Alleviation Based on the
Intangible Cultural Heritage

# B.10
## 后扶贫时代非物质文化遗产品牌
## 理念嬗变及传播创新*

崔 磊**

**摘　要：** 相对贫困是我国 2020 年后贫困治理的主战场。非物质文化遗
产作为综合性治理体系的重要组成部分，是文化资源和文化
成本，必须积极参与相对贫困治理。为了发挥非物质文化遗
产品牌效能，增加贫困人口的经济效益，缓解经济结构性相
对贫困，本报告通过对品牌保护政策法规演进、概念名词的
规范、品牌形象的建构进行梳理，并从生命化、产品化、系
统化、数字化的品牌构建趋向分析现有非物质文化遗产保护

\* 本文为安徽省哲学社会科学规划项目（项目编号：AHSKYG2017D176），四川省哲学社会科
学重点研究基地"川菜发展研究中心"一般项目（项目编号：CC18W19）的研究成果。
\*\* 崔磊，历史学博士，铜陵学院副教授，研究方向为非物质文化遗产品牌传播。

模式，进而提出创新设计视角下通过量身定制，提升品牌化运营的精确度；深挖精髓，提炼核心品牌符号和价值；创新驱动，加强品牌形象的创意开发；明确主体，增进品牌价值的知识产权保护等途径，以使文化资源转化为文化生产力，最终构建后扶贫时代非物质文化遗产品牌创新体系，服务于综合性贫困治理政策体系。

**关键词：** 后扶贫时代　非物质文化遗产　创新设计　数字化遗产

贫困与反贫困作为人类发展过程的一种社会治理现象长久存在。新中国成立以来，尤其是改革开放以来形成的中国特色的反贫困策略，助推反贫困战略取得成功。脱贫攻坚任务取得了巨大进展，2020 年基本消除绝对贫困，开始进入以相对贫困、精神贫困为特征的后扶贫时代，绝对贫困向相对贫困、一维贫困向多维贫困、生存性贫困向发展性贫困、收入型贫困向消费型贫困、原发性贫困向次生性贫困、农村贫困向城市贫困转移。[①]

非物质文化遗产是文化资源，也是一种文化资本。非物质文化遗产参与精准扶贫是以创新性手段和开发性思维采取的一项重要的反贫困策略。进入后扶贫时代，构建后扶贫时代非物质文化遗产品牌创新体系，能够发挥非物质文化遗产品牌效能，增加贫困人口的经济效益，缓解经济结构性相对贫困，这既是非物质文化遗产传承保护的题中应有之义，更是融入乡村振兴和文化扶贫的题中应有之义。如何提升后扶贫时代反贫困推进效果，如何最大限度地开发非物质文化遗产的文化资本，如何塑造非物质文化遗产品牌创新体系，等等，都是需要回答的时代命题。因此，通过追溯品牌保护和传承的进程和演进，对非物质文化遗产现有品牌化保护模式进

---

① 唐任伍、肖彦博、唐常：《后精准扶贫时代的贫困治理——制度安排和路径选择》，《北京师范大学学报》（社会科学版）2020 年第 1 期。

行检讨与反思，创新设计非物质文化遗产品牌的内涵和外延，能够重塑核心品牌，凝聚品牌资产，为民族非物质文化遗产品牌优化提供可资借鉴的参考模式。

# 一 非物质文化遗产品牌保护的缘起

## （一）政策法规的演进

经济全球化加速发展、人类活动的加剧、多样性文化形态渐于趋同的综合环境影响，对代表民族和地域文化传统的非物质文化遗产保护日趋重要，对其保护的政策法规日趋完善。联合国教科文组织是保护传承非物质文化遗产的国际性倡导者与组织者。1972 年 10 月即通过了《保护世界文化和自然遗产公约》，为文化遗产的保护提供了制度化保障。之后颁布的系列政策法规，1989 年的《保护传统和民间文化的建议》、2000 年的《人类口头非物质文化遗产代表作计划》、2001 年的《世界文化多样性宣言》、2002 年的《伊斯坦布尔宣言》，都从保护人类社会文化多元性的高度强调了保护非物质文化遗产的价值意义，也强调了在全球经济一体化背景下保护非物质文化遗产的紧迫性，认为"这些遗产都应当作为人类经历与期望的见证而得到保护、开发、利用，并代代相传，以支持各种创作和各文化之间的真正对话"①。2003 年 10 月通过的《保护非物质文化遗产公约》是第一部关于非物质文化遗产保护的重要的国际法律文书，该公约为各成员国制定相关国内法规提供了国际法依据。与此相呼应，各文化遗产保护先进国先后颁布和修订保护行政法规：日本的《古器旧物保存法》《国宝保存法》《文化财保护法》，韩国的《文化财保护法》《文化产业振兴基本法》《出版与印刷基本法》，法国的《景观保护法》《纪念物保护法》《历史街区保护法》《城市规划法》，意大利的《文学艺术版权法》《文化遗产保护法》《联合

---

① 苑利、顾军：《非物质文化遗产学》，高等教育出版社，2009，第 24 页。

法》。同时，以美国、突尼斯为代表的国家，主要采取知识产权法模式进行保护。

我国的非物质文化遗产保护工作起步较晚，但是非遗保护与传承思想源远流长，加之受国际社会非遗保护浪潮的影响，我国政府在借鉴各文化遗产保护先进国非遗工作相关经验的基础上，大力推动非物质文化遗产保护与传承的法律政策的制定。1997 年 5 月，国务院颁行了《传统工艺美术保护条例》，这是我国最早与非物质文化遗产保护相关的法律。2004 年发布《关于实施中国民族民间文化保护工程的通知》，并正式加入联合国教科文组织《保护非物质文化遗产公约》。2005 年，国务院办公厅颁发《关于加强我国非遗保护工作的意见》，要求建立国家、省、市、县四级非物质文化遗产代表作名录体系，逐步创设相对完备且独具特色的保护传承规范体系。2005 年 12 月，颁行《关于加强文化遗产保护工作的通知》，决定从 2006 年起将每年 6 月的第二个星期六作为"文化遗产日"。2006 年 10 月，文化部发布《国家级非物质文化遗产保护与管理暂行办法》。2011 年 2 月，颁行了《中华人民共和国非物质文化遗产法》，标志着我国的非遗保护工作走上了依法保护的轨道。

2018 年，中共中央、国务院印发《乡村振兴战略规划（2018—2022）》，提出"完善非物质文化遗产保护制度，实施非物质文化遗产传承发展工程"。文化和旅游部办公厅、国务院扶贫办综合司颁行的《关于支持设立非遗扶贫就业工作坊的通知》特别提及"非物质文化遗产具有促进就业增收的独特优势"。文化和旅游部办公厅下发《国家级文化生态保护区管理办法》《关于大力振兴贫困地区传统工艺助力精准扶贫的通知》等文件均涵括和论述了"非遗扶贫""繁荣发展乡村文化"等内容[①]，为非物质文化遗产参与精准扶贫和后扶贫时代的相对扶贫治理提供了国家政策依据。

---

① 林继富：《民族地区非物质文化遗产扶贫实践路径研究——基于文化生态保护区建设视角》，《湖北民族大学学报》（哲学社会科学版）2021 年第 1 期。

### （二）概念名词的规范

非遗概念产生、由来和发展经历了三个阶段，从 1972 年《世界遗产公约》到 1989 年《保护民间创作建议案》，再到 1998 年《人类口头和非物质文化遗产代表作条例》，"非物质文化遗产" 的概念经历了从 "世界遗产" 到 "民间文化"，最终到 "人类口头和非物质遗产" 的概念确定这一变化过程。"非物质文化遗产" 一词首次出现在 1977 年联合国教科文组织制订的《联合国教科文组织第一个中期计划（1977—1983）》中。2003 年 10 月通过的《保护非物质文化遗产公约》，详细界定阐释了 "非物质文化遗产" 概念的内涵与外延，即 "被各群体、团体、有时为个人视为其文化遗产组成部分的各种实践、表演、表现形式、知识体系和技能及其有关的工具、实物、工艺品和文化场所"①。

在我国文化实践中，"中国民族民间文化"（Ethnic and Folk Culture of China）是长期以来使用的一个约定俗成的概念。国内还曾先后使用过 "传统民族民间文化" "民间传统文化" "无形文化遗产" "人类口述（口头）与非物质遗产" 等概念。2005 年，由国务院办公厅颁布的、代表中国政府权威意见的《关于加强我国非物质文化遗产保护工作的意见》之附件《国家级非物质文化遗产代表作申报评定暂行办法》对非物质文化遗产作了如下界定：非物质文化遗产指各族人民世代相承的、与群众生活密切相关的各种传统文化表现形式（如民俗活动、表演艺术、传统知识和技能，以及与之相关的器具、实物、手工制品等）和文化空间。非物质文化遗产可分为两类：一是传统的文化表现形式，如民俗活动、表演艺术、传统知识和技能等；二是文化空间，即定期举行传统文化活动或集中展现传统文化表现形式的场所，兼具空间性和时间性。非物质文化遗产的范围包括：口头传统，包括作为文化载体的语言；传统表演艺术；民俗活动、礼仪、节庆；有关自然界和宇宙的民间传统知识和实践；传统手工艺技能；与上述表现形式相关的

---

① 王文章：《非物质文化遗产概论》，教育科学出版社，2008，第 68 页。

文化空间①。

国内学者对非物质文化遗产及其相关概念如文化遗产、有形文化和无形文化、文化空间、物质与非物质也做了理解性说明，提及了国内外学术界对非遗概念的不同界定；同时，对非物质文化遗产与其他人类遗产的关系做了较为细致的阐述，包括非物质文化遗产与自然遗产、文化景观遗产、世界文化遗产以及传统民族民间文化遗产之间的关系。苑利和顾军在借鉴联合国教科文组织非遗分类方法的基础上，将非物质文化遗产明确分为八类：民间文学类、传统仪式类、表演艺术类、传统生产知识类、传统节日类、文化空间类、传统生活知识与技能类、传统工艺技术类。在以上归类的基础上，还可以通过合并同类项方式，将它们分为表演艺术、传统工艺技术、传统仪式和文化空间四类。②

## （三）品牌形象的建构

非物质文化遗产品牌形象的建构经历了三个阶段，即从地方认同下的"口碑"到产品认同下的"牌子"，再到产品认同和文化认同并行下的"品牌"。建构过程的发展演进与经济体制改革相伴随，与城市空间的改变相依连，与产权变动相平行。

地方认同下的"口碑"代表了公众意见，即大众对非遗产品形成趋同性评价，具有无所指向性、非功利性。它主要产生在前近代，尤其是民国时期，新中国成立后渐趋消失，城乡产业结构的巨变导致了非遗产品产权变动。传统时代城乡基本产业机构以消费休闲产业为主，但道同以降，社会动荡加剧，交通格局发生转变，未曾改变却渐益增加了物质贫乏，低端化消费依然占据主流，非遗此时不再是抽象的传统，而是现实中的谋生手段。通过买卖消费关系，非遗成为人们社会关系的中介，以活化的形态联结了人们之间的社会关系，对非遗产品的"闲谈"评价容易形成共识，由此产生了扬

① 国务院办公厅：《国家级非物质文化遗产代表作申报评定暂行办法》，2005。
② 苑利、顾军：《非物质文化遗产学》，高等教育出版社，2009，第25页。

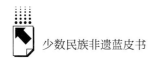

褒抑贬的"差异的聚合"，地方认同油然而生。

产品认同下的"牌子"是伴随新中国成立后公私合营运动而产生的，运动改变了非遗产品的权利归属，从而改变了非遗的社会属性。公私合营使非遗传承中的代表性人物都归于国家管理，并对其经济收入加以限制；在技艺传承方面消解师徒授受中的功利性，形为师徒、实比父子的象征意义被抹除，行业的归属感淡化；在产品销售方面，流动摊贩被纳入政府管理，进入商场、大棚等封闭空间，使非遗产品通过他们楔入人们日常生活世界的交际介质空缺；在交往空间上，以庙会空间为中心的流动空间和以祠庙为中心的神圣空间被限制，附着其上的非遗"买卖"以及带来的"谈论"空间销声匿迹。① 由此，直至市场经济兴起的 90 年代，人们对非遗商品的认同感从"口碑"替换为"牌子"。

产品认同和文化认同并行下的"品牌"是伴随 80 年代后期以来非公有制经济发展而产生的。在非公有制经济活动中，对非遗产品的推销以享受的"独特性"取代了之前实用的"有用性"，使人们确信自己占有消费产品的独特性，而忽略甚至拒绝他人对此的共享，这便为我们解释了品牌的内涵，即非公有制经济体制背景下经济行为出于凸显自我独特的需要而主观建构的满足人们心理需要的幻象。人们在旅游活动等各种流动过程中，将对非遗产品品牌的独特体验作为对过往时光想象的绝佳载体。非遗产品作为满足人们猎奇心的象征符号促使建立起其独特的品牌效应，最深层次地挖掘内在的经济效益。

## 二　现有保护模式及其品牌构建趋向

非遗品牌自产生起就决定了对其独特性体验的保护，近十年来，我国在非遗保护理论和实践研究方面发展迅速，相关研究成果层出不穷。就保护方

---

① 耿波、史圣洁：《口碑、牌子与品牌：北京非物质文化遗产品牌化问题》，《浙江师范大学学报》（社会科学版）2016 年第 2 期。

式而言，已有抢救性保护、生产性保护、整体性保护和服务性保护等方式，结合非遗现有保护的不同模式和发展趋向，将对构建行之有效、目标明确的品牌指明方向，也有利于提升非遗品牌的知名度，延伸非遗自身的生命历程，适应数字化时代的现实诉求。

## （一）抢救性保护与生命化趋向

抢救性保护主要是针对那些濒危的民间文化门类、形态、项目、作品等。濒危的原因众多且复杂，或因传承人年事已高，或因建设移民，或因生产方式发生改变，或因后继乏人，或因时世邈远而群体技艺部分失传等。如民族史诗、叙事诗、某些表演艺术、某些技艺等。由于民间文化一旦消亡就不可再生，故对这类濒危的民间文化，应尽快采用文字记录、摄影、音像等手段，将其生存状态与传播状态立体地、形象地记录下来，将可能收集到的民俗文物尽可能集中起来。一方面，可以收藏和陈列于博物馆或陈列馆，以供观众永远观摩其鲜活形态，以供研究者研究其文化传统；另一方面，可以制成光盘或纪录片，或编录入民间文化资料数据库，以供永远保存。[①] 抢救性保护是一种静态的保护理念，主要方式有记录、整理、保存、出版、建立代表作名录及传承人名录等。虽然这种保护理念因与非遗的活态流变性质有相违之处而显得有些消极，但其原状保护可以为未来保留下珍贵的历史材料，避免破坏性保护带来的问题。

## （二）生产性保护与产品化趋向

非物质文化遗产生产性保护模式系指借助市场流通管理与市场竞争机制，把非物质文化遗产资源及其物质载体和人文自然环境转化为具有经济效益的市场产业和产品，并通过有效的经营管理获取经济社会效益，这样非遗的保护和市场经营行为有机统一起来，以非遗保护促进文化产业的发展和经济社会效益的提升，同时，文化产业的发展反过来不断促进非遗的保护与传

---

① 刘锡诚：《非物质文化遗产：理论与实践》，学苑出版社，2009，第86~87页。

承,非遗的保护传承工作与经济社会的发展相互协调共同发展。生产性保护的形式多种多样,具体来说,有以下几种。第一,商业会展。商业会展将展演、销售、商贸洽谈等结合起来,在宣传、展示非遗的过程中为市民、商家提供近距离了解、观赏、消费、贸易的机会,为非遗进入市场提供了良好的平台。目前较有声望的会展有全国非物质文化遗产展示会和博览会。例如2010年9月29日,全国非遗展示会在天津正式开幕,文化部非物质文化遗产司给予了大力支持。这是目前国内层次最高的非物质文化遗产专题博览会,展示会采取了展览、展示、展销相结合的全新方式。第二,影视传媒产业。目前,以非遗为题材的具有重要价值的电视连续剧、电影、歌舞剧、纪录片、文艺演出层出不穷、数量众多。从投资方的角度来说,是借用非遗文化元素进行的影视创作;从非遗保护的角度来说,是借助影视媒体展开的立体式文化遗产宣传。影视传媒已经成为非物质文化遗产进行生产性保护的一种重要商业途径。第三,文化旅游开发。非遗是活着的传统,具备历史价值、文化价值和艺术价值,容易成为现代人观赏、消费的产品,与旅游业有着天然的联系,所以非遗与旅游的结合是生产性保护不可避免的一种模式。比如,2009年10月,浙江省启动了"浙江省非物质文化遗产旅游经典景区"的申报和认定活动,活动旨在充分挖掘和合理利用浙江省优秀非物质文化遗产资源,促进非遗的生产性保护,大力发展旅游文化产业,合理开创相关文化产品,增强非遗的影响效力。①

### (三)整体性保护与系统化趋向

整体性保护系指把非遗置于完整的原生文化环境中开展保护传承的一种理念。它强调非遗与周围环境的关系、传承人在生活中的状态等,是一种立体的保护模式。目前我国非遗的整体性保护的集中体现是创建文化生态保护实验区。文化生态保护区系指在特定时空条件下,通过利用多元化策略将特

---

① 宋俊华:《中国非物质文化遗产保护发展报告(2019)》,社会科学文献出版社,2019,第320~322页。

定区域环境中的非物质文化遗产以及与之相互依存的物质文化遗产完整地归结保存和修复在一起，以使两者间以及两者与自然社会环境间相互联系、相互促生、共同发展演化，形成一个欣欣向荣、具有内在生命力的生态保护系统。文化生态保护区更注重所属区域的群众作为文化主体的主观能动性和自主性，更注重对非遗所属民族群域和生产生活方式状态的整体性保护。截至2020年6月，文化部已相继命名设立了闽南文化、徽州文化、热贡文化、客家文化（梅州）、羌族文化、武陵山区（湘西）土家族苗族文化、晋中文化、海洋渔文化（象山）等24个国家级文化生态保护试验区。①

### （四）服务性保护与数字化趋向

服务性保护包含在我国公共文化服务体系建设之中，通过非遗保护与公共文化服务两者的联动互促、相互融合，实现非遗保护。这不仅可以探索非遗保护的新路径，也可以提供公共文化服务，满足人们文化需求和保障其文化权益。在当今科技时代，服务性保护的重要路径是借助数字化信息获取与处理技术，全面介入非物质文化遗产信息的采集、管理、传播、服务等领域，通过数字摄影、三维图像信息处理、虚拟现实等图像图形处理技术及多媒体与宽带网络技术，实现数字化，以网络影响受众。近年来，随着我国非物质文化遗产保护工作的开展以及国家制度建设的不断完善，针对非遗数字化保护的法律和政策陆续出台，为数字化保护实践提供了更为完整的制度保障。国务院相关部门颁行的非物质文化遗产保护法规文件明确指出要运用文字、影像、录音、数字化多媒体等各种方式全面真实地记录非物质文化遗产资料，为非物质文化遗产普查的成果创建完备的档案和信息库等，这就鲜明地显示出了未来我国非遗保护传承工作方法的先进技术路线与发展潜力。②

---

① 《国家级文化生态保护区》，中国非物质文化遗产网，http：//www.ihchina.cn/shiyanshi.html# target1。

② 宋俊华：《中国非物质文化遗产保护发展报告（2019）》，社会科学文献出版社，2019，第30~35页。

# 三　后扶贫时代非遗品牌创新体系构建

保护传承开发非物质文化遗产，能够让后扶贫时代的文化空间具有情感的温度、历史的深度和资本的价值。从历史维度看，非物质文化遗产的资本属性具有不同类型的价值呈现。[①] 因此，精准挖掘非物质文化遗产的资本属性，进而创新设计地域性、民族性文化产品，打造区域特色文化品牌，可以提升非物质文化遗产生产性产品的文化附加值，实现创造性转化，增加贫困人口的经济效益，消除经济贫困、生活贫困和文化贫困。

## （一）量身定制，提升品牌化运营的精确度

国家、省、市、县四级保护体系下的非遗数量巨大，四批国家级非遗名录即收录 1372 项，类目繁多，而且不同类目之间差异较大，必须针对非遗技术传播的特点、方式、途径，有选择、有针对地定位个性化品牌运行渠道和方式。一是对民众认可度高、生产工艺简单、市场前景广阔，且可复制、可标准化生产的非遗产品，可采取产业化生产。如徽州盆景、舒席制作、萧县农民画等具有知名度的民间美术、传统手工技艺、传统医药及其制作工艺可根据市场要求，进行机械化生产线批量生产，提升品牌的影响力。二是对主要依赖手工生产、文化创意度高的劳动密集型产品，应保护和尊重传承人个性化创作和生产，适当引入现代工艺，定位高、精品牌，通过发挥市场功能，保护非遗产品的核心技艺，增加文化附加值，以推广其产品和服务。三是对民间文学、民间音乐、民间舞蹈、传统戏剧、曲艺、民俗等类目，产生于民众娱乐消费项目，但因受现代社会消费方式、休闲娱乐途径多样化的冲击而日渐萎缩，应定位于打造精品，梳理品牌，利用现代传媒技术广泛宣传和传承。鼓励非遗文化资源与当地旅游资源、

---

① 王丹：《非物质文化遗产服务民族地区精准扶贫的实践模式》，《中南民族大学学报》（人文社会科学版）2020 年第 5 期。

地理景观、生态资源等相结合，促进文化产业与旅游业、休闲娱乐业的融合发展。

## （二）深挖精髓，提炼核心品牌符号和价值

1997 年，戴维森提出了著名的"品牌的冰山"理论，指出品牌的标志和符号只占 15%，85% 是隐藏不可见部分的价值观、智慧和文化，这些核心价值具有排他性、号召性和兼容性三大特征，是品牌战略的关键元素和核心基础。非遗传承亦是同理，延续核心价值重于形式回归，应做到以下几方面。一是注重传承非遗的核心技艺和文化内涵。非遗蕴含着深刻的人文内涵和文化价值，其品牌化运营的关键在于提炼核心品牌符号和价值，这些核心品牌符号和价值是非遗发展历程中凝结的内涵、精髓或核心技艺，是民众对其进行识别的关键因子，可使民众体味其中精绝高超的传统技艺、厚重的历史文化内涵和朴质的实用价值。二是在坚持传统技艺的同时，注重吸收现代工艺。传统时代非遗传承多采取口授身教，限制了技艺传承的辐射面，致使部分非遗技艺濒临断绝。此时，适当引入现代工艺既能满足市场需求，也能保存和挽救传统技艺。如皖南三雕、宣纸制作、阜南柳编、界首彩陶的发展复兴即是最佳证明，制作者在坚持手工技艺、保持传统手法的同时，引入现代新技术，研制和开发出兼具现代气息的新产品。[①] 但需注意的是，非遗保护不能一味拒绝现代技术的进入，但也不能全部依赖新技术，必须保持其内在本真的核心价值。

## （三）创新驱动，加强品牌形象的创意开发

开发非遗蕴含的潜在文化价值和经济价值，提升非遗产品的附加值和影响力，将文化资源转化为文化生产力，是目前非遗保护的最佳途径。资本时代已经一去不复返，创意的时代已然置身其中，这是已成共识的

---

① 许敏娟、左金刚、晋文婧：《安徽非物质文化遗产生产性保护问题研究》，《中共合肥市委党校学报》2015 年第 9 期。

认可。我国众多传统文化资源都被国外开发以发展其文化产业，如美国动画片《功夫熊猫》《花木兰》，日本动漫《七龙珠》《三国志》。非遗品牌的创意开发带来的是意想不到的巨大成功。如奇幻动画电影《大鱼海棠》的主要场景"神之围楼"即取材于客家土楼这一非物质文化遗产。国内外系列成功的创意实践开发表明，文化创意是沟通传统文化资源和现代产业资源的转化桥梁，它将蕴含在非遗文化产品和文化活动中经由历史积淀和现代创造的文化基因和文化元素开发、重组，建构成新的非遗文化品牌。

后扶贫时代非遗品牌形象的创意开发关键在于创新驱动、创意激发、创造形塑。一是挖掘和开发非遗蕴含的核心文化符号和文化价值，建构新的文化创意。原创性和排他性是非遗产品彰显文化标识、获取社会认同感、提升市场竞争力的关键，要在梳理、整合的前提下，提炼出非遗的核心文化符号和文化价值，建构新的文化创意，扩大非遗的辐射力、吸引力、影响力和生命力。二是选择最具承载力和表现力的载体，打造后扶贫时代全新的非遗品牌。要针对消费者的审美情趣和消费欲求，借助高科技手段，将文化资源转化为文化生产力，将文化创意转化为文化产品，发挥品牌的集聚、衍生、扩散、放大、带动、联动等效应，创造新的经济、社会和文化效益，进而反哺贫困治理和文化传承，形成良性循环发展模式，真正使非遗的核心价值得到保护、传承和创新。

### （四）明确主体，增进品牌价值的知识产权保护

伴随法律法规的产生和市场经济的发展，非遗品牌价值得到认可，但由于产品权利人的认定较难明确，传统技艺是否构成商业秘密尚存争议，维权的困难、法律的空白、保护的缺失等诸多困阻，非遗品牌价值的知识产权保护一直是学术界和司法界谈论的热点。因此，后扶贫时代非遗资本价值属性开发要做到以下几点。一是明确非遗权利人的主体地位。目前可作为非遗保护的相关现行法律包括《知识产权法》《著作权法》《专利法》《非物质文化遗产法》，这些法律的保护都要求明确非遗权利人，其具有代表性、唯一

性和主体性。现行保护中基层传承人知识积累的缺乏和经济利益的不良导向都增加了权利人主体地位确认的困难①。同时，知识产权的法律保护追求的是"代内公平"，即垄断性保护仅限于权利人，而非国人认同的师徒、父子等长幼间的"代际公平"。二是加强非遗传承地域的社区保护。非遗传承中群体传承是非常重要的一种方式，因此很难确定唯一的主体权利人，如果强行以行政手段进行确认，但未建立良好的利益分享机制，极有可能造成唯一权利人的孤立。传统社区是非遗传承的原生境域，如果两者远离，就会造成非遗传承的异化。因此，要明确传统社区独立的法律主体，确立社区集体共享的知识产权权利。三是加强数字化传承传播的知识产权保护。传统时代非遗传承主要通过家庭内部和师徒之间传承，杂以少许群体间传承，但现代信息技术的快速发展，丰富了非遗传承传播方式，也产生了数字化遗产。这些数字化遗产植入了非遗标识性的核心文化元素，以影视音像、动漫网游、服装玩具、餐饮食品、出版物等形式出现②，既增强了非遗品牌综合竞争力，也带来了知识产权保护的必要性和紧迫性。

实践证明，非物质文化遗产能够深度融入后扶贫时代的文化传承与民生建设，将扶贫与扶志、扶智有效结合，有力推动实现非遗保护、扶贫开发、文化振兴的多赢局面。通过加强非遗扶贫工作坊建设，广泛开展传统工艺传承和开发培训，进一步发挥"非遗+"的效力，提升非物质文化遗产的设计开发能力、品牌塑造能力、市场拓展能力③，加大展示展销，开发互联网经济新业态，以非遗产业发展助力相对贫困治理和乡村文化振兴。

非物质文化遗产参与相对贫困治理和乡村文化振兴还应该遵循以下原则。一是后扶贫时代非物质文化遗产品牌构建必须遵循现代品牌设计的规律，运用创新设计的思路和方法，挖掘非遗核心价值，以创新、实用、时尚的理念开展设计活动。二是非遗品牌构建必须是建立在非遗保护基础上的传

① 李华明、李莉：《非物质文化遗产知识产权主体权利保护机制研究》，《中央民族大学学报》（哲学社会科学版）2015年第2期。
② 王耀希：《民族文化遗产数字化》，人民出版社，2009，第251页。
③ 潘铎印：《"非遗扶贫"是多赢之举》，《江西日报》2020年11月12日。

承、开发，除了保护非遗及其产品，还应加强非遗传承地域的社区保护，加强对产品深层次的传统技艺的保护，这才是非遗保护的精髓实质之所在。三是后扶贫时代非遗品牌构建的实质是要使传统的技艺能够发挥文化资源的经济资本，服务于相对贫困治理的同时，厚植非物质文化遗产的文化生态、生存环境、传承方式，在传统与现代、物质与精神、民族与世界的矛盾中和谐发展。

# B.11
# 贵州传统美食制作技艺类非遗
# 扶贫开发路径研究[*]

王伟杰　王燕妮[**]

**摘　要：** 利用传统美食制作技艺等非遗助力扶贫开发是贵州完成扶贫攻坚任务的创新手段之一。非遗扶贫开发具有明显的政策主导性，需要坚持保护和开发并重，并依赖内生性动力，其项目也具有文化属性与科技属性，因而具有较大的可行性。坚持保护与利用并重做大文化资本、人才培养与产品研发相结合、内生性动力与外源性帮扶相结合，构建跨区域跨行业的资源整合共享机制，是推动扶贫开发项目发展的重要路径。

**关键词：** 非遗　传统美食制作技艺　扶贫开发　贵州

　　贵州深处中国西南内陆，由于经济不发达、交通通达度低、信息较为闭塞，民众接受教育水平较低，面临着艰巨的脱贫攻坚任务。作为曾经中国贫困人口最多、贫困面积最大的省份，现在已经变为减贫人口最多的省份，取得脱贫攻坚决战之年的根本性胜利。尤其是党的十八大以来，全省建档立卡

---

　　[*]　本报告系四川教育厅重点研究基地重点课题"传统美食制作技艺促进乡村精准扶贫的贵州经验研究"（课题编号：CC19G01）与贵阳市非物质文化遗产理论研究重大课题"新媒体视野下贵阳贵安非物质文化遗产保护、传承和发展研究"的阶段性成果。

　　[**]　王伟杰，教授，历史学博士，硕士生导师，贵州民族大学南方少数民族非物质文化遗产研究基地常务副主任，研究方向为非物质文化遗产；王燕妮，副教授，文学博士，硕士生导师，贵州民族大学体育与健康学院党委副书记，研究方向为民俗学。

贫困人口从 923 万人减少到 30.83 万人，每年减少贫困人口 100 万人以上，贫困发生率从 26.8% 下降到 0.85%，66 个贫困县已有 57 个脱贫摘帽。[①] 然而贵州在未来仍旧面临重要的扶贫任务：在 2020 年最后一批脱贫摘帽的 52 个贫困县名单中，贵州还有毕节市威宁县、纳雍县、赫章县，黔东南州从江县、榕江县，黔西南州晴隆县、望谟县，铜仁市沿河县，安顺市紫云县等 9 个县未实现脱贫，占全国总数的 17.3%，仅少于新疆维吾尔自治区（10 个）；贵州要同时守住脱贫抗疫劳动成果并筑牢防止返贫机制，也要加快实施乡村振兴战略的步伐。贵州是我国扶贫开发任务较为繁重的省份之一，创新扶贫开发方式成为必需。非物质文化遗产（以下简称"非遗"）的生产性保护可以成为扶贫开发的创新性手段，尤其是数量繁多的传统美食制作技艺，具有投资成本小、收益见效快、民族韵味足、劳动力密集等优势，可以作为贵州开展脱贫攻坚、实现后发赶超的重要文化资源。据统计，截至 2020 年 5 月，贵州省仅省级非遗代表性项目名录中，就有传统美食技艺或与之相关的项目 58 项 81 处。以传统美食类非遗名录为对象开展扶贫开发，将会产生助力扶贫和非遗传承等多方面的积极效果。

# 一 非遗扶贫开发的主要内涵与重要特征

## （一）非遗扶贫开发的基本内涵

"非遗扶贫开发"的概念较新，虽然在学术界还未最终明确，但利用非遗进行文化扶贫的国内实践已经逐步走向成熟。早在 2017 年 3 月，国务院办公厅就同意并转发了由文化部等部门制定的《中国传统工艺振兴计划》，明确指出要"发挥传统工艺覆盖面广、兼顾农工、适合家庭生产的优

---

① 许邵庭、李薛霏、杜朋城：《孙志刚：贵州曾经是全国贫困人口最多的省份，现在是减贫人口最多的省份》，"中国日报网"百家号，https：//baijiahao.baidu.com/s? id = 166738 6685475397782&wfr = spider&for = pc。

势，扩大就业创业，促进精准扶贫，增加城乡居民收入"。此后，关于利用传统工艺等非遗资源进行精准扶贫的行业实践逐步在全国铺开。非遗扶贫开发概念的热度与不确定性共存：与非遗扶贫开发热度相当的概念，还有"非遗扶贫""非遗脱贫""非遗＋扶贫""非遗旅游扶贫""非遗扶贫就业工坊""非遗扶贫工坊""非遗工坊""非遗助力扶贫"等；同时相关培训计划的实践已经风风火火展开，其概念在学术界仍未明确和统一，但其基本内涵已经确定。

刘永飞较早提出非遗扶贫开发是"在国家相关扶贫政策的指引、支持下，通过对本土非遗资源的开发和利用，推进非遗产业的兴起与发展，促进贫困境况的摆脱的一种区域开发模式"。[①] 许朝军则强调非遗扶贫要利用互联网技术和电子商务平台。[②] 新华社记者鲁鹏在报道山东临沂推进精准扶贫工作时，指出临沂市利用非遗衍生品实现脱贫增收，但其过程要通过发展电商，走"互联网＋传统工艺"模式。[③] 周静指出了文化扶贫对贵州精准扶贫的重要作用，并列出了文化旅游精准扶贫的生动实践案例，包含非遗助力扶贫、茶产业、乡村旅游等，将非遗在助力扶贫上的利用看作文化扶贫。[④] 田青以黔西南州的易地扶贫搬迁为例，探索扶贫搬迁与非遗保护协同发展的新做法，但未就非遗扶贫给出具体定义，其具体做法是"让古老的非遗随搬迁群众下山，'搬出文化'，进入社区，进入新生活"。[⑤] 高国栋指出可以通过"互联网＋传统手工艺"等形式，带动文化精准扶贫，把利用非遗中的传统手工艺的传承以及工艺品的衍生，作为文化精准扶贫的重要依赖，[⑥] 同样将非遗扶贫归类为文化扶贫，指出非遗扶贫赖以发展的基础资源为传统手工艺类非遗名录，并将衍生工艺品作为文化精准扶贫获取经济价值的重要依

① 刘永飞：《西部民族省区非物质文化遗产扶贫开发研究——以国家级手工技艺类非物质文化遗产为例》，《中州学刊》2013年第10期。

② 许朝军：《"非遗扶贫"是个好主意》，《中国质量报》2018年1月26日。

③ 鲁鹏：《山东临沂非遗衍生产品，文化精准扶贫》，《农村工作通讯》2016年第13期。

④ 周静：《文化扶贫润黔山》，《贵州日报》2015年12月29日。

⑤ 田青：《非遗脱贫大有可为》，《黔西南日报》2016年11月2日。

⑥ 高国栋：《"互联网＋传统手工艺"，带动文化精准扶贫的思考》，《人文天下》2016年第4期。

托。黄璜指出用非遗扶贫实现非遗的传承和保护，是目前精准扶贫开发的创新性手段，也有利于做好少数民族地区非遗传承与保护工作。① 综上，非遗扶贫不是单独的一种扶贫方式，而是为了推动精准扶贫行动而衍生的一种扶贫手段，更适合一些交通不发达、农业经济收入不高、产业基础不完善的中西部省区。学界在对这个新手段的阐述中，把推动非遗的保护与传承作为非遗扶贫的重要任务。因此，非遗扶贫开发是一种"造血式"扶贫，更注重发展的长期性和连续性，是一种能够带来持续性经济、文化和社会效益的扶贫开发手段。

### （二）非遗扶贫开发的重要特征

非遗扶贫与精准扶贫、旅游扶贫、文化扶贫等关系密切。精准扶贫的提出推动基层政府思考和设计更多的扶贫方法，而非遗扶贫为语言不通、土地贫瘠、交通不畅的民族地区扶贫攻坚提供了重要的资源依托；旅游扶贫则需要利用非遗及其相关衍生品，丰富旅游产品和服务，提升旅游品牌知名度，提高游客的获得感和参与度，如琳琅满目的旅游纪念品需要以非遗为依托设计生产，众多传统工艺体验区大多以非遗为原型，更多非遗名录的文化品牌效应推动了旅游品牌的宣传和推广；文化扶贫则与非遗扶贫有千丝万缕的联系，其与文化扶贫有较多的相通点和相似点，都既重视对扶贫对象物质的帮助救济，又重视扶贫对象本身，从而实现扶志与扶智的统一，共同服务于脱贫攻坚战。

非遗扶贫开发具有明显的政策主导性。非遗扶贫开发与文化和旅游部发布的传统工艺助力精准扶贫的文件相关：除了2017年颁布的《中国传统工艺振兴计划》外，还有《关于大力振兴贫困地区传统工艺助力精准扶贫的通知》（办非遗发〔2018〕40号）、《关于推进非遗扶贫就业工坊建设的通知》（办非遗发〔2019〕166号）、《关于支持设立非遗扶贫就业工坊的通

---

① 黄璜：《非遗扶贫背景下的湖南侗族非遗文化传承保护对策的思考》，《戏剧之家》2018年第35期。

知》（办非遗发〔2018〕46号），并公布了第一批"非遗＋扶贫"重点支持地区名单，明确提出对第一批"非遗＋扶贫"重点支持地区予以政策、经费等支持，其中贵州省黔东南苗族侗族自治州雷山县榜上有名。

非遗扶贫开发需要坚持保护和开发并重。非遗已经成为助力脱贫攻坚的重要资源，非遗扶贫开发所依赖的资源禀赋又以其中的传统工艺类为主要资源。从相关开展地域和研究对象看，多以中西部地区为研究对象，这与中西部地区有较多的贫困人口和丰富的非遗资源不无关系。然而，非遗扶贫开发的重要依赖对象需要进行生产性保护，产生经济效益并提供农户收入，同时要背负传承保护的重任，使非遗在发展利用中不至于被世俗化侵扰和破坏，因而非遗扶贫开发有典型的保护与开发并重的特征。

非遗扶贫开发严重依赖内生性动力。非遗扶贫开发需要面向经济状况较为落后但非遗资源丰富且保护状况良好的人口集聚地区，因此对非遗资源进行开发有赖于内生动力的创建和增长。同其他扶贫方式不同，非遗扶贫开发并非简单的补血式扶贫，而是面向未来发展的可持续性较强的造血式扶贫，并能给当地经济、文化、社会带来持续性效用。这就需要有建设、运营非遗工坊的牵头企业、合作社或带头人，发挥重要的领头羊作用；需要当地贫困户的积极配合，主动参与基层政府举办的传统工艺技能培训，提升个人指尖技艺。

非遗扶贫开发项目具有文化属性与科技属性。非遗扶贫开发依赖的资源是文化资源，以覆盖面广、从业人员多、适于带动就业、具有较好市场潜力的非遗代表性项目为主，因而其开发后产出的传统工艺产品仍属于文化产品，能将少数民族优秀传统文化中的故事传说、文化符号、色彩样式等呈现出来，具有典型的文化承载功能。同时，相关工艺产品要借助电商平台，才能摆脱原有的传统工艺品生产和销售模式，从根本上解决"以产定销"的问题，并逐步迈向订单式生产、私人定制式设计、品牌推广式营销。因而非遗扶贫开发与"互联网＋"、"电商平台"、"新媒体技术"以及大数据技术息息相关，具有典型的科技属性。

## 二 贵州传统美食制作技艺类非遗扶贫开发的可行性

### （一）传统美食制作技艺类非遗资源丰富

非遗扶贫开发有别于其他扶贫项目，具有典型的多元化的开发载体，在贵州省则表现为传统美食非遗资源十分丰富。截至 2020 年 5 月，贵州省先后颁布了五批省级非遗代表性项目名录：第一批 91 项，其中民间手工技艺类 17 项，美食制作技艺类 1 项；第二批 202 项，其中传统手工技艺 32 项，美食制作技艺类 2 项；第三批 108 项，其中传统技艺 18 项，美食制作技艺类 12 项；第四批 75 项，其中传统技艺 21 项，美食制作技艺类 12 项；第五批 152 项，其中传统技艺 55 项，美食制作技艺类 31 项。从数量上来看，五批传统美食制作技艺类非遗总计 58 项，占全部省级非遗名录的 9.2%，占传统技艺总量的 40.6%。同时，各市州颁布了相关的非遗代表作名录，之中也有大量美食制作技艺类非遗资源。相关非遗资源不但具有一定的经济价值和文化价值，更反映出不同的地域文化和民族文化特色，有广阔的市场需求，可以成为贵州进行扶贫开发的经济资本。

### （二）传统技艺在扶贫开发中的集聚效应大

资金是实施大扶贫、大旅游战略的物质基础，也是保护和传承非遗的重要保障。为强化资金保障，全力支持打赢脱贫攻坚战，2016～2018 年，中央和贵州总计投入专项扶贫资金 381.53 亿元，年均增幅达到 20.54%①；2019 年，其增幅更是达到了 48.89%，60% 以上的东西协作财政帮扶资金投

---

① 程曦等：《贵州：三年累计投入财政专项扶贫资金 381.53 亿元全力助推脱贫攻坚》，多彩贵州网，2019 年 4 月 25 日，http://www.gog.cn/zonghe/system/2019/04/25/017214797.shtml。

向了深度贫困地区。① 非遗扶贫开发项目"锦绣计划",自 2013 年实施至 2019 年中国(贵州)国际民族民间工艺品·文化产品博览会,省财政相继投入专项资金近亿元,各级各部门投入资金近 10 亿元,有力地促进了非遗扶贫开发项目的有效开展。雄厚的资金也推动了贵州以非遗等文化资源为核心的旅游行业和生态美食产业的发展。《贵州省 2019 年国民经济和社会发展统计公报》显示,全年全省旅游总人数比上年增长 17.2%,旅游总收入增长 30.1%,显示出强劲的发展势头,远远高出地区生产总值 8.3% 的增长率。同时,2019 年贵州生态特色食品总产值 1196.15 亿元。② 贵州众多专项资金的投入不仅能促进非遗产业的发展,也可以培养大量技艺高超的农户,进而有效助力美食制作技艺类非遗的传承。

### (三)美食制作技艺类非遗扶贫开发汇集了多元主体参与

人是社会性的群居动物,多元化的社会群体往往具有多样化的社会行为,从而满足不同群体的社会需求。美食制作技艺类非遗扶贫开发有别于其他扶贫方式,优点体现在其多元主体参与的过程,各级各地政府、美食企业、传承人群、社会组织都是扶贫开发的有效主体。首先,扶贫开发由政府尤其是文化和旅游部门发起和组织,有极强的政策导向性。《中国传统工艺振兴计划》的制定,定期下拨专项扶贫资金,将传统工艺展示、传习基础设施建设纳入文化旅游提升工程,建立非遗生产性保护示范基地等,表明了政府是美食制作技艺类非遗扶贫开发的主体。其次,美食制作技艺类非遗中有较多可以成为文化商品,如根据贵州传统美食制作技艺而生产的糖、酒、茶、酸、粉面肉制品,都具有较大的经济价值,且其有较多传统老字号美食,兼具文化性、符号性、观赏性(制作流程)等,成为广大游客喜爱的旅游纪念品,因而获得了旅游酒店等餐饮企业的认可,遂使各类餐饮企业成

---

① 贵申改:《精准施策,分类指导,脱贫攻坚取得根本性胜利——2019 年贵州省扶贫开发改革综述》,《贵州日报》2020 年 4 月 8 日。

② 贵州省统计局:《2019 年全省新兴产业快速发展》,贵州省人民政府网站,2020 年 4 月 27日,http://www.guizhou.gov.cn/xwdt/dt_22/bm/202004/t20200427_57736711.html。

为传统美食研发生产销售的主体。再次，传统艺人作为美食制作技艺的传承主体，既是参与非遗传承人研修研习培训的学习主体，又是到贫困地区传统工艺项目所在地开展巡回讲习的传播和讲授主体，能将传统美食结合现代人生活及旅游需要转变为便于携带、食用简便、口感较好的纪念品，或者符合外来旅游群体口味的体验感较强的大众化旅游美食。最后，贵州传统美食制作技艺多传承于少数民族聚集区，限于交通、信息、资金、人力等方面的劣势，在政府的组织下，少数民族村寨等社区内生动力和外部帮扶结合起来，形成了造血式扶贫发展的有利环境。在社区内部，传统美食制作技艺因为地缘和血缘的关系已经成为村寨扶贫发展的集体资源，使社区居民成为美食制作技艺的保护主体和传播主体，社区更是天然的传统美食制作技艺传承人的培训地和传习所；在社区外部，作为社会经济发展到一定阶段的产物，社会组织承担着"兴办传统工艺企业，建设传统工艺展示、传习场所和公共服务平台，举办传统工艺的宣传、培训、研讨和交流合作等"任务，是将传统美食制作技艺扶贫项目落地的实施主体，是预防和弥补政府和企业在扶贫开发中政策失灵和市场失灵的重要力量。

### （四）美食制作技艺类非遗扶贫开发的社会结构条件充分

安东尼·吉登斯在结构二重性理论中提出，社会系统的结构性特征并不是外在于行动，而是反复不断地卷入行动中的生产与再生产。贵州近年来对外开放的程度不断加深，尤其是"高铁时代""大数据时代"的来临为贵州提供了由传统向现代转变的历史机遇，但贵州尤其是下辖的各市州经济基础仍较差。目前，作为历史"活化石"的美食制作技艺类非遗，其工艺承载着整个民族的文化记忆，是当地民众特有的审美情趣、文化内涵、精神气质的集中反映。对相关美食制作技艺进行创新和发展，并将之应用到当地的脱贫攻坚实践中，是以现代的方式对其进行的保护和利用。我国农民长期以来生活在一个由血缘和地缘关系结成的熟人社会之中，类似的乡土社会在市场化、城镇化、信息化浪潮的冲击和影响下，已逐步向开放流动的社会结构转变。贵州一些贫困地区的农村居民通过外出务工、学习等方式，接受了现代化的生活方式和思维观念，并在回乡后逐步影响和改变着传统乡土社会，从而基层政府在当地进行美食非遗扶贫项目开发能被当地民众接受。再者，贵州各地日趋开放流动的社会结构也加速了传统社会的解构进程，促进了地域间的交流与合作，不仅推动了当地经济社会文化的快速发展，也带来了更多的商业主体和商业机会，尤其是贵州旅游经济的井喷式发展，能为美食类产品提供更多的市场需求。

## 三　贵州传统美食制作技艺类非遗扶贫开发的路径选择

### （一）保护与利用并重做大文化资本

作为文化资源的传统美食制作技艺，已经成为贵州生态特色食品、自助体验旅游、特色餐饮等行业的重要依赖资源。由于其归属非遗的特殊性，传统美食制作技艺也属于贵州经济发展依赖的文化资本，需要在扶贫开发中处理好传统技艺的保护与利用的关系。按照皮埃尔·布尔迪厄的文化资本理论，文化本身拥有价值且可以转化为经济价值，不同种类的文化只能在经济的生产系统和生产者的生产系统两者的关系中才能被称为资本。通过美食类传统技艺制作出来的传统美食，实质上是客观化的文化资本和经济资本的统一。文化资本也是人类经济增长得以实现的"第一桶金"。[①] 它为贵州乃至其他贫困地区的乡村振兴指明了方向，为传统美食制作技艺类非遗提供了一条可持续发展之路。由此，资本与文化逻辑交织，对美食制作技艺类等非遗的利用成为常态，因而须坚持保护与利用并重的原则来做大文化资本。一方面坚持活态生产，注重挖掘传统美食制作技艺类非遗的文化价值和经济价值，寻求新的历史形态与传世价值，才能使传承人带领农户实现精准脱贫；另一方面应坚持样本保护，注重对高、精、尖的传统美食制作工艺的有效保护，保持民族文

---

① 高波、张志鹏：《文化资本：经济增长源泉的一种解释》，《南京大学学报》（哲学、人文科学、社会科学版）2004 年第 5 期。

化的持续性、纯粹性与唯一性，① 实现产业创新，使传统工艺所隐含的文化以产业的形式得以传播和发扬，实现农户脱贫增收和非遗传承的双重目的。

### （二）坚持人才培养与产品研发相结合

旨在帮扶贵州贫困地区留守妇女脱贫增收的"锦绣计划"，培育发展了手工企业和专业合作社 1354 家，惠及 50 万人，这与培养了一大批技艺精湛、带富能力强、参与意识好的优秀绣娘关系密切。这些绣娘在基层政府组织的传统工艺技能培训中脱颖而出，并逐步成长为当地的脱贫致富带头人和新乡贤。《关于支持设立非遗扶贫就业工坊的通知》提出设立非遗工坊的条件要包含"有建设、运营非遗工坊的牵头企业、合作社或带头人"。由于类似的脱贫致富带头人在美食行业仍旧较为稀缺，传统美食制作技艺扶贫项目开发同样需要培养优秀的创新人才。主要通过加强与职业院校、行业组织、培训机构等的联系，改革传统教学内容，创新人才培养模式，为传统美食利用提供人才综合素质提升培训，并邀请相关机构专业人员做好扶贫开发的工作指导，做好美食制作技艺传承人的人才培养工作，以培养出具有较强的市场意识、创新思维并热爱美食行业的创新型人才。

与其他传统工艺类非遗的文化商品不同，传统美食制作技艺非遗的衍生品包含两类：一类是依附于旅游业的无包装餐饮美食，生产过程与消费过程紧密连接，强调即烹即食；另一类是可以依托零售业的有包装的可存储食品，便于携带并能储存较长时间，生产过程和消费过程可以完全隔离，强调长期存储和便于携带。随着贵州山地旅游的快速发展，传统的美食行业迎来了发展的机遇，各类酒店、餐馆乃至依托"地摊经济、小店经济"的街边摊贩都将助力非遗扶贫项目开发，以增加就业岗位，促使当地贫困农户脱贫致富。然而文化并不只是"历史沿袭"的符号传递，更是具有符号意义的建构行动。由于地域差异和饮食偏好等，贵州传统美食在创新产品的研发上步子稍慢，亟待获得占据社会主导地位的文化价值体系的认可，并成为特定

---

① 许平：《非遗活化·扶贫开发·融合设计》，《群言》2017 年第 10 期。

共同体内部存在的结构性要素，以期为共同体外部的游客（消费者）的文化心理所接受，从而发挥其重要的文化价值和经济价值。基于此，美食制作技艺类非遗扶贫项目开发应努力将有条件的美食传统技艺资源转化成文化生产力，研发具有广阔的市场前景又能体现其文化特性的新产品，尤其是包装精美、口感较佳、携带方便、内涵丰富、价格实惠、保质期长的可用作纪念的旅游食品，发挥美食类非遗的最大价值，借助于旅游业、餐饮业和零售业实现传统美食"黔货出山"。

## （三）坚持内生性动力与外源性帮扶相结合

非遗扶贫开发有赖于在各级各地政府的主导下，鼓励和吸引企业、手工艺人、村落社区、社会组织等的共同参与，以当地民众为主体，积极发挥其积极性、主动性和创造性，将内生性动力和外源性帮扶相结合，全力将文化资源优势转化为文化资本优势，实现扶贫的经济开发价值。在引导和开发内生性动力方面，必须通过"三变改革"等方式扩大当地民众的收入来源，制定科学的利益分配机制。由于美食制作技艺类非遗资源代表着某个地区、某个民族文化的生活方式、文化内涵和审美情趣，包含着当地民族文化特有的社会属性，必须通过透明公正的分配方式回馈当地传承人群。2016年，联合国教科文组织发布了《保护非物质文化遗产的伦理原则》，并在第七条提出"创造非遗的社区、群体和个人应从保护该遗产所产生的精神和物质利益中获益，特别是社区成员或他人对其进行的使用、研究、文件编制、推介或改编"。① 从此条规定看，非遗的创造者（可以是某个人，也可以是某个群体或者某个社区集体）应当获得一定的物质利益和精神利益，尤其是社区成员或他人对之使用的时候，指出了非遗的利用可以在现代社会中回馈创造者。这为贵州在实施美食制作技艺类非遗扶贫开发工程中进行利益分配时提供了可以依据的重要伦理准则，也为后来部分地区开展"三变改革"，使传

---

① 巴莫曲布嫫、张玲：《联合国教科文组织：〈保护非物质文化遗产伦理原则〉》，《民族文学研究》2016年第3期。

承人群乃至贫困户依靠自身的劳务技艺入股企业获取分红提供了伦理依据。

在内生性动力得以调动从而发挥充分造血功能的同时，外源性的帮扶同样必不可少。扶贫开发通常为一项庞大复杂的系统性工程，相较于"锦绣计划"更加有复杂性和艰巨性，尤其是美食制作技艺类非遗的衍生品生产需要进行一定规模的前期投资，更需要其他参与主体提供资金、信息、技术、人力资源、产品研发、品牌推广、线上线下销售等多个方面的帮扶和支持。如基层政府应制定扶贫开发规划，搜集和确定扶贫项目，确定扶贫开发具体实施部门等；餐饮企业要提供准确及时的市场信息，为社区村寨传承人群提供对应的技术咨询、人员培训、线上销售等帮扶措施；当地扶贫基金会、志愿者协会应结合自身公益性、自愿性等组织特性，积极为贵州美食制作技艺类非遗扶贫开发提供多元化的融资渠道、产品销售平台、信息交流渠道和传统技能培训渠道。

### （四）构建跨区域跨行业的资源整合共享机制

美国现代社会学的奠基人塔尔科特·帕森斯曾指出，任何系统要得以生存，就需要"整合"社会系统各个组成部分，使它们达到某种程度的团结从而开展有效的合作。美食制作技艺类非遗的扶贫开发同样是一个有赖于"社会团结"的有机系统，必须处理好不同主体、行业、区域间的资源整合问题。其一，应做好美食制作技艺类非遗保护和扶贫开发等多项资金的统一调度，汲取"锦绣计划"等扶贫开发项目的成功经验，提高资金使用效率。其二，整合多元开发主体间的相关资源，发挥各地基层政府、中小微餐饮企业、美食技艺传承人群、村寨社区、新乡贤代表等各自的优势，在创新型人才培养、专项资金支持、传统工艺革新、指尖技艺提升、创新产品研发、销售渠道拓展、多元主体利益分配等方面发挥作用。其三，要加强区域之间合作，秉持"大扶贫、大市场、大产业"的发展思路，形成互帮协助的伙伴关系，增强跨区域间美食制作技艺类非遗扶贫产业的经济实力和核心竞争力，如构建武陵山区、藏羌彝文化产业走廊、乌江流域等美食制作技艺类非遗扶贫开发合作机制。

# 四 结语

经过 2019 年全年的奋力拼搏，贵州脱贫攻坚取得了决战之年的根本性胜利，但 2020 年依然有 30.83 万人的脱贫攻坚任务。收官之年的脱贫任务是多年以来积累的"顽疾"，因其脱贫难度大而成为扶贫路上难啃的"硬骨头"。因此在扶贫攻坚收尾工作中，必须坚持扶贫同扶志、扶智以及提升技能培训相结合，借助贵州旅游经济猛增的东风发展美食旅游、繁荣特色餐饮、生产生态特色食品，以吸纳更多人就业，达到助力脱贫攻坚的积极效果，不但能带动当地农产品销售，促进各类农作物深加工，更能拉动本地内需市场，助推创意产业、演艺业、休闲娱乐业等相关行业发展。随着美食产业的逐步扩大，以传统美食制作技艺为基础进行生产销售的各类美食企业，应加紧选材标准依据、制作基本流程、卫生达标条件等行业规则的制定，以规范美食产业市场，巩固和扩大贵州省各族人民在脱贫攻坚中取得的战果。

# B.12

# 贵州省少数民族特色村寨产旅融合开发调研报告[*]

陈品冬　何蜜月　俞　杰[**]

**摘　要：** 本报告基于对贵州省30余个村寨的实地调研，通过调查问卷、实地访谈的方式梳理贵州少数民族特色村寨旅游产业发展模式，发现贵州省少数民族特色村寨在产旅融合开发中存在的问题：一是"单一性—同质化—利益分配不均"；二是产品结构单一，品牌优势不强；三是缺乏专业旅游规划人才；四是旅游资源产业化程度不足。最后提出贵州省少数民族特色村寨推进产旅融合开发的政策性建议：一是融合共生，提升少数民族特色村寨的建设能力；二是打造特色旅游品牌，促进产业快速发展；三是发展产业规划专业人才；四是统筹规划推进产业发展。

**关键词：** 少数民族　特色村寨　产旅融合　贵州

## 一　引言

### （一）问题的提出

特色产业是推动村寨发展的重要支撑，是区域经济发展的主要途径之

---

　* 本报告系 2019 年国家社会科学基金项目"美丽乡村建设背景下贵州少数民族村寨生态旅游模式研究"（项目编号：19XMZ041）的阶段性成果。

** 陈品冬，贵州民族大学人文科技学院教授，研究方向为旅游资源开发、世界自然遗产等；何蜜月，贵州民族大学人文科技学院讲师，研究方向为旅游社会学、旅游资源；俞杰，贵州民族大学人文科技学院讲师，研究方向为少数民族经济、旅游地理。

一，虽然在近年来取得了丰硕的成果，但各少数民族特色村寨在培育当地特色产业过程中也产生了诸多亟待解决的问题。比如，部分少数民族特色村寨出现了的同质化现象，且大多是围绕村寨文化生态旅游，以其他产业为中心的发展模式非常少，这将对特色村寨的可持续发展构成威胁。因此，在全面梳理少数民族特色村寨旅游产业发展的基础上，客观分析所存在的问题，思考立足于少数民族特色村寨的文化内核，将旅游和产业融合开发，为其提供符合少数民族特色村寨旅游产业发展的建议，既可以实现民族文化的保护与传承，也可以促进当地旅游业的发展，增加农民的收入。

## （二）调研目的及意义

2019年6月，针对获得立项的国家社会科学基金西部项目"美丽乡村建设背景下贵州少数民族村寨生态旅游模式研究"，科研团队于2020年6月开始对贵州省典型少数民族特色村寨进行调研，旨在探讨贵州省少数民族特色村寨如何进行合理有效的产旅融合开发。本文基于对贵州省30余个村寨的实地调研，其中，实地调研具有代表性的安顺市12个村寨，黔南5个村寨，黔东南10个村寨，六盘水3个村寨，贵阳1个村寨，通过调查问卷、实地访谈的方式梳理旅游产业发展模式，提出贵州省少数民族特色村寨在产旅融合开发中存在的问题，并提出贵州省少数民族特色村寨推进产旅融合开发的政策性建议。

## （三）调研方法

1. 问卷调查法

通过向当地村民、游客发放问卷，了解本村寨旅游开发情况：包括本村寨的民族文化保存和传承、交通出行、住宿条件、饮食、旅游商品开发、参与性娱乐项目的开发、旅游区建筑与景观的协调度、自然风光、村寨建筑观赏性、旅游活动的可参与性、服务质量、价格水平等。

2. 访谈法

通过访谈当地村支书及村民，发现当地旅游产业发展问题，了解村寨旅游资源规模与丰度、村寨的历史文化特色及旅游产业发展现状等情况。

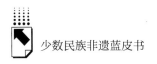

## 二 贵州少数民族特色村寨资源分布情况

贵州是一个多民族共居的省份，少数民族众多。其中世居少数民族17个，分别是苗族、布依族、侗族、土家族、彝族、仡佬族、水族、回族、白族、瑶族、壮族、畲族、毛南族、满族、蒙古族、仫佬族、羌族。少数民族在贵州境内分布广泛，体现了大杂居、小聚居的特点。截至2019年，人口数量较多的少数民族分别是苗族、布依族和侗族。千百年来，各民族和睦相处，共同创造了多姿多彩的贵州文化。

近年来，贵州省高度重视少数民族特色村寨的保护与发展，涌现了一批民居特色突出、产业支撑有力、民族文化浓郁、人居环境优美、民族关系和谐的少数民族特色村寨，取得了显著成效。2020年1月，在国家民族事务委员会下发的《第三批中国少数民族特色村寨拟命名名单》中，贵州省有99个村寨被命名为"中国少数民族特色村寨"，数量位居全国之首，成为多彩贵州的重要名片。截至2020年，贵州省共有312个村寨挂牌"中国少数民族特色村寨"。从分布来看，黔东南州126个、黔南州38个、铜仁市35个、黔西南州28个、安顺市23个、毕节市18个、贵阳市16个、遵义市15个、六盘水市13个。

贵州紧紧围绕民族宗教事务委员会的指导意见，结合"五个振兴"路径，按照乡村振兴战略总要求，加快推进少数民族特色村寨农业农村现代化。其中，产业兴旺是推动少数民族特色村寨发展的重点，生态宜居是振兴少数民族特色村寨发展的关键，乡风文明是振兴少数民族特色村寨发展的基础，生活富裕是实现少数民族特色村寨振兴的标准。

## 三 贵州典型少数民族特色村寨调研现状

课题组对安顺市进行了两次调研，实地走访了西秀区大西桥镇河桥村、西秀区黄蜡乡龙青村、东关街道湾子村、镇宁布依族苗族自治县城关镇高荡村、安顺龙海村、平田村、羊场村、尚兴村、三合苗寨、紫云沙坎村、紫云红院村。其中，龙青村、高荡村和羊场村产旅融合比较典型，问题也比较突出。第三次调研了青岩典型少数民族特色村寨龙井村。第四次调研了黔东南少数民族特色村寨，包括西江千户苗寨，麻江乌羊麻、龙井村、乌卡村、翁保村，丹寨王家村、卡拉村、高要村，榕江大利村、宰荡村，黎平肇兴侗寨，锦屏雷屯村，剑河屯洲村，赤水民族村，台江九摆村，凯里郎利村、乌利村、南花寨等村寨。其中，西江千户苗寨、麻江乌羊麻、丹寨卡拉村和台江九摆村产旅融合比较典型，问题也比较突出。

1. 龙青村

安顺市西秀区黄腊乡龙青村拥有便利的交通区位条件，人文和自然、经济和社会多元一体，是一个宜居宜游的"世外桃源"。具有产业规模的龙青村已申报成功省级园区——生态农业扶贫园区，规划总面积16000余亩，拟采取农旅结合的方式将该园区打造成为"花果田园"旅游度假区，园区已初具雏形，6000余亩的樱花套种紫薇园已具备旅游观光基本条件，葡萄园已经连片栽种2000余亩，部分已处于丰产期。村民表示虽然园区已建成，但旅游项目单一，很容易产生审美疲劳，且大多数游客前来观光当天就返回。此外，河岸两旁田里种植了成片莲藕，村民表示现如今很多村寨在种植莲藕，如何将莲藕售卖出去成为他们最大的难题。

课题组在走访时发现，该村很多人家门户紧闭，河边常聚集了一群老人闲聊。村支书表示村里很想搞好旅游发展，然而村里年轻人大多外出务工，缺少劳动力，加上地方政府财力有限，村寨集体经济薄弱，难以引资引企开发旅游资源，严重挫伤了村民参与村寨建设的积极性。这与安顺平田村的困境相似。

2. 高荡村

课题组通过对位于贵州省安顺市镇宁布依族苗族自治县县城西南7公里处的高荡村调研了解到，它是一个有近千年历史的布依族古村落，交通便利，从县城自驾车可以到达。因寨子坐落在崇山峻岭之中，犹如群峰上托着一口锅，布依语因形而名"翁座"，汉语意为"高荡"。高荡村是住建部在册传统村落,是国家民委首批命名的340个"中国少数民族特色村寨"之一,是贵州省旅游局与德国特里尔大学合作的全省首家唯一的村落类生态旅游试点村。

高荡村山多石优,先民们就地取材,依山就势建造房舍。寨内村民就伍、杨两姓。千百年来,两姓人家邻里守望、和睦相处。古寨小广场西侧的布依山居,是吴良镛院士弟子周政旭与安顺市建筑设计院合作设计改造的,外面古村落,里面现代化,在外观保持不变的前提下,充分运用现代建筑技术及装饰艺术,增设卫生间、厨房、餐厅等配套设施。

当地居民表示,利益分配不均影响了当地旅游的发展,还有些年长者由于语言障碍,无法与旅游公司直接沟通,容易起冲突。课题组在当地访谈一队河南游客时,其中一名女性游客表示来旅游并没感受到当地民族文化,旅游项目单一,可选择性较少,并表示不会重游。

3. 羊场村

安顺市经济技术开发区幺铺镇羊场村,是第三批中国少数民族特色村寨,也入选2020年中国美丽休闲乡村。近年来,安顺市经济技术开发区抓实结构调整、产销衔接、利益联结,持续深化农村产业革命,大力发展乡村旅游。依托毗邻5A级龙宫风景区和幺铺特色小镇的区位优势,积极利用良好的生态自然环境,在羊场村建成了莲藕产业区、游客服务中心、农产品深加工厂区、生态停车场、特色小吃街、休闲民宿、生态农庄、12公里旅游观光道、14公里木栈道、3座特色景观桥。

羊场村距离安顺城中心仅有20公里,交通十分便利,2020年5月以来每日接待游客量10000~30000人次,休闲观光游迅速走红。但课题组走访时了解到,居民表示该村管理混乱,小摊贩多;基础设施薄弱,存在很大问题,并且特色单一。

4. 红院村

位于坝羊东南部的紫云红院村,是坝羊乡南大门,南靠本县板当镇、东抵长顺县云盘乡,全村所辖30个村民组、18个自然村寨。据调研了解,红院村布依族特色服饰采用本地出产的火麻制成麻线,然后用布依族传统纺织方法制成布料，当地人称之为布依土布，再用布依土布裁剪、缝制而成布依族特色服饰。布依族特色服饰柔软舒适，穿上它冬暖夏凉，再镶上金银首饰、珠宝或玉器，就成为布依族迎亲嫁娶或参加各种民族节日活动专用的服装。

红院村腰鼓队是村民自发组织，村支两委出资扶持并直接引导发展而成的一支民间艺术表演队伍，该腰鼓队常常在集贸市场或民族节日参加各种活动进行表演。

5. 龙井村

早在 2011 年，隔壁的青岩古镇发展得红红火火的时候，这个距离古镇不到两公里的龙井村却连平整的道路都没有。受青岩古镇的带动，近几年龙井村抓住美丽乡村建设、富美乡村建设等机遇，开展景区化提升、产业化打造、品牌化塑造，打造"休闲龙井""乡愁龙井"，龙井村的乡村休闲旅游逐渐发展起来，仅 2019 年夏季就接待休闲避暑游客两万多人次。2019 年，悠游百坊公司进行了两次分红，60 余户村民每户分红 1.5 万元。通过走访了解到，村民表示当地布依文化保存较好，周六都有表演，但会被随时取消，存在旅游规划不合理的问题。

6. 西江千户苗寨

西江文化底蕴深厚，有语言、建筑、服饰、饮食、传统习俗等民族特色，但由于过度依赖政府，大多数农家乐是政府"一帮一""手把手"扶持起来的，有极大的相似性，容易陷入同质化的竞争。课题组走访时有村民反映，西江缺乏统一规划和合理布局，缺少管理规划人才；物价高，仅一碗普通的米粉售价便 12 元；由于盲目追求旅游开发和过度开发，同质化现象严重，特色不明显。

7. 乌羊麻

麻江乌羊麻坐落在黔东南麻江县宣威镇翁保村西南，距沪昆高速公路出口下司站 21 公里，距黔东南州府凯里 41 公里，全寨依山而建，傍水而居，是贵州省"新农村建设示范点"、麻江县"农耕文化体验旅游"和"四在农家，美丽乡村"示范点，同时是贵州省乡村旅游精品线路中的一个观光点。"乌羊麻"是苗语的音译，意为"山水环绕的地方"，其旅游资源丰富，民族特色浓郁，有世外桃源太极桃花岛景观。

桃花岛景区由政府、旅游部门和当地村民参与，村民参与性高。但村民表示该景区存在利益分配不均的问题，当地政府掌握股权，景区规划也不合理，严重制约村寨的发展。在采访游客时了解到，当地存在民宿条件差、房间布局不合理、基础设施薄弱等问题。虽成片种植蓝莓，但未形成产业化，如何售卖出去是难题，这与安顺龙青村的困境极为相似。

8. 卡拉村

丹寨县卡拉村是贵州省的"鸟笼编织艺术之乡"，这里的村民全部以编织鸟笼为业，编制技艺已有400多年的历史，是全县最具特色的民族村，也是富裕村之一，全村都是苗族，年收入近600万元。调研走访时，远远地便可看到山头上立着一只大鸟笼，道路两边的路灯都是鸟笼形状，到处弥漫着一股浓浓的鸟笼文化信息。这里少数民族文化氛围浓厚，卡拉村的苗族同胞发挥自己独特的民间传统工艺优势，采取"公司＋农户"的形式办起了"丹寨县民族工艺鸟笼厂"。值得一提的是，赤水民族村"90后"苗族姑娘杨昌芹是贵州省级非物质文化遗产"赤水竹编"传承人。2007年，她从家乡来到贵州赤水市学习竹编，从此扎根竹乡赤水，传承竹编非遗技艺。杨昌芹说，经过杀青、破篾、染色、拉丝、编织等20多道工序后制成的竹编工艺品，价值可达几百元甚至几千元。但竹编如何形成旅游产业化，传承民间传统工艺，是卡拉村和赤水民族村需要解决的首要问题。

当地很多村民表示，家家户户都生产鸟笼，怎么把鸟笼售卖出去成了他们最大的难题。这和安顺龙青村村民莲藕售卖困境相似。一位村民还表示该村存在利益分配不均衡、旅游产业开发不合理的问题，缺乏统一的规划，且可开发的旅游项目少，难以满足游客多样化的需求。

9. 九摆村

台江九摆村属传统小村落，民风古朴，有全国唯一的苗族独柱鼓楼，村子里家家户户会打造银饰，子承父业代代相传，以制作银饰工艺独特精湛而久负盛名，被称为"银饰艺术之乡"，是富裕村之一。当地大约有50户村民和万瑞达公司合作，主要是征集他们的房屋，以每住宿一晚给一定金额的方式进行合作。

在采访当地居民时了解到，九摆村旅游发展前景模糊，由旅游公司接管和开发，政府和旅游局提供相应支持，同样出现了利益分配不均的问题，如何从吃住行游购娱六要素方面加强旅游配套设施的建设，完善旅游服务功能，满足游客多样化的需求成了他们最大的难题。到当地旅游的一对老年夫妇说，他们来这里旅游，由旅游公司做饭给他们吃，没有少数民族特色，感受到的是商业化的气息。

## 四 贵州省少数民族特色村寨产旅融合困境分析

### （一）存在同质化和利益分配不均的问题

首先，各少数民族特色村寨在历史发展中形成了各具特色的民族文化，而少数民族特色村寨文化的核心要素就是房屋建筑。近年来，随着群众生产生活水平的大幅提升，群众建新房意愿强烈，迫切希望进行拆除重建或者申请宅基地审批新建，对镇、村建房规范及要求异议较大。这导致贵州少数民族特色村寨建设工作推进缓慢，后续新建住房大都按照现代建筑风格建设，没有将村寨建筑元素进行有效整合，出现同质化痕迹，失去了本民族文化本真。部分特色村寨的同质化现象比较严重，大多是围绕村寨文化生态旅游，以其他产业为中心的发展模式非常稀少，这将对特色村寨的可持续发展构成威胁，比如西江千户苗寨、青岩龙井村。

其次，存在利益分配不均的问题。一方面，在利益分配中，特色村寨整体处于弱势地位，开发主体或资本方利用自身的强势，赚取高收益，世代居住在村寨的村民未能平等分享发展成果；另一方面，村寨内部的村民之间利益分配不平衡，矛盾较大，村寨居民收入差别明显，没有完全实现村寨整体发展与带动整体脱贫的目标。① 由于思想观念、人员编制、机构经费、村寨

---

① 姜大为：《少数民族特色村寨保护与发展研究综述》，《安顺学院学报》2020 年第 4 期。

自身管理等原因，各部门之间对于少数民族特色村寨保护与发展过程中权力和责任的分配、协调及配合就成了新问题。多元主体相互合作共建的格局无法构建，甚至互相推诿，导致相关部门关于少数民族特色村寨的实际建设事项未能有效落地。①

## （二）产品结构单一，品牌优势不强

通过调研发现，首先贵州少数民族特色村寨旅游产品较单一，土特产产品化、品牌化、民族特色开发较少，后期培养、限制承载量（游客、景区、环境）、游客对景区活动的参与较少。缺少全国知名的旅游企业集团和旅游品牌，只有一些小规模旅游企业参与村寨的发展规划，这部分旅游企业发展速度快，但总体呈现"散、小、弱、差"的特点，没有对自身文化进行深度挖掘，市场竞争力较弱。同时，由于与村寨旅游相关的社会服务体系不健全，旅游从业人员整体素质偏低，旅游企业参与市场竞争的能力较弱，就出现了资源开发粗放、产品结构单一、品牌优势不强、留不住人、旅游没有竞争力的现象，未能很好地适应旅游大众化、个性化的发展趋势和要求。

少数民族特色村寨存在文化保护失真、滞后等问题，还存在一些难以调适的误区，严重阻碍了其文化的有效传承。比如很多村寨在整体规划上侧重于对其建筑外貌等外显文化传统的展示，而缺少对以传统技艺、礼俗等为主要形式的家园遗产的保护意识，少数民族文化的流失导致"文化空心村"现象，这类问题突出表现在安顺湾子村。相反，贵州部分村寨旅游资源闲置，房屋空置率高，旅游设施搭建起来却一直"沉睡"，造成了闲置浪费，比如安顺平田村。

## （三）缺乏专业旅游规划人才

调研发现，目前部分村寨在进行自身建设过程中缺乏规划与科学管理问

---

① 李达：《近十年中国少数民族特色村寨建设回顾与思考》，《北方民族大学学报》（哲学社会科学版）2020 年第 2 期。

题，致使很多特色村寨出现"再衰败"与"异化"现象。贵州省少数民族特色村寨的世居民众文化水平不高、劳动力流失严重，人才引进机制不完善。受传统观念和知识文化水平限制，村民对村寨民族保护和旅游开发的主观能动性较差。这反映了少数民族地区群众参与建设意识不强，对传统民族文化的保护意识较为淡薄。特别是如果村寨建筑和文化无法产生经济效益，就影响村民对村寨保护与传承的积极性。而且村民年龄结构老龄化，传统观念强，缺乏振兴意识。人才始终是乡村振兴的重要资源，众多村寨在人才引进、培养、激励等环节的制度不完善，"三农"工作队伍打造力度需加大。

### （四）旅游资源产业化程度不足

受地理环境、历史遗留问题等因素影响，贵州省少数民族特色村寨经济基础薄弱，人才储备不足，制约了各项社会事业的发展。部分村民在文化视野和发展眼光方面存在一定的局限性，难以准确理解上层规划和设计，导致其主观能动性较差，参与性较低。虽然贵州省特色村寨拥有得天独厚的自然风光、特色鲜明的建筑和浓郁的民俗风情，但由于没有深度挖掘和因地制宜地利用这些丰富的旅游资源，出现旅游项目开发较少，无法实现产业化的现象。比如麻江翁保村，在非物质文化遗产代表性传承人张义萍的带领下，成立了蜡染公司，有生产基地，在当地旅游景区也有销售门店。她将时尚元素融入了传统蜡染，更符合大众审美需求，但因缺乏旅游项目规划，大多数游客处于观望态度而未亲身体验蜡染的制作。

## 五　加强少数民族特色村寨产旅融合的政策性建议

根据贵州少数民族特色村寨资源特点、目标定位和发展方向，加强少数民族特色村寨产旅融合，要以农旅、文旅、体旅和产旅为定位，以特色项目组合为支撑，辐射周边其他村民组，带动其他配套项目建设，尽快形成旅游热点目的地。

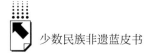
### （一）融合共生：提升少数民族特色村寨的建设能力

从整体上审视，特色民居是一个民族建筑特色和审美选择的集中反映，是每个特色村寨传统文化在外显物质上的集中展现，而贵州少数民族特色村寨规避在发展中急功近利、粗放式发展，是新型治理关系形成的前提，也是持续推进少数民族特色村寨建设朝着纵深发展的必要条件。当前工作的重点是以全面推进乡村治理体系和治理能力现代化为主线，分析少数民族特色村寨建设的关键环节和重要场域。李军等人指出，应根据不同民族情况及地区特点，以"穿衣戴帽"的方式对传统民居内部和外部进行差别化的设计，在建筑外部充分展现当地的传统元素，内部设计则以环保、舒适、方便为主，并以此作为策略探索的总原则。①

同时，打破村寨居民与旅游发展不和谐的瓶颈。一方面接受政府的邀约，对整个村寨旅游发展出谋划策；另一方面必须与居民有一个良好的沟通平台，共处伙伴关系。② 超越"中心—边缘"结构和工具主义思维，建立一套高效运转的少数民族特色村寨建设的认同策略体系，促使少数民族特色村寨建设在程序与实体层面实现融合共生，进而建构起传统与现代融合、城市与乡村并轨的治理体制。

### （二）打造特色旅游品牌，促进产业快速发展

旅游业的发展必须打造富有特色的旅游品牌。一是在依托深厚的文化底蕴、鲜明的旅游文化地域特征的基础上，准确定位，整体规划，系统开发，打造特色旅游品牌。二是突出特色，面向市场培育精品。产品质量好本身就是重要的旅游品牌。这就说明品牌和质量是一个战略问题，它从侧面反映了产品所属地的形象。三是进一步延伸现代农业产业链，拓展产业价值空间。要把现代农业和工业有机结合起来，在乡村适度发展一些农产品加工业，包

---

① 李军、罗永常、李忠斌：《"固本扩边"理论视角下民族特色小镇空间圈形扩展研究》，《广西民族研究》2017 年第 6 期。

② 姜大为：《少数民族特色村寨保护与发展研究综述》，《安顺学院学报》2020 年第 4 期。

括一些"五小"工业等，服务于农业和提高农民收入；要把农业和文化有机结合起来，大力提升农产品的文化品位，变消费产品为消费文化，同时大力发展品牌农业；要把农业和休闲、康养有机结合起来，大力发展休闲、康养农业，包括田园综合体、体验农业、观光农业等。在上述基础上，可进一步开发乡村旅游等资源，最终形成农业产业与休闲、旅游、康养一体化发展。

### （三）培养产业规划专业人才

对少数民族特色村寨的建设而言，核心是人的问题，通过内培外引的方式来构筑人才内核是一条实现少数民族特色村寨发展的"善治"之路。发展少数民族特色村寨旅游产业，离不开当地居民。这就要求必须有爱农业、懂技术、善经营的产业规划专业人才，这是发展现代产业的必然要求。培育产业规划专业人才，需要培育更多本土人才。培育本土人才是少数民族特色村寨深入健康发展的重要手段。要在乡村形成人才、土地、资金、产业汇聚的良性循环，有了这个良性循环，才能留住人、吸引人，让更多高素质的劳动者来发展旅游产业。[1] 比如培养和吸引熟悉村寨传统文化的文化匠人，或者具有管理、农业科技等方面知识的村寨产业发展带头人，再就是产业规划专业人才。

### （四）统筹规划推进产旅融合发展

产业兴旺是少数民族特色村寨保护与发展的基础。贵州省少数民族特色村寨应根据本地实际情况，培植一村一品的特色产业，建立种植业、养殖业协调发展的产业体系。[2] 打造贵州省少数民族特色村寨产旅融合，必须举全省各界之力，在全省上下达成"抓旅游就是抓经济，抓旅游就是抓中心"的共识，大力发展旅游产业。以旅游资源为依托，以政府主导、社会参与、市场运作、文化带动为原则，加速形成旅游区域中心，进一步增强旅游产业

---

① 李达：《近十年中国少数民族特色村寨建设回顾与思考》，《北方民族大学学报》（哲学社会科学版）2020 年第 2 期。

② 唐沁：《乡村振兴战略背景下少数民族特色村寨建设研究》，《乡村科技》2020 年第 3 期。

的核心竞争力。要改变目前全省少数民族特色村寨旅游景点"各自为政"的开发格局，就要集中力量，有重点地开发优质旅游增长中心，促进资源优势向产业优势、市场优势转化。走"以资源换资金，以市场换投入"的路子，建立内外并举、上下齐抓的旅游投资体系，形成政府、部门、企业、社会"众人拾柴火焰高"的积极局面，以时尚的生态旅游、特色的文化旅游、求知的研学旅游、健康的体育旅游为目标，共建精品旅游景点，共创全省旅游产业兴旺的良好局面。

# 六　结语

少数民族特色村寨建设是一项系统工程，必须统筹考量和布局，重点围绕"基础设施明显改善、特色产业较快发展、特色民居合理保护、民族文化有效传承、公共服务逐步完善、民族团结更加巩固"六个方面，推进少数民族特色村寨保护与开发工作。要让多元治理主体共同参与少数民族特色村寨建设，唯有如此，少数民族特色村寨才能得到持续保护和发展，才能全面实现农业强、乡村美、农民富。

# B.13
# 苗族饮食文化品牌研究*

——以贵阳市"老凯俚"酸汤鱼店为个案

刘明文　朱胡湘　张泽雄**

**摘　要：** "老凯俚"酸汤鱼是以黔东南特色酸汤鱼作为主要菜式，结合贵州各地名小吃、特色菜等打造的具有苗族文化特色的餐饮品牌。作为贵州影响力较大的苗族饮食文化品牌，"老凯俚"酸汤鱼在其品牌形象塑造方面做法独特，包括店面包装凸显民族特色；无声宣传，提升品牌形象；情景设计充分展示本土文化；名片设计元素"吸睛"等。对以上做法进行总结，可为探究苗族饮食文化品牌化发展的现状及经验总结提供素材。

**关键词：** "老凯俚"酸汤鱼　苗族饮食　文化品牌

饮食文化作为民族传统文化不可或缺的一部分，其中蕴含了大量民族传统文化的信息和表现形式。随着社会经济快速发展，人们越来越追求多样化的文化内容。民族饮食文化资源作为产业开发对象，已在现代大都市生根发

---

* 本报告系四川教育厅重点研究基地重点课题"传统美食制作技艺促进乡村精准扶贫的贵州经验研究"（课题编号：CC19G01）与贵阳市非物质文化遗产理论研究重大课题"新媒体视野下贵阳贵安非物质文化遗产保护、传承和发展研究"的阶段性成果。
** 刘明文，贵州民族大学人文科技学院讲师，研究方向为民族文化产业；朱胡湘，贵州民族大学人文科技学院讲师，研究方向为市场营销专业；张泽雄，贵州民族大学人文科技学院讲师，研究方向为人力资源管理。

芽,在各大城市快速发展。贵州苗族饮食文化品牌"老凯俚"酸汤鱼的发展已进入成熟阶段,其以苗家酸汤鱼为主打,进行贵州地方特色菜式的展示。通过实地调查,本文从贵阳市"老凯俚"酸汤鱼店的经营特点、店面设计、菜式、营销方式等方面尝试对其品牌形象内容进行探索。

## 一 贵阳市"老凯俚"酸汤鱼简介

"老凯俚"酸汤鱼火锅店由丁文建先生创建于1993年,是以经营苗族传统美食酸汤鱼及展现苗族特色文化为主的餐厅,目前在贵阳市有1家总店,11家分店。2009年"老凯俚"酸汤鱼成为贵州醉苗乡餐饮投资管理公司旗下的主打品牌之一,该公司将酸汤鱼归属为川菜系。"老凯俚"酸汤鱼品牌已有近30年的历史,作为贵阳市非物质文化遗产,主要以苗家酸汤制作工艺和酸汤鱼制作流程为承载内容。

## 二 "老凯俚"酸汤鱼店消费特点分析

通过走访、观察"老凯俚"酸汤鱼各店,了解到每家的菜单均有一定程度的区别,但都围绕主菜酸汤鱼进行贵州地方特色菜的展示。从数据统计来看,每家店在菜式、价格上各有特色。

### (一)菜式展示形式多样

"老凯俚"酸汤鱼的菜单展示形式分为两类。一类是传统的纸质菜单加上具体菜式的实物展示,纸质菜单上的菜式包括各种鱼的名称及价格,酒水名称及价格,贵州地方特色小吃名称、图片及价格等,并在菜单上进行宣传展示苗家人吃酸的原因、"老凯俚"酸汤鱼创始人丁文建照片、"老凯俚"酸汤鱼获得贵阳市非物质文化遗产的证书、养鱼基地照片、对"老凯俚"酸汤鱼做过报道宣传的电视台标志等。相对于传统的仅展示菜式的菜单而言,"老凯俚"酸汤鱼的菜单将菜式展示与"老凯俚"酸汤鱼的基本形象展示结合在一起，做到让消费者在最短的时间内对"老凯俚"酸汤鱼有一个基本的认识和了解，从非遗名号、电视台报道等方面让消费者对该品牌产生浓厚的兴趣和一定程度的信任。实物菜式展示的是贵州地方特色菜和小吃，并在相应的菜盘上标注价格和菜名。这类菜单展示有两个特点：第一，熟知各类菜式的消费者只用纸质菜单点菜即可；第二，对地方特色菜不了解的消费者可到实物展示区进行参观点菜，一方面消除消费者对不熟悉的特色菜的疑惑与顾虑，另一方面将具体菜式的分量、价格展示出来，让消费者评判菜的价格高低。另一类是单纯的实物展示，由服务员陪同，消费者边参观边点菜。相对于前一类方式来说，这类点菜的方式更直观，但存在用餐高峰期点菜顾客太多，挤在狭小的点菜区显得格外拥挤和不方便的弊端。

总的来说，各家店的菜单内容分为四个板块，一是针对鱼养殖基地的展示宣传以及各类鱼的价格，二是酒水类的价格，三是地方特色菜的图片和价格，四是针对"老凯俚"酸汤鱼做的一系列宣传内容。前三个板块是常规的、传统的菜式展示形式，第四个板块的设置是该菜单的一大亮点，也是"老凯俚"酸汤鱼进行品牌形象设计的体现形式之一。实体展示的"菜单"主要展示贵州地方特色美食，结合厨师现场制作展示，让消费者在消费之前享受一场"视觉盛宴"，"眼见为实"让消费者吃得放心、看得舒心。

## （二）消费价格差异特点

在进行菜单搜集整理过程中发现，每家店的菜式价格有一定程度的出入。整体上来看，"老凯俚"酸汤鱼·民俗村店的价格最高，其他分店的价格差距不大。醉苗乡店鱼的价格普遍比其他店高，造成这一现象的原因并非其他店低端问题，也非食材渠道问题，而是该店相比其他分店而言，主题性更突出，结合苗家的酒文化做的"醉苗乡"主题，在店名上更带有主题色彩，吸引消费者的也许是"老凯俚"，而不了解"老凯俚"的消费者则会因"醉苗乡"三个字进店一探究竟，这对"老凯俚"酸汤鱼品牌的宣传和内容的丰富性起到锦上添花的作用。主题色彩的凸显是一方面原因，店面的装修

成本等是另一影响要素。相比其他分店，醉苗乡店的装修和规模显得更大气一点。

综上，价格上的偏差是由多方面的因素决定的，主要受目前市场经济发展以及人们多样化的消费需求的影响。"老凯俚"酸汤鱼各分店在装饰、主要菜系、服务标准等方面有统一的要求，但在价格方面的控制由分店具体决定。总的来说，不论是相对平价的分店还是具有浓厚主题色彩而价格相对偏高的店，不同的价格对应的是消费者不同的消费需求和心理需求，不同价格的设置可以给消费者不同的选择，在消费者心中形成一个系统的价格标准和消费特点。

# 三 "老凯俚"酸汤鱼品牌形象塑造

"老凯俚"酸汤鱼作为贵阳市酸汤鱼产业的代表之一，在其形象塑造如店面装饰、店内工作人员形象、名片设计等方面均有独特之处。形象塑造是"老凯俚"酸汤鱼品牌化发展的外在决定性要素，所以分析"老凯俚"酸汤鱼形象塑造对探索其品牌化发展路径及特点极有帮助。

## （一）地域展示：店面包装，凸显民族特色

贵阳市"老凯俚"酸汤鱼给消费者的第一印象是原生态与现代化结合、质朴与舒适结合，店内的基础设施如桌椅、屏风等全是实木制作，墙壁下端也用木板装饰起来，装饰墙壁的木板粗糙且陈旧，就像平常人家木屋的木板一般，很有年代感，用来装饰现代化的墙壁并不显得突兀，反而增添了几分格调，与木制的桌椅、墙壁上的民族装饰画、现代化的装饰灯等相融合。墙壁上的装饰画取材于贵州凯里苗族地区的自然风景、人文景观、节日庆典等，如西江千户苗寨自然风光、独木龙舟节等。消费者在享受美食的同时，也能通过墙壁上的装饰画感受到苗家人的文化气息和自然风光。装饰画增添了"老凯俚"酸汤鱼的地域感，让消费者感受到其接地气的一面，在心理上自然而然地承认和接受"老凯俚"酸汤鱼的味道。宅吉店总店在店面包

装设计上唯一不足的是，在设计装饰的同时没有考虑到灯光的效果问题，没有为装饰画专门设计打光，导致装饰画因为屋顶的照明灯造成反光，不能完美地呈现风光全貌。其余店铺同样存在类似的现象。

各分店整体上风格一致，装饰色调、灯饰、装饰画等有异曲同工之妙，但在整体格局上有一定的区别。以醉苗乡店为例，该店在整体布局上较其他店更高档一点：一楼是前台接待和食材、实体菜式展示点菜区；二楼以大厅为主，以3间包房为辅，大厅有8张方桌、4张小型圆桌，可同时供70余人消费。3间小型包房设计成休闲区（现代风格的沙发、茶几、电视等）和就餐区（一张圆桌以及放置蔬菜的木质置物架），相比于大厅的"热闹"布置和氛围，包房显得清静一些；三楼有18间包房，每间均以黔东南州各地地名或黔东南苗族同胞节庆活动、歌舞等命名，如吃新节、岜沙、斗牛节、苗年、西江、镇远等，并在包房内墙上展示对应门牌的照片和内容。

其他店也是同样的设计，区别在于规模的大小和做法。一是将"老凯俚"酸汤鱼本土化，从门牌设置到屋内民族文化内容展示，让消费者置身在苗家特色文化的氛围中。屋内民族文化内容除了展示作用，更多的是装饰作用。二是巩固和丰富"老凯俚"酸汤鱼品牌的核心内容，将黔东南苗族文化"迁移"到贵阳市，让更多人了解苗家文化的同时，也让消费者体验苗族文化的丰富性与"老凯俚"酸汤鱼品牌的纯正。加上现代化的桌椅和灯光等设计，将苗族原生态文化元素与现代元素融合在一起，迎合现代人的审美和差异化消费的需求，做到原生态与现代化的融合。各店从墙壁的包装到门牌的设计，均取材于黔东南州特别是凯里苗家人民的日常生活及周边自然风景，这样的装饰很有带入感，消费者会有一种处于苗族独特的地域环境中品尝酸汤鱼的感受，也会在心理上承认"老凯俚"酸汤鱼是正宗苗家酸汤鱼的味道。在包间内的基础设施中，除传统的装饰外，灯光、墙壁上的呼叫器均采用了现代的设计和装置，在传统的质朴的包间风格中并未有突兀感，现代与传统风格和谐地融为一体，将当代都市化的气息与苗家传统生活气息结合在一起，做到了传统与现代的交融、民族文化与大众文化的融合。

此外，"老凯俚"酸汤鱼店的工作人员大多是来自黔东南州凯里市苗族同胞，均着苗族服装，体现"老凯俚"酸汤鱼的民族特色，也突出地域特色，给消费者展现最直观的民族特色和民族文化，也让消费者在最短的时间内融入"老凯俚"酸汤鱼的民族特色餐饮店空间。店外迎宾的服务员同样着苗族盛装，且在固定的时间进行苗族舞蹈表演，展示苗家风采，吸引消费者。招聘凯里市苗族同胞一是打造特色品牌的需要，二是注重社会效益，既可以解决部分人的就业和生计问题，又能利用这样的方式提升品牌形象，增强社会影响力。

### （二）明星效应：无声宣传，提升品牌形象

明星效应作为现代品牌传播、提升品牌形象，获得消费者认可和信任的重要方式之一，已广泛得到企业的重视和运用。所有企业的每一种产品都应该追求市场的最大效用，以此为目的，树立起自己的品牌形象。邀请当红明星出席或代言自身产品，可以获得大众喜爱与支持，塑造良好的企业形象。"老凯俚"酸汤鱼没有直接邀请明星进行广告宣传、品牌代言等活动，而是留下明星前来消费时与店员的合照或独照等，于无声中起到了较好的宣传效果。在宅吉店总店及其他分店内均挂着几十张明星来店里消费的照片，并在照片下面详细注明明星的职业、姓名、代表作等，从细节上增强影响力。这一设计无疑为"老凯俚"酸汤鱼造势，利用明星效应，用较低的成本为"老凯俚"酸汤鱼做较好的宣传，同时提升了"老凯俚"酸汤鱼的品牌知名度。

### （三）情景设计：充分展示本土文化

苗族传统生活蕴含其丰富而悠久的传统文化。"老凯俚"酸汤鱼利用有限的店面空间进行立体性的功能运作和文化展示，利用模拟还原的方式，充分展示苗家本土文化。其一，利用现代雕塑结合苗家传统的厨房景象还原苗家人淳朴的形象，如宅吉店总店有一个仿照苗家的传统厨房，日常生活情景做的展示区将苗家人做鱼的情景以及血缘亲情展现出来，将灯光、雕塑和苗

家人普通生活用品结合，展示给消费者的不仅是苗家酸汤鱼的传统做法和生活情景，更深层的是苗家人朴实、幸福的生活现状。从这一展示区的设置来看，"老凯俚"酸汤鱼在向消费者展示苗家人日常生活情境的同时，也抓住了贵阳市大多数消费者向往苗家人朴实、舒适的生活方式的心理特点，让消费者寓情于景，不自觉地想进店消费、体验。体现这一方面的另一种方式是，所有店面都利用水缸、蓑衣、斗笠、酒缸等苗家传统生活用具作为店面装饰，将使用功能转变为装饰功能、展示功能和教育功能等，丰富物质文化内涵和品牌文化内涵。其二，在店内设计歌舞表演和敬酒环节，如富水店和省府店在店内设置了舞台，在晚上七点至九点进行苗族歌舞表演。敬酒歌则是在客人有需要的时候才会让店内工作人员唱歌，并与客人互动展示苗族传统敬酒礼——高山流水。

"当代消费者的处境是受全球化单调的同质化工作与同质化快餐文化的困扰，因而追求差异就成为他们的消费心理欲求。经济学告诉我们，在激烈的市场竞争中，企业的竞争战略之一就是要改变习惯性思维，诱惑并刺激消费者的差异性消费欲求，不断创新生产出差异性产品。"① "老凯俚"酸汤鱼主要围绕苗家传统文化进行情景设计，增添各分店的装饰内容和文化展示内容，店面的整体包装与苗家文化相呼应，凸显苗家文化朴实、丰厚的特点。在这些情景设计里，消费者享受到的是视觉、听觉上的美，而丰富的餐饮满足的是味觉、嗅觉上的需要，将特色美食与特色文化设计在贵阳市这一特殊的现代化空间中，充分展示苗家本土文化，满足消费者对苗家文化的好奇心和探索之心，满足消费者的差异化需求。

### （四）趣味横生：名片设计元素"吸睛"

"老凯俚"酸汤鱼的名片封面分为两部分：一部分由"老凯俚"酸汤鱼的商标、"贵州人情·贵州味"宣传语、老凯俚 App 二维码构成；另一部分则将

---

① 杨培德：《当代消费社会中的蚩尤文化产业》，载《蚩尤文化与旅游产业发展论文集》，云南民族出版社，2015。

制作酸汤鱼的基本食材、工具和苗家妇女形象趣味化、卡通化，并在这些图像中间穿插文字，如贵阳话"正宗酸汤在支点"、苗家俗话"三天不吃酸，走路打蹿蹿"、宣传语"好酸汤要有好食材，好味道更要好手艺"等。整个版面设计图文结合、简单易懂，将酸汤鱼的特色与苗家人质朴形象、吃酸的特点展示出来。以趣味轻松的方式设计该封面，能让不同年龄段、不同层次的消费人群接受。名片内容主要展示"老凯俚"酸汤鱼在贵阳市各分店的名称及地址、联系方式。分店的展示分为两部分，上半部分以贵阳市区的普通餐饮店为主，下半部分则带有主题意味，如多彩贵州文化创意园内民俗村"老凯俚"酸汤鱼。利用多彩贵州文化创意园这一民族文化展示地的大背景及其知名度进行营业，一是有足够多的客流量，二是利用多彩贵州增加"老凯俚"酸汤鱼自身的民族文化底蕴，突出文化特色，更吸引消费者的目光。总之，"老凯俚"酸汤鱼的名片设计简单易懂，将所要传达给消费者的信息利用图像和文字结合的形式表现出来。

### （五）全面覆盖：各类媒体推广营销

文化产业品牌建设是促进文化产业发展的重要途径，文化科技融合创新已成为文化产业发展的新趋势。[1]"老凯俚"酸汤鱼充分利用微信公众平台、电视栏目、新闻、报纸、杂志等进行品牌内容、品牌文化、品牌历史、品牌动态等方面的宣传展示，各店均有不同数量的关于"老凯俚"酸汤鱼创始人的照片、访谈节目文字内容、关于酸汤鱼的经营理念等资料，做成装饰品挂在墙上，或者在大厅内放映有关"老凯俚"酸汤鱼的制作过程、营养价值、养鱼基地等视频，让消费者在最短的时间内了解其特色和文化内容。

现代媒体第一个功能是进行广泛的品牌传播，让更多消费者通过不同的形式认识了解该品牌，以期培养大量的潜在客户；第二个功能是进行"老凯俚"酸汤鱼的实时动态宣传，如市西路新开张的民俗村店，通过微信公

---

① 佘明星：《文化科技融合视阈下的文化产业品牌发展策略研究》，华中师范大学硕士学位论文，2015。

众平台的宣传，让广大消费者了解开业期间的优惠活动等，利用现代媒体作为营销手段之一，增强品牌影响力，扩大消费群体。每家店的店长也会在自己的微信朋友圈里积极转发关于所在店的日常活动和节庆活动等，这些活动的特点是将苗家传统民族活动展示给消费者，并结合圣诞节、感恩节等进行一系列节日设置、优惠活动等，每个活动设有一个鲜明的主题，引起消费者共鸣，并在微信公众平台上发布信息，让更多消费者了解并参与进来。

## 四 结语

贵州民族文化丰富多彩，饮食文化是其重要组成部分。充分挖掘民族饮食文化内涵，转变产业发展思维，将传统饮食魅力与现代生活充分结合，打造现代民族饮食文化品牌，在传承传统饮食文化的同时助力民族文化多样化发展，展示民族风采。在产业多样化发展的当下，挖掘传统文化进行现代化展示已成一种趋势。作为成功打造贵州苗族饮食文化的品牌之一，"老凯俚"酸汤鱼充分挖掘苗族饮食文化内涵，将苗族传统文化与现代元素融合，利用消费者差异化消费需求，既迎合现代消费者的喜好，又将苗族传统饮食文化展现于世；其营销方面更是可圈可点，该品牌各分店利用媒体宣传如微信公众平台、报纸、杂志、采访等以及明星效应、名片展示传播作为主要手段，不断吸引消费者，加之各门店常规化苗族歌舞表演、苗族敬酒歌等，让常年身处都市生活中的消费者眼前一亮并乐于参与互动环节，提升消费者体验。"老凯俚"酸汤鱼通过展示苗族传统文化，做到民族文化与现代文化的交流对话，增强苗族同胞对本民族文化的自信和自豪感。

# 非遗立法篇

Legislation of Intangible Cultural Heritage

# B.14
# 《非物质文化遗产法》修改的思路与方案

周刚志*

摘　要： 为切实有效地保护非物质文化遗产，推动非物质文化遗产立
　　　　　法的修改势在必行。《非物质文化遗产法》的修改，首先应
　　　　　该坚持加强非物质文化遗产的整体保护和活态保护，支持和
　　　　　扶持非物质文化遗产传承人的培养，推进非物质文化遗产的
　　　　　创造性转化和创新性发展，协调非物质文化遗产的传承、保
　　　　　护和发展的指导思想。其次应该遵循扩大非物质文化遗产工
　　　　　作的参与主体，拓宽非物质文化遗产的传承、传播途径，推
　　　　　进非物质文化遗产的分类保护与整体保护，促进非物质文化
　　　　　遗产的合理利用，强化非物质文化遗产的法律责任等修改思
　　　　　路。具体的修改方案则包括健全非物质文化遗产传承保护的

---

\* 周刚志，法学博士，中南大学法学院教授、博士生导师，中南大学中国文化法研究中心执行
　主任，研究方向为文化法、宪法、财税法。

总体设计、强化非物质文化遗产工作的社会参与机制、完善非物质文化遗产的分类保护制度、促进非物质文化遗产保护与公共文化服务保障工作融合发展、确立非物质文化遗产的合理利用制度等多个方面。

**关键词:** 《非物质文化遗产法》 法律修订 非物质文化遗产保护

中国是拥有悠久历史文化和深厚文化积淀的文明古国。中华文化源远流长,博大精深,留下了丰富的非物质文化遗产。2004 年 8 月,第十届全国人大常委会第十一次会议批准我国加入《保护非物质文化遗产公约》。2005年 3 月,国务院办公厅颁发了《关于加强我国非物质文化遗产保护工作的意见》。2011 年 2 月,全国人大常委会通过了《非物质文化遗产法》。《非物质文化遗产法》是我国非物质文化遗产法制的里程碑,标志着我国非物质文化遗产保护、传承工作走上了法治轨道,也为非物质文化遗产保护提供了法律遵循。《非物质文化遗产法》实施以来,取得了很大成就,该法的制定与实施,对于继承和弘扬中华民族优秀传统文化、加强非物质文化遗产保护,具有重要意义。因此,为切实有效地保护非物质文化遗产,继续推动非物质文化遗产立法的修改势在必行。

## 一 我国《非物质文化遗产法》修改的指导思想

党的十八大以来,以习近平同志为核心的党中央高度重视中华优秀传统文化的传承发展问题。党的十九大报告指出:"要坚定文化自信,推动社会主义文化繁荣兴盛。""文化是一个国家、一个民族的灵魂。文化兴国运兴,文化强民族强,没有高度的文化自信,没有文化的繁荣兴盛,就没有中华民族伟大复兴。要坚持中国特色社会主义文化发展道路,激发全民族文化创新创造活力,建设社会主义文化强国。""要坚持为人民服务、为社会主义服务，坚持百花齐放、百家争鸣，坚持创造性转化、创新性发展，不断铸就中华文化新辉煌。"近年来，习近平总书记就非物质文化遗产的传承、保护和发展等问题做出了一系列重要指示，构成了新时代我国《非物质文化遗产法》修改的重要指导思想。

第一，加强非物质文化遗产的整体保护和活态保护。2015年12月20日，习近平总书记在中央城市工作会议上的讲话中指出："要保护好前人留下的文化遗产，包括文物古迹，历史文化名城、名镇、名村，历史街区、历史建筑、工业遗产，以及非物质文化遗产，不能搞'拆真古迹、建假古董'那样的蠢事。既要保护古代建筑，也要保护近代建筑；既要保护单体建筑，也要保护街巷街区、城镇格局；既要保护精品建筑，也要保护具有浓厚乡土气息的民居及地方特色的民俗。"① 非物质文化遗产并非孤立存在，它与特定地域文化往往有着难以割舍的紧密联系。因此，2018年文化和旅游部颁布《国家级文化生态保护区管理办法》，明确规定设立"国家级文化生态保护区"，"以保护非物质文化遗产为核心，对历史文化积淀丰厚、存续状态良好，具有重要价值和鲜明特色的文化形态进行整体性保护"。该办法同时要求："国家级文化生态保护区建设要以习近平新时代中国特色社会主义思想为指导，充分尊重人民群众的主体地位，贯彻新发展理念，弘扬社会主义核心价值观，推动中华优秀传统文化创造性转化、创新性发展。"

第二，支持和扶持非物质文化遗产传承人的培养。2019年7月15日，习近平总书记在赤峰博物馆观看古典民族史诗《格萨（斯）尔》说唱展示后指出："我国是统一的多民族国家，中华民族是多民族不断交流交往交融而形成的。中华文明植根于和而不同的多民族文化沃土，历史悠久，是世界上唯一没有中断、发展至今的文明。要重视少数民族文化保护和传承，支持和扶持《格萨（斯）尔》等非物质文化遗产，培养好传承人，一代一代接

---

① 习近平：《做好城市工作的基本思路》，中共中央党史和文献研究院编《十八大以来重要文献选编》（下），中央文献出版社，2018，第88页。

下来、传下去。"① 非物质文化遗产传承人的教育、培养制度是非物质文化遗产传承发展的重要依托。2019 年文化和旅游部颁布《国家级非物质文化遗产代表性传承人认定与管理办法》。相对于 2008 年《国家级非物质文化遗产项目代表性传承人认定与管理暂行办法》而言，该办法更加强化了国家对于非物质文化遗产传承人开展传承、授徒、传艺、交流等活动的支持。

第三，推进非物质文化遗产的创造性转化和创新性发展。2014 年 2 月 17 日，习近平总书记在省部级主要领导干部学习贯彻十八届三中全会精神全面深化改革专题研讨班开班式上的讲话中指出："民族文化是一个民族区别于其他民族的独特标识。要加强对中华优秀传统文化的挖掘和阐发，努力实现中华传统美德的创造性转化、创新性发展，把跨越时空、超越国度、富有永恒魅力、具有当代价值的文化精神弘扬起来，把继承优秀传统文化又弘扬时代精神、立足本国又面向世界的当代中国文化创新成果传播出去。"② "创造性转化和创新性发展"是新时代我国非物质文化遗产传承发展的基本理念，也是我国增强文化软实力的重要途径之一，正在成为我国非物质文化遗产法律制度的重要原则。

第四，协调非物质文化遗产的传承、保护和发展。2014 年 9 月 24 日，习近平出席纪念孔子 2565 周年诞辰国际学术研讨会暨国际儒学联合会第五届会员大会开幕会时表示："我们要善于把弘扬优秀传统文化和发展现实文化有机统一起来，紧密结合起来，在继承中发展，在发展中继承。"③ 同年 10 月 15 日，习近平在北京主持召开文艺工作座谈会并发表重要讲话，强调："传承中华文化，绝不是简单复古，也不是盲目排外，而是古为今用、洋为中用、辩证取舍、推陈出新，摒弃消极因素，继承积极思想，'以古人

---

① 《习近平在内蒙古考察并指导开展"不忘初心、牢记使命"主题教育》，新华网，2019 年 7 月 16 日，http：//www. xinhuanet. com/politics/leaders/2019 –07/16/c_ 1124761316. htm。

② 《习近平在省部级主要领导干部学习贯彻十八届三中全会精神全面深化改革专题研讨班开班式上发表重要讲话》，人民网，2014 年 2 月 18 日，http：//pic. people. com. cn/n/2014/0218/c1016 –24387045. html。

③ 《习近平：在纪念孔子诞辰 2565 周年国际学术研讨会上的讲话》，新华网，2014 年 9 月 24 日，http：//www. xinhuanet. com//politics/2014 –09/24/c_ 1112612018_ 2. htm。

之规矩，开自己之生面'，实现中华文化的创造性转化和创新性发展。"① 长期以来，"保护为主"还是"利用为主"，一直是文化遗产界争议激烈的话题。习近平总书记关于文化遗产"继承"和"发展"及"创造性转化"和"创新性发展"的重要论述，深刻阐明了文化遗产之"传承"、"保护"和"发展"的相互关系和内在规律，此即只有"技艺传承"与"实物保护"是文化遗产继承的重要方式，"遗产保护"是"文化发展"的重要基础，"创造性转化"和"创新性发展"才能实现文化遗产之传承与保护、发展的和谐统一。

## 二　我国《非物质文化遗产法》修改的基本思路

《中共中央关于制定国民经济和社会发展第十四个五年规划和二〇三五年远景目标的建议》提出："传承弘扬中华优秀传统文化，加强文物古籍保护、研究、利用，强化重要文化和自然遗产、非物质文化遗产系统性保护，加强各民族优秀传统手工艺保护和传承，建设长城、大运河、长征、黄河等国家文化公园。"随着我国非物质文化遗产保护、传承实践的不断发展，我国非物质文化遗产法制出现了配套法规尚未制定，保护、传承机制亟待发展完善，合理利用制度亟待建立健全等问题。课题组根据新时代非物质文化遗产工作的现实需求，对我国《非物质文化遗产法》提出了如下修改思路。

第一，扩大非物质文化遗产工作的参与主体。习近平总书记指出："中国人民在实现中国梦的进程中，将按照时代的新进步，推动中华文明创造性转化和创新性发展，激活其生命力，把跨越时空、超越国度、富有永恒魅力、具有当代价值的文化精神弘扬起来，……让中华文明同世界各国人民创造的丰富多彩的文明一道，为人类提供正确的精神指引和强大的

---

① 《习近平总书记在文艺工作座谈会上的重要讲话公开发表》，人民网，2015年10月15日，http：//culture. people. com. cn/n/2015/1015/c87423 - 27699235. html。

精神动力。"① 我国《非物质文化遗产法》第9条规定："国家鼓励和支持公民、法人和其他组织参与非物质文化遗产保护工作。"非物质文化遗产的传承、保护与发展只有坚持以人民为主体，让更多的人民群众参与非物质文化遗产的保护工作，才能实现非物质文化遗产法制的立法目的。因此，扩大非物质文化遗产工作的参与主体，是《非物质文化遗产法》修订的重要问题之一。

第二，扩大非物质文化遗产的传承主体。传承主体是非遗保护的核心。我国当前的代表性传承人制度只设定了个人传承的形式，这与非遗保护的现实需求不符。对于一些具有广泛的群众基础的非遗项目，群众在该非遗项目上的水平相差无几，评选代表性传承人是对普通传承人权利的不尊重，也不利于该非遗项目的传承与长远发展。一些非遗项目需要团体共同完成，而且团体成员各自发挥的作用具有互补性，很难判断所谓的"哪个更重要，哪个不重要"。另外，有些民俗活动是群体共同参与的，整个来源群体都是该民俗不可或缺的一部分，仅靠代表性传承人是无法完成该民俗的传承的，因而，完整保存该民俗的代表性群体都应该被认定为代表性传承人。总之，从非物质文化遗产传承、发展的实践来看，非物质文化遗产的传承主体既可以是个人，也可以是团体。当前，我国非物质文化遗产的个人传承正面临传承人老龄化等突出难题，一些非遗项目面临着"传承人后继无人""传承理念与传承方法科学程度不高"等问题。"团体传承"恰好可以解决"个人传承"的这些问题。《北京市非物质文化遗产条例》第22条第1款规定："市、区文化和旅游主管部门对代表性项目可以认定代表性传承人。代表性传承人可以是个人或者团体。"我国《非物质文化遗产法》可以借鉴《北京市非物质文化遗产条例》等地方立法经验，将"团体"增列为非物质文化遗产的传承人类型。以扩大非物质文化遗产的传承主体范围，促进继承与弘扬中华优秀传统文化。

① 《习近平在联合国教科文组织总部的演讲（全文）》，人民网，2014年3月28日，http://politics.people.com.cn/n/2014/0328/c1024-24758504-3.html。

第三，压实非物质文化遗产工作的政府责任。《非物质文化遗产法》在法律性质上是一部行政法，在非物质文化遗产的调查、名录、传承、传播以及鼓励社会力量开展工作等方面，都明确规定了相关的行政部门和行政职责。作为公共权力的代表者和行使者，政府有义务、有职责对非物质文化遗产保护发挥主导作用。2017年《国务院关于文化遗产工作情况的报告》也明确要求："加强组织领导，完善工作机制，充分发挥政府和社会两方面的作用，推动形成有利于文化遗产保护利用和传承发展的工作格局。严格落实政府责任，将文化遗产工作列入重要议事日程。"自《非物质文化遗产法》通过以来，尽管我国各级人民政府开始重视非物质文化遗产的保护、传承与发展工作，但是受城市化、现代化等因素影响，我国各地的非物质文化遗产保护和传承仍然面临诸多挑战。因此，我国需要建立常态化、法治化的检查监督制度，压实地方人民政府的非物质文化遗产工作职责。

第四，拓宽非物质文化遗产的传承、传播途径。在现代社会环境下，非物质文化遗产仅仅依靠传承人的个体自然传承如"口传身授"是远远不够的。虽然许多非物质文化遗产基本上是靠这种方式延续至今的，但这种方式往往因为社会、经济、文化以及个体的变迁而受到极大的制约。为确保非物质文化遗产的传承和发展，还必须依靠各级政府部门、企事业单位、社会团体等的多方支持，依靠社会公民的积极参与，通过现代传媒手段、公共文化服务机构和学校教育途径，使非物质文化遗产在社会中得到广泛确认、尊重和传承，使之生生不息、永续发展。2017年《国务院关于文化遗产工作情况的报告》也提出要"多措并举推动文化遗产的研究阐释和宣传普及，使优秀传统文化更加深入人心"。《非物质文化遗产法》的修订需要对非物质文化遗产传承、传播的这一时代特点做出回应。

第五，推进非物质文化遗产的分类保护与整体保护。《国家"十二五"时期文化改革发展规划纲要》提出，"对濒危项目和年老体弱的代表性传承人实施抢救性保护，对具有一定市场前景的非物质文化遗产项目实施生产性保护，对非物质文化遗产集聚区实施整体性保护"。《中共中央关于制定国民经济和社会发展第十四个五年规划和二○三五年远景目标的建议》第一次提出了"强化重要文化和自然遗产、非物质文化遗产系统性保护",体现了新时代非物质文化遗产保护工作的新思路。我国在非物质文化遗产保护的实践中,也形成了抢救性保护、生产性保护、整体性保护、系统性保护等成功经验。我们建议《非物质文化遗产法》的修改方案,要从制度上完善统筹协调、运转有效的非物质文化遗产分类保护体制和整体保护机制。

第六,促进非物质文化遗产的合理利用。2017年《国务院关于文化遗产工作情况的报告》指出,由于自然和社会环境快速变化,一些非物质文化遗产找不到与现代生活的结合点,逐渐失去活性,面临消失危险,非物质文化遗产失去活性是目前非遗面临的巨大问题。针对此问题,2016年文化部牵头研究制定了《中国传统工艺振兴计划》。《文化产业促进法(草案送审稿)》也明确规定了"传统工艺振兴"条款。《非物质文化遗产法》需要与《文化产业促进法(草案送审稿)》相衔接,总结近年来非物质文化遗产利用的基本经验和有效模式,增加相关条款及内容,鼓励和支持加强对传统工艺的传承保护和开发创新,鼓励在保持优秀传统的基础上,推动非物质文化遗产的"创造性转化"和"创新性发展",推动手工技艺与现代科技、工艺装备、创意设计的有机融合,推动传统工艺走进现代生活,充分发挥非物质文化遗产的经济价值,提高非物质文化遗产开放利用率。

第七,强化非物质文化遗产的法律责任。《非物质文化遗产法》主要强调的是政府在非物质文化遗产保护中的职责,而缺乏对其他主体法律责任及其在保护非物质文化遗产中所扮演角色的规定,这对非物质文化遗产的法律保护是不利的。诚然,政府在非物质文化遗产保护中起着十分重要的作用,但非物质文化遗产的保护、传承与合理利用,不仅涉及地方各级人民政府的职责,还涉及非物质文化遗产传承人、非物质文化遗产代表性项目保护单位等相关个人或者单位的法律义务与法律责任。我国现行《非物质文化遗产法》对此规定比较简单,需要根据非物质文化遗产保护、传承与合理利用的需要,补充相关法律责任规定。

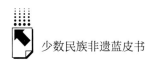

## 三 我国《非物质文化遗产法》修改的具体方案

中南大学中国文化法研究中心课题组在全面收集《非物质文化遗产法》等相关法律法规和政策性文件的基础上，适当借鉴国外非物质文化遗产保护成熟的立法经验，以非物质文化遗产保护中存在的实际问题为导向，草拟了《非物质文化遗产法（修改建议稿）》，并从 12 个方面提出了相关的修改方案。

第一，健全非物质文化遗产传承保护的总体设计。在实践生活中，非物质文化遗产的传承、传播、利用是一个循序渐进的过程，建议对《非物质文化遗产法》的篇章结构进行调整，将第四章修改为"非物质文化遗产的传承"，增加"第五章"即"非物质文化遗产的传播与利用"。

第二，将"弘扬社会主义核心价值观""坚定文化自信，促进社会主义文化建设"等增加为《非物质文化遗产法》的立法目的，明确非物质文化遗产保护的原则、方针。党的十八大以来，我国立法机关高度重视把社会主义核心价值观融入法治建设，推动社会主义核心价值观入法入规。党的十八大报告也提出了"五位一体"的总体布局，其中社会主义文化建设是灵魂。此外，党的十九大报告强调文化自信的基础性地位，提到"没有高度的文化自信，没有文化的繁荣兴盛，就没有中华民族伟大复兴"。党和国家的这些顶层设计在《非物质文化遗产法》的立法目的中应当有所反映，作为指导。

第三，强化非物质文化遗产工作的社会参与机制。非物质文化遗产的多样性、复杂性和脆弱性决定了其保护工作是一项耗费巨大的工程。政府除发挥主导作用之外，也应当引入社会力量，将专业力量和社会力量纳入非遗传承与保护事业。建议《非物质文化遗产法》继续强化非物质文化遗产工作的社会参与机制，鼓励公民、法人和其他组织积极参与非物质文化遗产研究、保护和利用工作，鼓励成立和发展非物质文化遗产的社会组织，支持公民、法人与其他社会组织通过研究、收藏、展示、传承、捐赠、资助、志愿服务等方式，参与非物质文化遗产保护和利用工作。

第四，增加非物质文化遗产的团体传承制度。目前，非物质文化遗产的传承主体主要是作为"自然人"的"非遗传承人"。有学者认为："我们在保护这些遗产的过程中，也应该按照非物质文化遗产传承规律，将非物质文化遗产分为个体传承型、团体传承型和群体传承型三种类型，进行有针对性的保护。"① 团体传承有利于提高非物质文化遗产保护的积极性，保障更多非物质文化遗产传承的利益，也有利于加强公众的参与，进一步促进非物质文化遗产的弘扬与发展。因此，我们建议《非物质文化遗产法》增加团体传承制度，扩大社会力量参与权利，明确非物质文化遗产传承人的权利，增加定期评估和退出制度。

第五，保障非物质文化遗产的资金投入。非物质文化遗产的各项保护措施，都离不开资金的支持。2012 年《国家非物质文化遗产保护专项资金管理办法》提出设立专项资金，用于国家非物质文化遗产管理和保护，专项资金分为组织管理费和保护补助费。为了确保各级人民政府对于非物质文化遗产的财政资金投入，我们建议县级以上人民政府设立非物质文化遗产保护专项资金，专门用于国家非物质文化遗产管理和保护，支持非物质文化遗产的传承人开展传承活动，促进非物质文化遗产项目的传承。

第六，建立非物质文化遗产工作的综合协调机制。2020 年最高人民检察院发布 10 起文物和文化遗产保护公益诉讼典型案例，"福建省晋江市人民检察院督促保护安平桥文物和文化遗产行政公益诉讼案"引人注目。此案中，检察机关回应华侨、台胞关切，发挥行政公益诉讼诉前圆桌会议作用，邀请人大代表、侨联代表列席，邀请文保专家、环保专家到场指导，推动多部门联动执法、协同治理，破解文物保护及非物质文化遗产传承保护难题，并获得了人大代表和当地群众的一致好评。实践经验表明，非物质文化遗产保护是一个系统工程，涉及多个部门的职责，不仅需要文化部门切实履行职责，也需要其他部门共同参与、积极配合、齐抓共管、形成合力。因

---

① 苑利、顾军：《非物质文化遗产保护前沿话题》，文化艺术出版社，2017，第 61 页。

此，我们建议国务院及地方各级人民政府建立非物质文化遗产的保护、传承和利用综合协调机制，指导、协调、推动非物质文化遗产工作。

第七，建立非物质文化遗产工作的检查监督制度。当前我国《非物质文化遗产法》对于非物质文化遗产工作的检查监督，主要体现为对相关责任人员给予处分或治安管理处罚等。我们建议在非物质文化遗产工作中引入"约谈机制"，强化行政处分机制。地方各级人民政府和县级以上人民政府有关部门未履行非物质文化遗产保护、传承职责的，由其上级机关或者监察机关责令限期改正；情节严重的，对直接负责的主管人员和其他直接责任人员依法给予处分。通过强化行政处分机制，建立健全非物质文化遗产工作的检查监督制度，在监督下，促进非遗传承，强化非遗保护。

第八，建立非物质文化遗产保护的档案管理制度。2005 年《国务院办公厅关于加强我国非物质文化遗产保护工作的意见》提出"要运用文字、录音、录像、数字化多媒体等各种方式，对非物质文化遗产进行真实、系统和全面的记录，建立档案和数据库"的指导意见。我们建议，为了使非物质文化遗产基本面貌能够较好地、系统地保存，应当建立非物质文化遗产档案及相关数据库；并且应当充分利用信息技术、数字技术、互联网环境拓展深化非物质文化遗产工作，提高非物质文化遗产保护的信息化水平，开展数字化管理；除依法应当保密的外，公开非物质文化遗产档案及相关数据信息，便于公众查阅。

第九，完善非物质文化遗产的分类保护制度。2017 年《国务院关于文化遗产工作情况的报告》明确提出，进一步探索非物质文化遗产各门类的保护传承和振兴措施，健全非物质文化遗产分类保护政策体系。因此，我们建议健全非物质文化遗产分类保护法律体制：对濒危项目和年老体弱的代表性传承人实施"抢救性保护"，对具有一定市场前景的非物质文化遗产项目实施"生产性保护"，对非物质文化遗产集聚区通过设立"文化生态区"等措施实施"整体性保护""系统性保护"。

第十，促进非物质文化遗产保护与公共文化服务保障工作融合发展。《公共文化服务保障法》明确了各级人民政府应当促进优秀公共文化产品的提供与传播的职责。我们建议县级以上人民政府将具有地方特色、适宜普及推广的非物质文化遗产代表性项目纳入基本公共文化服务目录，利用现有场馆，在新建公共文化设施中设立专门区域或者根据需要新建公共文化设施，设立非物质文化遗产展示场馆、传习馆（所），用于代表性项目的收藏、展示、传承、传播和研究。

第十一，强化非物质文化遗产的传播制度。当前我国《非物质文化遗产法》第 34 条规定："学校应当按照国务院教育主管部门的规定，开展相关的非物质文化遗产教育。新闻媒体应当开展非物质文化遗产代表性项目的宣传，普及非物质文化遗产知识。"我们建议，应进一步强化政府的宣传、传播职责，推动非物质文化遗产"见人见物见生活"；增强非物质文化遗产和科技的融合，提高非物质文化遗产工作的科技化、数字化、信息化水平；联合社会力量开展科学研究，加强非物质文化遗产的媒体宣传和学校教育。

第十二，确立非物质文化遗产的合理利用制度。我国《非物质文化遗产法》第 37 条第 1 款规定："国家鼓励和支持发挥非物质文化遗产资源的特殊优势，在有效保护的基础上，合理利用非物质文化遗产代表性项目开发具有地方、民族特色和市场潜力的文化产品和文化服务。"为进一步推动非物质文化遗产保护更紧密地融入人们的生产生活，我们建议鼓励和支持发挥非物质文化遗产资源的特殊优势，支持设立非物质文化遗产的生产性保护基地，鼓励合理利用非物质文化遗产代表性项目开发具有地方、民族特色和市场潜力的文化产品、文化服务和旅游项目等。

# B.15
# 我国非物质文化遗产法制理论研究现状

谢令怡　陈奕鑫*

摘　要：　非物质文化遗产法制的修改完善，一直都是学术界重点关注
的话题。当前国内关于非物质文化遗产法制的理论研究集中
在两个层面：一是宏观上非物质文化遗产法律保护体系的健
全；二是微观上非物质文化遗产具体法律制度的完善。第一
个层面又可细分为非物质文化遗产公法保护体系的完善、非
物质文化遗产私法保护体系的完善、非物质文化遗产法制的
立法协调等方面。第二个层面则囊括了非物质文化遗产的保
护主体、代表性项目认定、传承传播、分类保护、开发利用
等问题。本报告对国内学术界非物质文化遗产法制的理论研
究现状进行了综述，并指出了研究的不足和今后应加强研究
的问题。

关键词：　《非物质文化遗产法》　法制理论研究　非物质文化遗产
保护

2011年2月，全国人大常委会通过了《中华人民共和国非物质文化遗
产法》（以下简称《非物质文化遗产法》）。《非物质文化遗产法》的出台，
为我国非物质文化遗产保护提供了法律保障，使我国非物质文化遗产保护工

* 谢令怡，中南大学法学院博士研究生，研究方向为文化法学；陈奕鑫，中南大学法学院硕士
研究生，研究方向为宪法学。

作跃上了一个新台阶。《非物质文化遗产法》经过多年的实施取得了很大成就，但随着我国非物质文化遗产保护实践的不断发展，一些规定措施明显不足，部分配套法规尚未出台，法律落实没有完全到位。面对新时代，我国非物质文化遗产法制有进一步修改完善的空间。非物质文化遗产法制的修改完善，一直都是学术界重点关注的话题，研究成果颇丰，随着文创开发、文旅融合、数字化等新趋势的出现，针对非物质文化遗产法制修改完善的理论研究还在持续繁荣。国内关于非物质文化遗产法制修改完善的理论研究主要可分为两个层面：一是宏观上非物质文化遗产法律保护体系的健全；二是微观上非物质文化遗产具体法律制度的完善。

## 一 我国非物质文化遗产法律制度的基础理论研究

当前，我国法学理论界主要从公法学、私法学与公私法结合三种视角开展对非物质文化遗产法律保护手段的研究。公法学者一方面从非物质文化遗产文化本位性和公共属性出发，提出公权保护是最适合的保护方式；另一方面则从非物质文化遗产的传承、创新和对外交流等方面对私权保护模式提出质疑，从反面证成公法保护模式。[1] 私法学者针对非物质文化遗产保护主要提出了两种主张：一是利用现有的知识产权制度，[2] 二是设立特别权利加以保护。[3] 持公法私法双重视角开展研究的学者，多主张建立公私法协同的非物质文化遗产法律保护体系。[4] 我们认为，非物质文化遗产兼具公私双重利益。因此，单一的公法保护模式或者私法保护模式都不足以应对非物质文化

---

[1] 孙昊亮：《非物质文化遗产的公共属性》，《法学研究》2010 年第 5 期；郭禾：《对非物质文化遗产私权保护模式的质疑》，《中国人民大学学报》2011 年第 2 期。

[2] 安雪梅：《非物质文化遗产保护与知识产权制度的兼容与互动》，《河北法学》2007 年第 12 期；冯晓青：《非物质文化遗产与知识产权保护》，《知识产权》2010 年第 3 期。

[3] 曹新明：《非物质文化遗产保护模式研究》，《法商研究》2009 年第 2 期；韩小兵：《非物质文化遗产权——一种超越知识产权的新型民事权利》，《法学杂志》2011 年第 1 期。

[4] 徐辉鸿：《非物质文化遗产传承人的公法与私法保护研究》，《政治与法律》2008 年第 2 期；李墨丝：《非物质文化遗产法律保护路径的选择》，《河北法学》2011 年第 2 期。

遗产保护的复杂性和多样性，选择公法和私法协同保护的法律保护路径比较适宜。下面我们也主要从公法保护、私法保护及公私法衔接三个方面总结学界关于如何完善非物质文化遗产法律保护体系这一问题的研究现状。

## （一）非物质文化遗产的公法保护问题

我国立法实践主要采用公法保护的形式保护非物质文化遗产。《非物质文化遗产法》也是一部行政法，强调政府的非物质文化遗产保护职责，发挥政府的主导作用。[1] 值得强调的是，《非物质文化遗产法》的颁布实施，填补了我国非物质文化遗产保护在法律层级的空白，为我国非物质文化遗产的公法保护提供了基本法依据。总体而言，目前我国对非物质文化遗产的公法保护做到了有法可依，从法律到行政法规再到地方性法规都较齐备。但由于非物质文化遗产法律保护本身的复杂性及现有立法的局限性，我国非物质文化遗产行政法律保护体系并未真正建构，依然存在许多的缺陷与不足。

《非物质文化遗产法》出台不久，乌丙安就撰文指出，这部法律的许多条文只是一些原则性的规定，而"对纷纭复杂的非物质文化遗产现状，不适于简单化、一刀切地加以处理，需要分别不同情况予以细化、量化或个别化处理"。[2] 在这一点上，立法规定与现实需求脱节。周超通过与日本《文化财保护法》及相关制度进行比较，发现我国非物质文化遗产法律保护采用的是单行立法的形式，这体现出我国对于非物质文化遗产的重视，但也存在临时性、应付性强，欠缺全盘考虑的问题。此外，他也提到了《非物质文化遗产法》原则性强、可操作性弱的问题。[3] 吴双全认为当前我国非物质文化遗产公法保护主要存在以下问题：一些规定过于原则，缺乏可操

① 信春鹰主编《中华人民共和国非物质文化遗产法解读》，中国法制出版社，2011，第17页。
② 乌丙安：《对贯彻实施〈中华人民共和国非物质文化遗产法〉的两点建议》，《西北民族研究》2011年第2期，第15页。
③ 周超：《中国文化遗产保护法制体系的形成与问题——以〈非物质文化遗产法〉为中心》，《青海社会科学》2012年第4期。

作性，缺乏与《非物质文化遗产法》相配套的法律法规，只注重强化政府职责，缺乏对其他相关主体及侵权人责任的规定。① 苏蒲霞则直接指出，《非物质文化遗产法》与文化遗产其他法律法规不协调、不统一，并导致了行政执法中多头管理、协调性差，以及行政成本增加等问题，非物质文化遗产行政法律保护体系并未真正建构。② 文晓静也认为，尽管非物质文化遗产领域已经出台了专门法和一系列相关法规，但该领域体系化的规范仍未确立，突出表现为我国的非物质文化遗产的相关立法缺乏规划性：有关《非物质文化遗产法》的实施细则尚未颁布；相当数量的地方立法尚未跟进；先于《非物质文化遗产法》制定的相关法规，未进行修改、完善、清理、整合工作。③ 还有的学者着眼于非物质文化遗产的地方立法，指出有些地方未及时进行立法跟进，存在立法滞后甚至缺位的情况；地方立法整体上规划性不强，存在点面断裂、条块分割的情况；地方立法缺乏本地特色，大多"抄作业"，未结合地方实际进行具体化、实践化。④

综合上述学者的观点，我们可以将我国非物质文化遗产公法保护体系存在的问题主要概括为以下两点。其一是"规划性弱"。非物质文化遗产公法保护体系缺乏全盘性的综合规划，这也导致《非物质文化遗产法》出台后，相关实施细则尚处于空白状态，已有的下位法规范也未据此进行清理、整合，部分地方立法尚未跟进，《非物质文化遗产法》作为基本法，却没有充分发挥统领作用。其二是"可操作性弱"。《非物质文化遗产法》宣示性规定多，缺乏可操作性，"总则"中所确定的原则及制度，在"分则"中并未进一步明确化和具体化。⑤

---

① 吴双全：《我国非物质文化遗产法律保护的新探索》，《兰州学刊》2013 年第 12 期。
② 苏蒲霞：《非物质文化遗产行政法保护问题探析》，《人民论坛》2013 年第 26 期。
③ 文晓静：《非物质文化遗产传承人行政法保护的反思与发展》，《广西社会科学》2015 年第 5 期。
④ 任学婧、朱勇：《论非物质文化遗产法律保护的完善》，《河北法学》2013 年第 3 期；辛纪元、吴大华、吴纪树：《我国非物质文化遗产法律保护的不足及完善》，《贵州社会科学》2014 年第 9 期。
⑤ 周超：《中日非物质文化遗产保护法比较研究》，《思想战线》2012 年第 6 期。

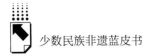

### （二）非物质文化遗产的私法保护问题

非物质文化遗产是在特定群体长期的生产生活实践中形成并流传至今的。因此非物质文化遗产的法律保护不可避免地会涉及诸多主体（包括创造、保有、传承及开发利用人）的利益，而对利益进行确认和保护是离不开私法的。在我国当前非物质文化遗产的法律保护实践中，私法保护相对滞后，存在一些不足。

王吉林、陈晋璋指出，受私法保护制度滞后的影响，非物质文化遗产开发利用中权利主体制度、利益分配机制及利用限制制度等存在一定程度的缺失。[①] 高轩等从非物质文化遗产私权性的源流出发，指出《非物质文化遗产法》忽略了非物质文化遗产的私权性。具体体现在未全面关注和规范非物质文化遗产所涉权利人及其范围、未规定原生境人应有的法律地位等方面。[②] 任学婧、朱勇从贵州"安顺地戏案"引入，指出现有的非遗相关立法未对非遗权的私权属性进行规定、对于非遗私人权利的法律保护存在空缺、非物质文化遗产数量多案件少、案件可诉性差等问题。[③] 吴双全认为当前我国非遗私法保护存在欠缺对相关主体法律地位及作用的规定、欠缺对相关主体权利及权利救济的规定、对于知识产权的保护不足等问题。[④] 龚微等从权利、法律责任、法律救济三个方面切入，指出了《非物质文化遗产法》提供给私人主体的权利空间有限、遗漏了私人主体应当承担的法律责任规定、对于非物质文化遗产的法律救济缺位等不足。[⑤] 以上学者关注的是《非物质文化遗产法》对于私法保护的缺失。除此之外，还有部分学者从知识产权法领域研究非物质文化遗产的

① 王吉林、陈晋璋：《非物质文化遗产开发利用的私法规制》，《河北法学》2011 年第 11 期。
② 高轩、伍玉娣：《非物质文化遗产的私权性及其体现——以〈中华人民共和国非物质文化遗产法〉的缺陷为视角》，《河北学刊》2012 年第 5 期。
③ 任学婧、朱勇：《论非物质文化遗产法律保护的完善》，《河北法学》2013 年第 3 期。
④ 吴双全：《我国非物质文化遗产法律保护的新探索》，《兰州学刊》2013 年第 12 期。
⑤ 龚微、谭萍、罗婉红：《民间组织与〈非物质文化遗产法〉的完善》，《吉首大学学报》（社会科学版）2014 年第 5 期。

私权保护。寇占奎指出了知识产权的专有性与非物质文化遗产主体不确定性、知识产权的时间性与非物质文化遗产永续性存在冲突。[①] 杨阳对知识产权保护非物质文化遗产的现状并不持乐观态度，认为知识产权在保护方式、标准、期限上与非物质文化遗产有较大差异。[②] 尚海涛则结合《著作权法》、《商标法》和《专利法》，就非物质文化遗产保护具体分析了三部法律各自的局限性。[③]

总的来说，当前学界对于非物质文化遗产私法保护存在问题的讨论，主要集中在以下几个方面：一是针对《非物质文化遗产法》展开，主要问题包括未明确非遗相关权利主体的法律地位、私人主体的权利范围狭窄、未规定私人主体保护失责或者侵害非物质文化遗产的法律责任等；二是从《知识产权法》切入，主要问题在于知识产权作为一项私权，与非物质文化遗产的公共属性存在不适配性；三是非物质文化遗产的法律救济问题，尽管当前我国非物质文化遗产资源滥用问题较为严重，但是借助司法力量维权的案件罕有，主要原因在于《非物质文化遗产法》回避了非物质文化遗产的私权救济问题。

### （三）非物质文化遗产的立法衔接问题

非物质文化遗产的双重属性使得非物质文化遗产的法律保护具有复杂性和多样性。《非物质文化遗产法》虽为非物质文化遗产领域的基本法，但所能提供的法律保护较为有限，必须要加强和其他法律的立法衔接，构建协调保护的有效机制。

乌丙安指出，《非物质文化遗产法》明确规定的条文中，有许多和我国其他法规有不同程度的关联，因此，在实施过程中必不可少地会与这些法规的执法部门产生协调配合的往来关系，建立起相关法律协调配

---

① 寇占奎：《非物质文化遗产知识产权保护的困境及制度选择》，《河北师范大学学报》（哲学社会科学版）2010年第6期。

② 杨阳：《论非物质文化遗产的私权保护》，《求索》2013年第11期。

③ 尚海涛：《非物质文化遗产的私法保护体系》，《理论月刊》2014年第7期。

合的有效机制就成为当务之急。① 周超认为，由于我国文化遗产被人为地切割成"物质"和"非物质"、"有形"和"无形"，故在需要和其他部委分别适用之法律、法规中涉及文化遗产的条款相配套时，比较难以形成良性的关系。② 苏蒲霞认为，《非物质文化遗产法》作为一部以行政保护为主的基本法，与《知识产权法》《中医药法》等其他部门法也没有实现很好的衔接。③ 杨明认为，公私法协调的缺失，导致了非遗私法上的权利主体制度混乱问题和公法上的行政保护功能和目标定位模糊问题。④

　　综合上述学者的观点，可以将我国非物质文化遗产立法衔接问题概括为三个层面。一是《非物质文化遗产法》与其他部门法的衔接问题，比如说合理开发利用非物质文化遗产，涉及国家税法及企业法规；境外人员介入我国非物质文化遗产收集或调查，涉及涉外法规；跨国非物质文化遗产涉及国际法；与少数民族或宗教密切相关的非物质文化遗产，涉及民族或宗教法规；还有其他事项涉及刑事法律责任；等等。二是非遗保护公法与私法之间的衔接问题，比如《非物质文化遗产法》第44条规定"使用非物质文化遗产涉及知识产权的，适用有关法律、行政法规的规定"，但在现有的知识产权法律保护体系中找到可直接适用于非物质文化遗产的规定并非易事。三是《非物质文化遗产法》与文化遗产领域其他法律的衔接问题。按照我国现行文化遗产相关法律，主要是三个行政主管机关履行文化遗产的行政保护职责，即国家文物局、文化和旅游部非物质文化遗产司与商务部。部门之间微妙的利益博弈又往往难以避免，导致在制定实施国家文化遗产政策时，协调与合作难度加大。

---

① 乌丙安：《对贯彻实施〈中华人民共和国非物质文化遗产法〉的两点建议》，《西北民族研究》2011年第2期。
② 周超：《中日非物质文化遗产保护法比较研究》，《思想战线》2012年第6期。
③ 苏蒲霞：《非物质文化遗产行政法保护问题探析》，《人民论坛》2013年第26期。
④ 杨明：《非物质文化遗产保护的现实处境与对策研究》，《法律科学（西北政法大学学报）》2015年第5期。

## 二 我国非物质文化遗产法律制度的完善方案研究

### （一）非物质文化遗产法律保护体系完善的理论研究

就如何加强非物质文化遗产立法协调的问题，乌丙安强调"应该尽快建立起《非物质文化遗产法》和其他相关法律协调配合实施的有效机制"。[①]任学婧、朱勇认为"非物质文化遗产法律保护是一个系统工程，兼容公法与私法的调控模式"，提出要构建非物质文化遗产公私法统一保护模式。[②]辛纪元等提出，应将"公法保护与私法保护模式相结合"明确为非物质文化遗产法律保护的基本原则。[③] 杨明提出了"纵向衔接，彼此不交叉"的方案，把非物质文化遗产的各个环节串联成前后衔接的链条。行政保护解决链条两端（普查登记和保存）的问题，私法保护解决中间环节（开发利用与惠益分享）的问题。[④] 田艳等则基于文化遗产保护的现实需求及整体性保护理念的要求，提出将公权保护与私权保护、物质文化遗产与非物质文化遗产保护统一立法，制定一部"文化遗产法"。[⑤]

就如何完善非遗公法保护体系的问题，周方借鉴英国非物质文化遗产立法经验，提出了细化执行规范，对现有单行立法、地方性立法进行整理修订，根据现实需要，制定出台新型单行立法等建议。[⑥] 吴双全就公法保护的

---

① 乌丙安：《对贯彻实施〈中华人民共和国非物质文化遗产法〉的两点建议》，《西北民族研究》2011年第2期，第14页。

② 任学婧、朱勇：《论非物质文化遗产法律保护的完善》，《河北法学》2013年第3期。

③ 辛纪元、吴大华、吴纪树：《我国非物质文化遗产法律保护的不足及完善》，《贵州社会科学》2014年第9期。

④ 杨明：《非物质文化遗产保护的现实处境与对策研究》，《法律科学（西北政法大学学报）》2015年第5期。

⑤ 田艳、艾科热木·阿力普：《〈文化遗产保护法〉的统一立法模式考量》，《西南民族大学学报》（人文社会科学版）2019年第2期。

⑥ 周方：《英国非物质文化遗产立法研究及其启示》，《西安交通大学学报》（社会科学版）2013年第6期。

完善提出了抓紧制定《非物质文化遗产法》实施细则，出台和完善相关的法律法规，建立和相关法律法规相互协调、配合实施的机制等建议。[①] 辛纪元等从国家立法和地方立法两个层面提出完善建议，国家立法层面主要提出要尽快出台《非物质文化遗产法》实施细则、抓紧出台相关指导性文件、尽快建立配套法律制度等建议，地方立法层面则要突出地方特色，有的放矢，并建立法律实施跟踪评价机制。[②]

就如何完善非遗私权保护体系的问题，黄玉烨提出，宜对精神权利加以保护，尊重非物质文化遗产承载的人格利益；不宜过分突出经济权利，在惠益分享的原则指导下授予和行使权利。[③] 高轩等提出从规范非物质文化遗产原生境人及其相关权利人的法律地位方面来完善，具体应该确立政府型主体、集体型主体、个体型主体等几类非物质文化遗产相关权利人。[④] 龚薇等则从民间组织这一私主体切入，以小见大，提出从扩大参与权利、明确法律责任和提供法律救济三个方面完善非遗私权保护体系。[⑤] 此外，还有不少学者提出构建非物质文化遗产知识产权保护制度，涉及内容包括权利主体、权利内容、权利限制等，主要的路径包括著作权保护、商标权保护、专利权保护和商业秘密保护。[⑥] 值得注意的是，还有部分学者关注到非物质文化遗产的诉权保护问题，提出了非遗公益诉讼这一司法保护新路径。[⑦]

---

① 吴双全：《我国非物质文化遗产法律保护的新探索》，《兰州学刊》2013 年第 12 期。

② 辛纪元、吴大华、吴纪树：《我国非物质文化遗产法律保护的不足及完善》，《贵州社会科学》2014 年第 9 期。

③ 黄玉烨：《论非物质文化遗产的私权保护》，《中国法学》2008 年第 5 期。

④ 高轩、伍玉娣：《非物质文化遗产的私权性及其体现——以〈中华人民共和国非物质文化遗产法〉的缺陷为视角》，《河北学刊》2012 年第 5 期。

⑤ 龚薇、谭萍、罗婉红：《民间组织与〈非物质文化遗产法〉的完善》，《吉首大学学报》（社会科学版）2014 年第 5 期。

⑥ 徐辉鸿、郭富青：《非物质文化遗产商标法保护模式的构建》，《法学》2007 年第 9 期；冯晓青：《非物质文化遗产与知识产权保护》，《知识产权》2010 年第 3 期；严永和：《论我国少数民族非物质文化遗产知识产权保护之制度构建》，《文化遗产》2013 年第 4 期。

⑦ 张邦铺：《我国非物质文化遗产公益诉讼保护制度的构建》，《社会科学家》2013 年第 10 期；鲁幽、周安平：《非物质文化遗产法律保护的新路径》，《知识产权》2017 年第 2 期。

## （二）非物质文化遗产的保护主体问题

我国《非物质文化遗产法》主要规定了政府的行政职责，将政府视为非物质文化遗产保护的主导力量。非物质文化遗产的公益性和复杂性要求政府发挥核心作用，《保护非物质文化遗产公约》也强调各国政府应当作为首要责任主体。但过于依赖政府的保护也会导致一系列问题的出现。马铮认为，《非物质文化遗产法》对于各保护主体的规定过于抽象，未对具体职能进行明确，导致实践中出现了政府的强势主导致使非物质文化遗产保护失真、开发商掠夺式产业开发导致非物质文化遗产的"保护性破坏"、学界被权力和资本"绑架"丧失自觉自为的保护意识等问题。[1] 郭海霞指出，当前非遗保护陷入了政府干预与民间自然传承的关系无法理顺、民众对非物质文化遗产保护意识淡薄的困境。[2] 杨明则对过度依赖政府保护导致的问题进行了更为具体的描述：（1）单纯追求政绩效果，违背了非物质文化遗产的自然规律；（2）追求经济效益，对于文化价值高但经济价值有限的非物质文化遗产，投入有限；（3）强势地大包大揽，"越俎代庖"，架空了传统社区和传承人的权利。[3]

非物质文化遗产活在民间，只有激发民众的积极性，让广大人民群众参与到非物质文化遗产的保护工作中来，才能永葆非物质文化遗产的青春。因此，如何在政府主导下，实现非遗保护社会参与的多元化，是修改完善非物质文化遗产法制的重要问题之一。

## （三）非物质文化遗产代表性项目的认定问题

非物质文化遗产代表性项目名录制度虽是我国非物质文化遗产保护的一

---

① 马铮：《非物质文化遗产保护主体研究——兼论我国〈非物质文化遗产法〉》，《中国劳动关系学院学报》2014 年第 3 期。

② 郭海霞：《论我国非物质文化遗产法律保护的困境与对策》，《特区经济》2010 年第 6 期。

③ 杨明：《非物质文化遗产保护的现实处境与对策研究》，《法律科学（西北政法大学学报）》2015 年第 5 期。

项重要基本制度，但也尚存在一些缺陷。姚伟钧、王胜鹏认为，当前，我国正步入"后申报时期"，但依然存在名录制度与四级体制的层级化分裂，"文"与"野"、"雅"与"俗"的对立，传承人与文化生态的断裂，名录分类、申报、保障制度不够健全等问题。① 陈心林指出非遗代表性项目名录制度在实践中存在误区，主要体现为五个方面：一是对非物质文化遗产主体性的遮蔽；二是文化遗产价值的绝对化与层级化；三是政治、经济主宰之下文化内涵的边缘化；四是对文化多样性的破坏；五是对文化本真性的损害。② 谭宏通过对我国名录制度进行反思，发现其中存在"官方包揽"与"民间失语"、名录分级化与文化平等化、名录标准化与文化多样化、名录静态保护与非遗动态传承等方面的冲突。③ 熊晓辉认为，当前非物质文化遗产代表性项目名录制度主要存在如下几个方面的缺失：一是注重政治因素，忽视了传承人与其文化生态的联系；二是注重形式保护，忽视了民族文化精神的弘扬；三是注重对可视形态的非物质文化遗产的挖掘，忽视了非物质文化遗产的其他形式；四是注重非物质文化遗产代表性项目名录次序化，忽视了文化多样性的发展。④

我国是文化遗产大国，对于非物质文化遗产的保护必须有所侧重，突出重点。为实现对于具有高度历史、文化、艺术、科学价值的非物质文化遗产的重点保护，我国建立了名录制度。当前我国非物质文化遗产正迈入"后申报时期"，如何完善非物质文化遗产代表性项目名录制度，实现非物质文化遗产的实质性、整体性、全民参与性保护，值得思考。

### （四）非物质文化遗产的传承问题

与物质文化遗产相比，非物质文化遗产的突出特点在于其活态流传

---

① 姚伟钧、王胜鹏：《完善中国非物质文化遗产名录的思考》，《浙江学刊》2013 年第 1 期。
② 陈心林：《人类学视阈下非物质文化遗产名录制度的反思》，《青海民族研究》2015 年第 4 期。
③ 谭宏：《冲突与协调——中国非物质文化遗产名录制度的人类学反思》，《文化遗产》2016 年第 4 期。
④ 熊晓辉：《非物质文化遗产名录内在机制及保护实践的反思》，《文化遗产》2017 年第 4 期。

性，非物质文化遗产在传承人的口传心授中不断延续和发展。传承人在其中发挥了至关重要的作用。刘晓春认为，非遗传承人认定制度，在激发传承人文化自觉的同时，也存在官方认定与民间认同之间的差异，并且官方认定制度的介入会影响非遗传承人的传承生态，也可能挫伤非官方传承人传承非遗的积极性。[①] 周超对"中日非物质文化遗产保护法"进行比较研究后发现，我国传承人认定制度存在认定范围过广、分类不尽妥当、人选把关不严、认定类别单一等问题。[②] 蒋万来基于现代性和文化多样性的视角，提出受现代化和商业化影响，目前我国非物质文化遗产传承的实践中，存在传统价值和信仰自然被空心化的问题。[③] 文晓静则从传承人认定、保障、监督等方面，指出当前我国非遗传承制度存在多层级多部门认定并存，认定条件仍显抽象，认定程序不尽合理，传承人的行政奖励和行政帮助机制不健全，公众对非物质文化遗产传承的知情权、参与权的保障制度欠缺等问题。[④]

传承人是非物质文化遗产"传下去"的重要媒介。针对上述学者指出的问题，我们认为可以从以下几个方面加以完善：一是针对传承人的事前认定问题，可考虑适当提高传承人认定标准、吸纳社会力量作为推荐主体、将代表性传承人认定扩大到团体等；二是针对传承人的履责问题，可考虑明确传承人的权利义务、建立行政奖励和行政帮助制度等；三是针对传承人的监督问题，可考虑建立传承人档案制度、增加定期评估制度和退出制度、引入听证制度等。

## （五）非物质文化遗产的传播问题

习近平总书记在十八届中央政治局第十二次集体学习讲话中明确指出：

---

[①] 刘晓春：《非物质文化遗产传承人的若干理论与实践问题》，《思想战线》2012 年第 6 期。

[②] 周超：《中日非物质文化遗产保护法比较研究》，《思想战线》2012 年第 6 期。

[③] 蒋万来：《从现代性和文化多样性看非物质文化遗产的法律保护》，《知识产权》2015 年第 2 期。

[④] 文晓静：《非物质文化遗产传承人行政法保护的反思与发展》，《广西社会科学》2015 年第 5 期。

"要使中华民族最基本的文化基因与当代文化相适应、与现代社会相协调，以人们喜闻乐见、具有广泛参与性的方式推广开来。"① 随着数字化时代的到来，非物质文化遗产的数字化传播也是非物质文化遗产保护的一大重要课题。黄永林、谈国新认为，数字化展示与传播技术打破了特定时间、场所的限制，为非物质文化遗产广泛共享提供了平台。② 谈国新、孙传明认为，目前，数字化保护因其无破坏性、传播面广等优势已逐渐成为非遗保护的发展趋势，但是当前非遗数字化保护与传播以非遗资源的挖掘和简单的数字化再现为主，商业化运作导致非遗丧失了原生形态。③ 常凌翀从西藏非物质文化遗产保护现状出发，指出数字新媒体技术创新了西藏非物质文化遗产保护和传播方式，提升了西藏非物质文化遗产的传播价值，但同时他强调一定要辩证看待数字新媒体这把"双刃剑"的两面性，要注意保护非物质文化遗产独有的文化生态环境。④ 薛可、龙靖宜指出，非物质文化遗产在数字生态环境下的传播呈现出可塑性、流变性、无界性、共享性和交互性等新特征，但他们同时指出了非物质文化遗产在数字化传播的过程中，面临着文化内涵本真逐渐遗失，社会群落关注度低、参与不足，受众认知呈现严重的代际失衡，传播渠道形态原始单一，数字技术应用整体滞后的挑战。⑤

党的十八大以来，以习近平同志为核心的党中央高度重视文化和科技融合工作。现代科技是新时代非物质文化遗产保护的重要支撑，实践中，科技手段在非物质文化遗产保护、保存中日益发挥着重要作用，有力地推动了非物质文化遗产的准确记录、精密分析和合理开发。成音、成像等数字化科学

---

① 中共中央文献研究室编《习近平关于社会主义文化建设论述摘编》，中央文献出版社，2017，第 201 页。
② 黄永林、谈国新：《中国非物质文化遗产数字化保护与开发研究》，《华中师范大学学报》（人文社会科学版）2012 年第 2 期。
③ 谈国新、孙传明：《信息空间理论下的非物质文化遗产数字化保护与传播》，《西南民族大学学报》（人文社会科学版）2013 年第 6 期。
④ 常凌翀：《互联网时代西藏非物质文化遗产的数字化传播路径》，《中央民族大学学报》（哲学社会科学版）2014 年第 3 期。
⑤ 薛可、龙靖宜：《中国非物质文化遗产数字传播的新挑战和新对策》，《文化遗产》2020 年第 1 期。

技术，能够全方位、立体式地记录非物质文化遗产。现行法律在这方面的规定相对缺乏，要及时改变这一状况，在《非物质文化遗产法》中增加相关规定，充分利用信息技术、数字技术、互联网环境拓展深化非物质文化遗产工作，提高非物质文化遗产工作信息化水平。

### （六）非物质文化遗产的分类保护问题

尽管《非物质文化遗产法》的名称未使用"保护"一词，但要讨论与该法相关的问题无法回避"保护"这一关键词。李荣启等强调，非物质文化遗产的保护要注重因类而宜，实施各不相同的分类保护方法。[1] 周小璞认为，非物质文化遗产的主要保护方式包括抢救性保护、以代表性传承人为核心的传承机制、整体性保护、生产性保护、宣传、展示与传播、数字化保护、弘扬、振兴等方式。[2] 周超从《保护非物质文化遗产公约》中的"保护"（safeguarding）一词的含义出发，从非物质文化遗产的认定、立档、研究、保存、保护、宣传、弘扬、承传（特别是通过正规和非正规教育）和振兴等方面，分析了我国非物质文化遗产实施保护的具体法律措施，认为整体规范尚不具体、缺乏可操作性，有待补充和完善。[3] 此外，学界对于各类具体保护方式也有深入研究，限于篇幅，我们不多加展开。

我们认为，当前我国在非遗保护的实践中，形成了抢救性保护、生产性保护、整体性保护等成功经验。2017 年《国务院关于文化遗产工作情况的报告》中明确提出："进一步探索非物质文化遗产各门类的保护传承和振兴措施，健全非物质文化遗产分类保护政策体系。"建议在未来非物质文化遗产法制修改中，健全完善适应我国特点、统筹协调、运转有效的非物质文化遗产分类保护体制。

---

[1] 李荣启：《浅论非物质文化遗产的分类保护》，《广西民族研究》2006 年第 2 期；马盛德：《非物质文化遗产生产性方式保护中的几个问题》，《福建论坛》（人文社会科学版）2012 年第 2 期。

[2] 周小璞：《依法保护、科学保护非物质文化遗产》，《艺术评论》2012 年第 7 期。

[3] 周超：《论非物质文化遗产"保护"（safeguarding）的法律含义》，《文化遗产》2015 年第 3 期。

## （七）非物质文化遗产的开发利用问题

习近平总书记反复强调，要"让收藏在博物馆里的文物、陈列在广阔大地上的遗产、书写在古籍里的文字都活起来"。① 如何处理保护和利用这一对关系，达到保护和利用的完美统一，一直是人们探讨的两难问题，学界也是意见纷纭。谭启术认为，在非物质文化遗产的保护方面，"必须守住原生态这道底线，不要以透支一个民族的精神家园，换取短视的经济效益"。② 俞吾金对"伪民俗"进行了界定和批判，认为受商业利益驱动的、趣味低俗的、粗制滥造的"民俗"，破坏了民俗的自然与淳朴。③ 另一些学者则提出相反的观点，如高小康指出，评价非物质文化遗产价值最重要的标准不在于它是不是正宗的"原生态"，而在于它的基本文化因子或核心要素是否一直在特定文化群落中延续。④ 安德明认为，民俗最大的特征就是既有传承又有变异，在不同的时空下，传统民俗文化总会发生变化和调整，以适应新的环境。只有这样，它才能够保持旺盛的生命力，代代相传。⑤ 李灵灵提出，原生态保护不是关键，民俗真正要传承、延续下去，只有让它活之于民众。⑥

综合以上种种观点，在非物质文化遗产保护、利用和传承的过程中，坚持原生态保护是一个"法律底线"，但在此基础上进行合理利用也是非物质文化遗产得以传承和创新的重要条件。事实上，这一点在我国相关文件中早有体现。"十三五"规划纲要提出，要实现传统文化创造性转化和创新性发展。2016 年，文化部牵头研究制定了《中国传统工艺振兴计划》。《文化产业促进法（草案送审稿）》也明确规定了"传统工艺振兴"

① 习近平：《建设社会主义文化强国着力提高国家文化软实力》，《人民日报》2014 年 1 月 1 日，第 1 版。
② 谭启术：《政府该如何保护非物质文化遗产》，《学习月刊》2007 年第 13 期。
③ 俞吾金：《我们不需要"伪民俗"》，《人民日报》2006 年 9 月 12 日，第 11 版。
④ 高小康：《非物质文化遗产：保护与利用的再思考》，《探索与争鸣》2008 年第 4 期。
⑤ 安德明：《非物质文化遗产保护：民俗学的两难选择》，《河南社会科学》2008 年第 1 期。
⑥ 李灵灵：《民俗形态与文化传统的活态保护》，《文化遗产》2009 年第 4 期。

条款。为落实近年来非物质文化遗产利用的基本经验和有效模式,加强和《文化产业促进法》的立法衔接,非物质文化遗产法制在修改时应该增加相关法律内容。

## 三 我国非物质文化遗产法律制度理论研究前瞻

如前文所述,当前我国关于非物质文化遗产法制修改完善的理论研究主要集中在两个层面:一是宏观上非物质文化遗产法律保护体系的健全;二是微观上非物质文化遗产具体法律制度的完善。第一个层面又可细分为非物质文化遗产公法保护体系的完善、非物质文化遗产私法保护体系的完善、非物质文化遗产法制的立法协调等方面。第二个层面则囊括了非物质文化遗产的保护主体、代表性项目认定、传承传播、分类保护、开发利用等问题。就研究范围而言,国内学界对于非物质文化遗产法制修改完善的理论研究在不断拓展、细化和深化;就涉及学科来看,法学、旅游学、民俗学、文化学、人类学、社会学等多个学科的研究力量都有加入,呈现出跨学科交流趋势;就研究方法而言,已从早期宏观而单一的文献收集法,发展到法规范分析、案例分析、比较法分析等多个研究方法的结合。

从整体上看,我国理论界关于非物质文化遗产法律制度的研究还存在诸多亟待加强的领域,主要有以下几个方面:一是实证研究基础较为薄弱,缺少对于非物质文化遗产保护的现实问题的系统梳理和深入探究,对实践的指导意义十分有限;二是创新性有限,研究重复率较高,不少观点和结论缺乏较强的说服力,真正有创见的、富有开拓性的研究成果甚少;三是跨学科的研究未实现深层次的实质融合,更多地表现为对同一主题的关注,并没有形成对问题的体系化研究;四是研究具有滞后性,研究成果主要集中在《非物质文化遗产法》出台后不久的 2011～2015 年时间段,而近年来的非遗保护实践中出现了非遗数字化、文旅融合等新趋势,很遗憾这些并未体现在学术研究中。

因此,在我国非物质文化遗产法制修改完善上,尚有很多问题值得深入

研究，而未来的相关研究可重点关注以下几个方面的问题。一是"全球化"语境下，非物质文化遗产的对外交流问题。如何促进社会主义文化建设，坚定文化自信？二是非物质文化遗产的私权保障问题。如何厘清附着在非物质文化遗产上的私权属性？如何对其进行法律保障？三是非物质文化遗产保护的社会参与问题。如何规制政府权力？如何扩大私主体的参与权利？四是非物质文化遗产的融合发展问题。如何与数字化融合发展？如何与文化产业融合发展？如何与旅游产业融合发展？如何与公共文化服务融合发展？五是非物质文化遗产具体制度的构建问题。比如团体传承制度、资金保障制度、行政综合协调制度、分类保护制度等的构建。

# B.16
# 《非物质文化遗产法》与《刑法》冲突的典型案例及其评析
## ——以传统医药类非物质文化遗产为例

**摘　要：** 传统医药是非物质文化遗产的重要组成部分，在法律实践中存在传统医药传承人执业资格与刑事法律的职业要求相冲突的诸多案例。为保护传统医药知识，本报告通过对涉及生产、销售假药罪及非法行医罪的案例的评析，从完善传统医药类非物质文化遗产项目评定程序、传统医药专利保护制度及行医资格制度等三个方面提出了完善传统医药类非物质文化遗产法制的相关建议。

**关键词：** 传统医药　非物质文化遗产　刑事法律　专利保护　执业资格

## 一　典型案例

### （一）谢某某生产、销售假药案

谢某某自 2013 年以来在博山区石马镇中石村家中经营"博山蕴德堂糖

---

\* 王星星，中南大学法学院博士研究生，研究方向为文化法学；费伟兵，中南大学法学院硕士研究生，研究方向为文化法学；李琴英，中南大学法学院博士研究生，研究方向为文化法学。

尿病研究所"，在未办理任何药品生产、销售许可的情况下，私自生产并销售用于治疗糖尿病的"谢氏消渴丸"。淄博市博山区人民检察院以淄博山检公刑诉（2018）11 号起诉书指控被告人谢某某犯生产、销售假药罪，生产、销售金额至少为 105200 元。谢某某辩称：第一，生产、销售的"谢氏消渴丸"获得了国家发明专利，其系非物质文化遗产传承人，因此，其行为不构成生产、销售假药罪；第二，起诉书指控的生产、销售金额不对，其生产、销售的数额仅为 4 万余元。

法院认为，根据《专利法》第22条，"谢氏消渴丸"获得国家发明专利，是对其新颖性、创造性和实用性的肯定，谢某某作为专利权人可依法行使其专利权，如独占权、许可权、转让权。非物质文化遗产，是指各族人民世代相传并视为其文化遗产组成部分的各种传统文化表现形式，以及与传统文化表现形式相关的实物和场所。[①] "谢氏消渴疗法"被列入非物质文化遗产名录，谢某某作为非物质文化遗产项目的代表性传承人，可以开展传承、传播活动。但根据《药品管理法》的规定，无药品生产许可证的，不得生产药品；无药品经营许可证的，不得经营药品。"谢氏消渴丸"获得国家专利，"谢氏消渴疗法"被列入非物质文化遗产名录，并不意味着被告人获得生产、销售药品的许可。经淄博市食品药品监督管理局认定，"谢氏消渴丸"按假药论处。被告人谢某某生产、销售"谢氏消渴丸"的行为符合生产、销售假药罪的构成要件。根据证据相互印证的原则，被告人谢某某生产、销售假药的金额为相关证人证言、银行交易明细和被告人供述相互印证的 44800 元。据此，法院判决被告人谢某某犯生产、销售假药罪，判处有期徒刑 1 年，并处罚金人民币 10 万元。扣押在案的中药丸、制作药丸的工具及宣传卡片，依法予以没收。

### （二）薛某某销售假药案

鄄城县人民检察院以鄄检公刑诉（2018）203 号起诉书指控被告人薛某

---

① 参见《非物质文化遗产法》第 2 条。

某犯销售假药罪，指控以下事实。2017 年，被告人薛某某在鄄城县肖宁街开设"10 元膏药铺"门市，在药品经营许可证、营业执照等手续不齐全的情况下，以百年老店、国家非物质文化遗产、治疗风湿骨病及腰腿痛等疾病的名义，将没有任何生产标识的膏药，以每贴膏药人民币 20～50 元的价格非法销售给他人 30 贴，销售金额共计人民币 1430 元。2018 年 5 月 7 日，鄄城县公安局在上述门市内当场查获膏药 456 贴。菏泽市食品药品监督管理局认定被告人薛某某销售的膏药按假药论处。

法院根据相关证据认定以上事实，认为被告人薛某某违反国家药品管理法规，明知是假药而予以销售，行为侵犯了国家药品管理制度和公民的生命、健康权利，已构成销售假药罪，应根据《刑法》第 141 条之规定处罚。判决被告人薛某某犯销售假药罪，判处拘役 2 个月，并处罚金人民币 3000 元；被告人薛某某退缴的非法所得人民币 1430 元予以没收，上缴国库。

### （三）佑某生产、销售假药案

从 2015 年起，佑某在未取得药品生产许可证、医疗机构制剂许可证的情况下，在汝州市地亩街 61 号其经营的"天血通络散"中药诊所内，生产、销售中药丸剂，共计销售 127944 元，获利 45473 元。2018 年 5 月 21 日，汝州市食品药品监督管理局当场查扣各类中药丸剂 5 种，已开具处方笺 3 本。后经汝州市食品药品监督管理局认定：佑某配制的 5 种不明丸剂有用法用量、功能主治和成分，符合《药品管理法》第 101 条规定的药品特征，但无标示有效的批准文号，依据《药品管理法》第 48 条第 3 款第 2 项的规定，应按假药论处。佑某 2009 年在汝州市钟楼段家场开设中医门诊，2015 年后在汝州市地亩街经营"天血通络散"中药诊所，"天血通络散"是其经多年研究用中药材加工所制，佑某于 2015 年 5 月 5 日被汝州市文化广电新闻出版局评为汝州市级非物质文化遗产项目（传统医药）代表性传承人。河南省汝州市人民检察院以汝检二部刑诉（2019）149 号起诉书指控被告人佑某犯生产、销售假药罪。

法院认为，被告人佑某违反国家药品管理法规，生产、销售假药，其行为已构成生产、销售假药罪。在未取得药品生产许可证、医疗机构制剂许可证的情况下生产、销售其自制的"天血通络散"中药丸剂，虽然该"天血通络散"中药丸剂被评为汝州市级非物质文化遗产项目（传统医药），但因该药品违反《药品管理法》规定被按假药论处，故被告人佑某的行为构成生产、销售假药罪，但其犯罪行为的社会危害性较小，未造成社会危害后果，结合其具体的犯罪情节，依法可认定为犯罪情节轻微，可免予刑事处罚。据此，法院判决被告人佑某犯生产、销售假药罪，免予刑事处罚；非法获利 45473 元，依法予以追缴，上缴国库；责令被告人佑某在未取得药品生产许可证、医疗机构制剂许可证的情况下不得再继续生产、制作"天血通络散"等中药丸剂。

### （四）张某1、吴某、陈某1、张某2生产、销售假药案

张某 1 于 2004 年取得了医疗机构执业许可证，后在其位于吉首市文溪路 153 号的家中开设了"振兴民族医联合诊所"，诊疗科目是民族医学科。而后张某 1 在未取得医疗机构制剂许可证、药品经营许可证的情况下，生产、销售该诊所自制、自命名的散剂药和丸剂药。为了方便制药，张某 1 于 2006 年指使陈某 2（其徒弟）买来了粉碎机、制丸机、烤箱等机械设备。2006 年，吴某大学毕业后，来到"振兴民族医联合诊所"工作，负责购买醋酸泼尼松片（激素）等西药。还负责给外地病人邮寄药、从银行提取售药款以及登记病历、取发药。2009 年 7 月，陈某 1 来到"振兴民族医联合诊所"工作，根据张某 1 开出的药丸配方，负责加工制成"正前""四海""双夏""三消"等 10 多种自命名的丸剂药。张某 2 在"振兴民族医联合诊所"工作期间，负责登记病历、为病人取发药、搬药等事项。2008 年初，彭某经与张某 1 商量，在淘宝网上开设了网店"湘西苗药堂"，张某 1 开始在网上给人看病并销售自制药品。彭某通过网店与病人联系，在了解病情后，通过吴某将病情转告给张某 1，张某 1 根据转述的病情为患者开自制药，再由吴某把药邮寄给患者，患者则将购药款转至彭某银行账户，所得利

润由彭某与张某 1 分成。后检察院提起公诉。

一审法院认为，被告人张某 1 在明知未经国家药监部门批准的情况下仍指使他人生产多种自命名的丸剂药和散剂药，并向患者出售，被告人吴某、陈某 1、张某 2 帮助张某 1 生产、销售假药，4 名被告人的行为已触犯刑律，构成生产、销售假药罪，且生产、销售假药金额达 140 万元，系情节特别严重。在共同犯罪过程中，张某 1 起主要作用，系主犯，应当按照其所参与的全部犯罪处罚；吴某、陈某 1、张某 2 在共同犯罪中起次要作用，均系从犯。被告人吴某能如实供述犯罪事实，认罪态度好，依法可以从轻处罚。依照《刑法》之规定，法院判决被告人张某 1 犯生产、销售假药罪，判处有期徒刑 10 年，并处罚金人民币 230 万元；被告人吴某犯生产、销售假药罪，判处有期徒刑 3 年，缓刑 4 年，并处罚金人民币 20 万元；被告人陈某 1 犯生产、销售假药罪，判处有期徒刑 3 年，缓刑 3 年 6 个月，并处罚金人民币 20 万元；被告人张某 2 犯生产、销售假药罪，判处有期徒刑 3 年，缓刑 3 年，并处罚金人民币 10 万元；生产、销售假药犯罪所得 140 万元，予以追缴，上缴国库。此外，禁止被告人吴某、陈某 1、张某 2 在缓刑考验期内从事药品生产、销售及相关活动；没收本案犯罪工具及假药。

被告人张某 1 提起上诉，辩称诊所用药并非制剂，诊所所用的"正前""四海"药材等均不是《医疗机构制剂注册管理办法》第 3 条规定的固定处方，且所加工的是中药材，并非制剂。自采自制中药材，符合《非物质文化遗产法》以及《湘西土家族苗族自治州土家医药苗医药保护条例》第 12 条的规定，无须取得医疗机构制剂许可证，未违反我国《药品管理法》第 48 条第 3 款第 2 项的规定，故该类药不属于假药。

二审法院经查，《中华人民共和国药典》载明丸剂、散剂、片剂等均是制剂，被告人加工的丸剂药和散剂药，属于制剂。根据《药品管理法》的规定，医疗机构生产制剂应取得制剂许可证。"振兴民族医联合诊所"大量生产散剂药和丸剂药，且生产的药品均未经过批准和检验，其行为违反了《药品管理法》第 48 条第 3 款第 2 项的规定，其生产的药品应按假药论处。《湘西土家族苗族自治州土家医药苗医药保护条例》第 12 条规定

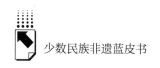

取得执业医师资格的土家医药苗医药传承人可以自采、自制、自用药材，而张某1并未取得执业医师资格即大量加工、生产"药品"，已超出该条例第12条规定范畴。故原审被告人张某1的上述上诉理由不能成立。最终裁定驳回上诉，维持原判。

### （五）孟某1、孟某2生产、销售假药案

孟某1、孟某2在鄄城县古泉路南段路东共同开设"马家骨科"门市，在药品经营许可证、营业执照等手续不齐全的情况下，以国家非物质文化遗产保护项目、治疗风湿骨病及腰腿痛等疾病的名义，在鄄城县城及周边乡镇做虚假宣传，将孟某1的父亲孟某3生前私自熬制的药膏制作成膏药，以每贴膏药人民币20～40元的价格非法销售给他人，销售金额共计人民币12230元。2018年4月24日，鄄城县公安局在上述门市内当场查获膏药1026贴。经菏泽市食品药品监督管理局认定，被告人孟某1、孟某2销售的膏药应按假药论处。

法院认为：被告人孟某1、孟某2为牟取利益，违反国家药品管理法规，在未办理药品经营许可证的情况下生产、销售药品，已构成生产、销售假药罪，应根据《刑法》第141条之规定处罚，判决被告人孟某1、孟某2犯生产、销售假药罪，判处有期徒刑6个月，并处罚金人民币1万元，扣押在公安机关的涉案膏药1026贴予以没收并由公安机关销毁。

### （六）陈某某非法行医案

陈某某曾因非法行医分别于2012年11月30日、2014年6月30日被如皋市卫生局行政处罚，在未取得执业医师资格、医疗机构执业许可证的情况下，仍继续在如皋市城北街道何庄社区盛世缘小区2号楼下122号其经营的养生馆内，非法从事诊疗活动，2016年7月14日被如皋市卫生和计划生育委员会当场查获。检察院提起公诉。被告人陈某某辩称：其开设的养生馆并不是一家诊疗机构，且其一直对中医学有特殊认识，多年来潜心钻研中医学的基本理疗，对中医学有一定造诣，取得了劳动和社会保障部门颁发的国家

一级针灸师证书等执业证书，并领取了营业执照；此外，被告人称《非物质文化遗产法》已将中医学列入非物质文化遗产当中，目前国家也正在积极鼓励相关专业人员在该领域学习和发展。

法院认为，被告人陈某某未取得执业医师资格非法从事诊疗活动，情节严重，其行为已触犯刑律，构成非法行医罪。被告人陈某某能如实供述自己的罪行，可以从轻处罚。被告人陈某某虽有按摩师、针灸师等资格证书，但只能证明其具备从事相应工种的执业技能，性质属技术工人，仅可从事一般按摩服务，且其按摩店的经营范围亦是一般按摩。被告人未取得执业医师资格证、医疗机构执业许可证，不具备从事医疗活动的主体资格。非医疗机构及其人员在经营活动中不得使用针刺、瘢痕灸、发泡灸、牵引、扳法、中医微创类技术、中药灌洗肠以及其他具有创伤性、侵入性或者高危险性的技术方法。被告人所实施的侵入性的针灸行为应属诊疗活动，判决被告人陈某某犯非法行医罪，判处拘役 4 个月，并处罚金人民币1 万元。

## 二 案例评析

尽管受非物质文化遗产所具有的民族性、地域性等复杂因素影响，上述6 个案例影响力有限，并未引起全国民众的足够关注，但是在 2019 年新《药品管理法》实施前，法院对此形成的裁判仍然对如何利用非物质文化遗产产生了重要影响。此种影响不仅表现在积极层面，即非物质文化遗产传承人可能会借此机会反思如何将利用非物质文化遗产的活动融入现代法律体系，实现非物质文化遗产利用的现代化转型，还更多地表现在消极层面，即非物质文化遗产传承人可能会基于防范刑事法律风险等需要，消极甚至拒绝履行法定传承义务，最终导致非物质文化遗产因无人利用或者无传承人而毁损灭失。

从表层看，上述案例体现的只是非物质文化遗产传承人违法利用非物质文化遗产而被刑事制裁。新《药品管理法》自 2019 年 12 月 1 日起实施，该

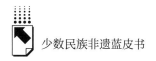

法对于是否为假药的认定进行了大幅调整，主要体现为明确了假药的实质认定标准，强调应以药品的疗效来考察真假。假药范围的变化调整将对制售假药案件的认定产生重要影响。上述案例中所涉及的多为传统医药类非物质文化遗产传承发展与生产、销售假药之间的冲突，因此新《药品管理法》的实施对于此类非物质文化遗产的传承发展有着重要影响。

根据《药品管理法》第98条第4款、第114条、第124条之规定，国务院药品监督管理部门规定禁止使用的药品、必须批准而未经批准生产的药品、必须批准而未经批准进口的药品、必须检验而未经检验即销售的药品、使用必须批准而未取得批准文号的原料药生产的药品则被单列，不再属于假药类型，这5类药品由假药转变为了禁止类药品。① 但是这并不意味着非物质文化遗产传承人在开展传承活动时不会触犯法律。在《药品管理法》修订后其不会犯生产、销售假药罪，但是仍有其他罪名进行束缚，可能存在以下三种情况。第一，对于应当批准而未经批准生产、进口的药品案件，由于此类案件中的绝大多数经营主体并不具备药品经营资格，根据2014年"两高"所发布的《关于办理危害药品安全刑事案件适用法律若干问题的解释》中第7条之规定，对于无药品经营许可证而售卖禁止类药品的案件通常认定为非法经营罪。② 第二，未取得执业医师资格的人将禁止类药品提供给他人使用，情节严重的，也可依照《刑法》第336条之规定认定为非法行医罪。第三，与上述6个案例相似情形，虽然不再认定为生产、销售假药罪，在不符合相关彼罪构成要件情形下可出罪，但在相应行为不构成犯罪，不需要追究刑事责任的情况下，司法机关仍可依据《药品管理法》第113条之规定，及时将案件移送药品监督管理部门依照相关规定给予行政处罚。

---

① 刘娜、旷翔宇：《〈新药品管理法〉施行后制售假药案件认定的思路转向》，《山东法官培训学院学报》2020年第5期。
② 最高人民法院、最高人民检察院：《关于办理危害药品安全刑事案件适用法律若干问题的解释》第7条规定："……未取得或者使用伪造、变造的药品经营许可证，非法经营药品，情节严重的，依照刑法第二百二十五条的规定以非法经营罪定罪处罚。"

事实上，在日益强调、增强国民文化自信和实现文化强国目标的今天，为利用非物质文化遗产传承和发展中华优秀传统文化提供法律保障是消除非物质文化遗产利用人的后顾之忧的应有之义。然而，依法利用非物质文化遗产开展传承行为的非遗传承人，却因此屡次陷入刑事法律纠纷之中，这无疑消磨了非遗传承人的热情，为降低相关刑事法律风险而选取消极的非遗传承策略，这值得法学界、非遗界和社会公众的反思。制度的设计本应当以社会效益最大化为目标，平衡各方主体的利益，充分调动各方主体的积极性。但是，现有的法律制度对利用非物质文化遗产的设计远未达到相应的制度效果。因此，以实现实质公平为目标，重新审视现有与非物质文化遗产利用相关的制度，充分考量非物质文化遗产界的利益诉求，平衡政府、非物质文化遗产界、产业界乃至社会公众之间的利益，在有效保护非物质文化遗产的基础上实现对非物质文化遗产的最大化利用势在必行。

## 三　传统医药类非物质文化遗产法制的完善

### （一）完善传统医药类非物质文化遗产项目评定程序

习近平总书记指出："传统医药是优秀传统文化的重要载体，在促进文明互鉴、维护人民健康等方面发挥着重要作用。中医药是其中的杰出代表，以其在疾病预防、治疗、康复等方面的独特优势受到许多国家民众广泛认可。"① 因此，传承和发展以中医药为代表的传统医药意义重大。实际上，民间中医的许多疗效显著的配方因为没有足够的财力或者相关的意识来促使其获得主管部门的批准从而可能触及刑法，给民间中医药的发展蒙上阴影。② 这不乏被评定为非物质文化遗产项目的传统医药。生产、销售假药罪

---

① 《习近平致信祝贺金砖国家卫生部长会暨传统医药高级别会议召开》，中国政府网，2017年7月6日，http://www.gov.cn/xinwen/2017-07/06/content_5208489.htm#allContent。
② 白斌：《传统医药在现行法秩序中的困境及其突围——以"假药"的合宪性解释为例证》，《华东政法大学学报》2016年第1期。

保护的法益为患者的生命健康、财产等权益和药品管理秩序。患者的生命健康安全是我们保护的首要法益，药品管理秩序则次之。保护大众的生命健康安全是维持药品管理秩序的最终目标。非实质性的假药只能冲击药品管理秩序，无法侵犯患者的生命健康安全，因此在情理上也不应当被认定为假药。传统医药类非物质文化遗产传承人为履行法定传承义务而生产、销售一定量的医药，可能会触犯生产、销售假药罪。在司法实践中，法院会采用药品监督管理局对案涉医药的认定结果，作为认定案涉医药是否会对人体造成伤害、是否为假药的依据。同时，药品生产许可证以及药品经营许可证均由药品监督管理部门审核发放。因此，在传统医药类非物质文化遗产项目评定过程中，可考虑将药品监督管理局纳入至传统医药类非遗项目评审成员之中。

第一，将药品监督管理局纳入至传统医药类非遗项目评审成员之中，经药品监督管理局评定同意的传统医药类非遗项目则可推定为真药，能够避免传统医药类非遗项目在涉及刑事案件时被认定为假药的后果。关于非物质文化遗产项目评审成员，现行法并没有针对具体非遗项目类别进行细分。在国家级非物质文化遗产项目评定中，根据《非物质文化遗产法》第 22 条之规定，是由国务院文化主管部门组织专家评审小组和专家评审委员会进行初评和审议。地方在评定非物质文化遗产中多规定由地方人民政府文化主管部门组织专家评审，但是在组织成员中并未规定评定相应非遗项目时将密切相关的部门纳入进来，如《福建省非物质文化遗产条例》第 14 条规定和《广东省非物质文化遗产条例》第 18 条规定。非遗项目会经过专家评定，但是专家并不能代表一个机构的意思，因此针对传统医药类非遗项目评定，仅仅由相关专家参与，并不具有认定该传统医药为真药的权威性。而药品生产许可证、药品经营许可证是由药品监督管理部门审核发放的，若在传统医药类非物质文化遗产项目评定过程中将药品监督管理部门纳入进来，药品监督管理部门派代表参与评选，则能够具有认定该传统医药为真药的权威性。

第二，涉及百姓健康的传统医药类非遗项目评定应当要求药品监督管理部门、文化主管部门共同参加，药品监督管理部门主要负责市场上药品的监督管理，该部门列席非遗项目评定可以保障非遗的合法性；文化主管部门是对非遗的历史、制作、工艺、选材以及整个传承做认证，保障非遗的合情合理。在该情况下，非遗项目评定具有公信力，可以为被认定为非遗项目的传统医药正名，避免出现非遗衍生品被认定为"假药"的尴尬局面。同时由药品监督管理部门认定其为真药，可鼓励非遗传承人履行义务。在非遗传承人申请药品生产许可证、药品经营许可证之行政许可上，程序可相应简化。

## （二）完善传统医药专利保护制度

### 1. 专利保护制度保护传统医药知识之困境

我国现行的专利保护制度主要是用保护西药的模式来评价、保护传统医药知识，这对我国传统医药知识产权的保护极为不利，对此，我国应该从传统医药的特点出发，制定专门保护传统医药的法律，明确传统医药的地位，完善传统医药专利保护制度。

现有关于专利保护制度保护传统医药知识之困境主要表现在以下几个方面。第一，权利主体界定难。要想赋予传统医药知识现代专利权，必须准确界定传统医药知识的权利人，而传统医药知识大多是由某社区一代又一代的人们在长期的生产生活实践中创造、传承并不断改良、发展而来，可能一开始传统医药知识的创造者是特定的个人，但是经过时间的积淀，可能整个族群或者部分族群的人都对这种知识的存在做出了贡献，难以精准地确定传统医药知识的权利人。第二，新颖性认定难。我国《专利法》规定，发明应当具备新颖性、创造性和实用性的实质条件才能授予专利权，传统医药知识申请专利必须要跨过新颖性这道坎。从专利保护制度对新颖性的要求来看，传统知识是否符合新颖性要求的关键在于传统知识是否属于现有技术。因为传统医药知识大多被一个或两个以上的传统社区群众所掌握和应用，可能早已被更多的人知道，完全或部分处于公开状态，处于相对公共领域，成为现有知识，难以完全符合现行专利保护制度的新颖性要求。第三，权利内容设计难。专利权性质上属于私有财产权，是积极权、对世权，其权能主要是使用、受益、处分，其权利内容主要是实施权、转让权、许可权。从专利保护制度"保护专利权人的合法权益，鼓励发明创造，推动发明创造的应用，

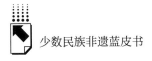

提高创新能力，促进科学技术进步和经济社会发展"的立法目的看，① 仅有防御性的权利是不够的。要想为传统医药知识的相关权利人创设积极的权利，为传统医药知识的传承发展保驾护航，必须进行制度完善与创新。

2. 利用专利保护制度保护传统医药知识的困境突破

第一，明确传统医药知识持有人的法律地位。传统医药知识开发利用者利用传统医药知识研究开发的医药产品，只要符合专利的授权条件即可取得专利权，开发利用者成为专利权主体，而现行《专利法》并没有给予传统医药知识持有人相应的法律地位，为了保护其权益，可以将传统医药知识的持有人列为"与专利权相关的权利人"，专指传统医药知识的持有人。传统医药类非物质文化遗产传承人所涉及的传统知识被授予专利，则其享有相应的权利。

第二，赋予传统医药知识持有人法律权利。传统医药知识保护立法的核心是在明确权利主体的基础上赋予其权利，凡在传统医药知识的传承、保护、创新活动中做出智力贡献便应获得法律认可，可以给传统医药知识专门设立一个权利名称——传统医药知识产权，该传统医药知识产权所表达的概念是授予社群的一种特别的私权，包括积极权和消极权两个层面，积极权表现为表明身份的权利，使用或许可他人使用所传承、保护、创新的传统医药知识的权利，以及获取物质报酬的权利；消极权表现为保护传统医药知识不受他人侵害，受到尊重、知情同意、说明来源的权利。②

第三，规定传统医药知识持有人的惠益分享权。惠益分享权是知情同意权的经济利益体现。③ 专利权人通过对传统医药知识的开发利用从事商业行为获得了经济利益。惠益包括货币性和非货币性惠益，④ 尤其需要强调的是

① 参见《专利法》第 1 条。
② 陈绍辉、姚东明、简晖：《中医药传统知识的法律保护模式及其完善》，《中国卫生事业管理》2011 年第 7 期。
③ 袁峥嵘、胡雪薇、郝楠：《利用专利制度保护传统医药知识的困境及突破》，《甘肃科技》2018 年第 22 期。
④ 李一丁：《再论我国非物质文化遗产法律保护手段——以获取和惠益分享为视角》，《文化遗产》2012 年第 2 期。

非货币性的惠益分享权，比如，分享研究和开发成果，在科研和开发项目研究活动中进行协调、合作和提供捐助等，对于实现我国传统医药知识全面理性繁荣进而实现可持续发展目标具有重要意义。

第四，要求提供传统医药知识利用比对报告。传统医药知识利用者的义务是建立在传统医药知识数据库上的。科学化的数据库不但有利于传统医药知识的传承与保存，还可以确定利用者身份，也有利于专利审查人员在专利审查中进行检索和比对，减少错误授予专利的可能性。我国借鉴印度建立传统知识数字图书馆的经验，已建立了中药专利数据库检索系统。但我国对传统医药知识的数字文献化的重视远远不够，还未将除中药外的全部传统医药知识纳入数字数据库中，应该进一步扩大数字数据库所包含的传统医药知识范围并增加种类，建立相应的目录和等级，建立传统医药知识更新、公开的制度。

## （三）完善行医资格制度

2009 年修正《执业医师法》，是一次强制性制度变迁，把大部分民间行医的民族医生推到"非法行医"的灰色地带。[①] 当前的制度环境压缩了民族传统医药发展的空间：现行医药法律法规的实施，一定程度上制约了民族传统医药的传统利用方式，如《执业医师法》第 11 条对于传统医学师承和确有专长人员医师资格考核考试的规定。因此受执业资格准入制度的影响，传统医药类非物质文化遗产传承人在没有取得执业医师资格证的情况下为病人治病，也属于国家法律法规不允许的非法行医。

为解决非物质文化遗产传承人执业资格方面的问题，可从以下两方面着手。

第一，加快推动执业医师资格认证工作，对于部分文化程度低的传统医药类非物质文化传承人，可放宽政策，因地制宜，进行地方认证，在不抵触

---

① 张小敏：《从非正式制度到正式制度：民族医药文化转型的关键因素——以黎族医药为例》，《社会发展研究》2017 年第 3 期。

上位法的前提下制定相应的地方法规，使得民间医师获取地方行医资格；同时对传统医药类执业医师资格考试开考试点的相关条件加以改进。不再套用中医、西医的模式对民族医（药）师开展职称评定，而是根据实际情况制定相应的模式，重点在于对经验的考核。

第二，改革医师考核制度，促进草医行医合法化。注重传统医药学作为应用学科这个特点，考核中注重临床实证。对一些确有一技之长的民间中医药从业人员，如可医蛇毒、可医骨病等身怀绝技的太白草医们，应设法改变对他们的考试方式和标准，为他们建立"中医化"的考核方式，变刻板的"书本"应试方式为灵活多样的临床操作技能、临床疗效考核，以基本的临床疗效评价作为考核标准。同时，必须注意这类从业人员的执业范围，因这些人士掌握的技术和方法，有的只对部分疾病治疗有效，所以必须相应限制其执业范围，规定其可以治疗的病种及禁止接收的病种等。

# 大 事 记
## Key Events

**B.17**

# 2019年少数民族非物质文化遗产大事记

梁 海　廖玉莲　何开敏*

## 1月

**1月4日**　根据《中华人民共和国非物质文化遗产法》《内蒙古自治区非物质文化遗产保护条例》有关规定，为加强非物质文化遗产传承人队伍建设，促进全区非遗可持续传承发展，按照《内蒙古自治区文化厅关于开展第六批自治区级非物质文化遗产代表性项目代表性传承人申报工作的通知》（内文函〔2018〕56号）要求，经全区申报、专家组初评、评审委员会复审、社会公示及评审委员会复议等程序，内蒙古自治区文化和旅游厅认

---

\* 梁海，贵州民族大学人文科技学院2017级文化产业管理专业学生；廖玉莲，贵州民族大学人文科技学院2017级文化产业管理专业学生；何开敏，贵州民族大学人文科技学院2018级文化产业管理专业学生。

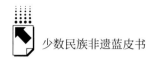
定宝音达来等237人为第六批自治区级非物质文化遗产代表性项目代表性传承人。（内蒙古自治区文化和旅游厅官网）

**1月9日** 文化和旅游部公布了2018～2020年度"中国民间文化艺术之乡"名单，入选的"中国民间文化艺术之乡"共175个。其中，新疆维吾尔自治区入选3个，分别是：乌鲁木齐市米东区三道坝镇（社火）、哈密市伊州区天山乡（刺绣）、新疆生产建设兵团第六师芳草湖农场（曲子戏）。广西壮族自治区入选7个，分别是：南宁市马山县古零镇（三声部民歌）、柳州市鱼峰区（鱼峰歌圩）、桂林市永福县（彩调）、梧州市岑溪市（牛娘戏）、玉林市博白县（桂南采茶戏）、百色市靖西市新靖镇（绣球）、来宾市金秀瑶族自治县（黄泥鼓舞）。内蒙古自治区入选5个，分别是：包头市土默特右旗（二人台）、通辽市库伦旗（安代舞）、鄂尔多斯市乌审旗（走马）、呼伦贝尔市根河市敖鲁古雅鄂温克族乡（驯鹿文化）、锡林郭勒盟镶黄旗（阿斯尔音乐）。西藏自治区入选2个，分别是：拉萨市堆龙德庆区乃琼镇（藏戏）、日喀则市拉孜县（拉孜堆谐）。此外，还有宁夏回族自治区固原市隆德县（社火）等。（文化和旅游部官网）

**1月13日** 为盘点过去一年中为非遗保护传承事业做出突出贡献的标志性人物，梳理一年中非遗领域的重大事件，记录非遗传承发展的生动实践，由文化和旅游部非遗司指导和光明日报社、光明网主办的2018"中国非遗年度人物"推选活动结果在京揭晓，共选出10位2018"中国非遗年度人物"。非遗保护作为一项社会文化事业，需要全社会的共同参与，而"中国非遗年度人物"推选活动本身也是记录文化实践、讲好中国故事的重要载体。（《光明日报》）

**1月18日** 作为多民族国家，我国有28个民族的人口数量少于30万人。这些人口较少的民族拥有悠久丰富的民族文化和记忆，并通过口头传统一代一代传承下来。口头传统的内容既包括讲唱形式的歌谣、史诗、谚语、格言，也包括口述历史、生产生活技能等，是认识人口较少民族文化的"窗口"。伴随着改革开放的深化和脱贫攻坚的开展，我国人口较少民族的居住环境、生产生活方式发生较大变化，很多口头传统赖以生存的文化空间和场所正在减少甚至濒临消失，口头传统内容也面临流失的风险。鉴于此，国家图书馆秉承"抢救为主、兼容并包、科学致用、永续开放"原则，启动人口较少民族口头传统典藏工作，此项工作将分典藏记录、保存服务、传播推广三个阶段逐步展开，2019年将完成相关试点工作。2019年至2023年，将以民族为单位、以省区市为区块，逐步进行口头传统的记录典藏。之后，将在记录基础上进行资源的翻译、编目和保存，典藏资源也将全部上线，供读者检索使用，并持续推进典藏成果的转化、传播与推广。(《中国文化报》)

**1月24日** 由文化和旅游部非遗司主办的传统工艺工作站座谈活动在北京故宫博物院举行。在当天的座谈活动中，14家工作站的驻站单位代表及所在地文化和旅游行政部门代表结合各自的具体实践，进行了交流研讨、分享了建设心得和工作经验。新疆哈密、贵州雷山、四川成都、海南保亭等地的驻站单位以工作站为基地，深化学术研究，从民间汲取营养，拓展了教学与创作研发的内容和方式，注重学术成果的积累；将工作站与非遗研培工作相结合，提高了研培工作的针对性和工作站的可持续性。青海果洛、湖北荆州、广东潮州、山东济南、山西忻州等地以工作站为平台，汇聚各方力量开展交流研讨和教学研习活动，积极组织传承人群"走出来"。部分工作站在产品研发上紧盯市场，开发出了具有市场潜力的产品，增加了传承人群的收入，提升了当地文化的影响力。(宁夏回族自治区文化和旅游厅官网)

**1月28日** "新疆是个好地方——第六届天山南北贺新春非物质文化遗产年俗展"为期20天的活动将新疆近300项文旅活动进行展出，其中，包括话剧场观看指定贺岁片、送春联和窗花、舞龙舞狮、威风锣鼓、秧歌、主题冰雕展、冰灯展，并借该次活动将冰灯、花灯、社火以及滑冰、滑雪、庙会等文化活动组合在一起，让老百姓感受新疆的变化，共享新时代美好生活。(天山网)

# 2月

**2月14日** 在2019年全国艺术创作工作会议上，文化和旅游部党组书记、部长雒树刚在讲话中对中国—东盟（南宁）戏剧周在"围绕中心，服务大局，彰显国家文化软实力"方面的积极作用给予了充分肯定。中国—东盟（南宁）戏剧周一直致力于内容的多元性与丰富性，涵括优秀戏剧展演、戏剧工作坊、高峰论坛、非遗展览、剧评会、主题研讨会、戏剧大讲坛、微视频、微电影、微评论等内容，在"共绘和谐大美"的主题下积极彰显不同区域剧种的差异化特色，生动营造出了中国—东盟文化交流的和谐氛围，开拓了中国—东盟文化交流合作的新视野，是中国了解东盟文化的重要窗口，为中国文化走向东盟提供了高端优质新平台。（广西壮族自治区文化和旅游厅官网）

**2月18日** 湖南省湘西土家族苗族自治州首批 10 家非遗扶贫就业工坊分别在花垣县、凤凰县、古丈县、龙山县和吉首市等地正式挂牌。湖南省文化和旅游厅、湖南省湘西土家族苗族自治州文化旅游广电局认真落实文化和旅游部办公厅、国务院扶贫办综合司《关于支持设立非遗扶贫就业工坊的通知》有关要求，以列入"非遗＋扶贫"重点支持地区的花垣县为重点，积极推进非遗扶贫就业工坊建设工作，取得了初步成效。首批非遗扶贫就业工坊，重点结合了当地入选第一批国家传统工艺振兴目录项目，把振兴传统工艺与推动精准扶贫相结合，将丰富的非遗资源优势转化为发展优势，主动对接市场，积极开展宣传，有效带动了当地贫困人口的就业增收。（文化和旅游部官网）

**2月25日** 春节期间，青海省各地文化和旅游部门积极挖掘传统文化和旅游资源，开展了以"非遗过大年　文化进万家"为主题的全省非遗宣传展示展演系列活动。据统计，春节期间青海共举办各类非遗宣传展示展演活动百余场，包括民间文学、传统音乐、传统舞蹈、传统戏剧、曲艺、传统体育游艺与杂技、传统美术、传统技艺、民俗 9 个类别 180 多个项目。（《中国文化报》）

**2月28日** 由文化和旅游部支持的唯品会驻四川凉山传统工艺工作站在西昌市揭牌。凉山是全国深度贫困地区"三区三州"之一，非遗资源丰富、民族特色鲜明，拥有以彝族服饰、彝绣、彝族羊毛擀毡技艺、彝族银饰、彝族漆器等为代表的非遗传统工艺项目，有扶贫的需求，也有丰厚的传统工艺资源。此次文旅部支持电商在凉山设立工作站，旨在充分发挥其平台优势并聚合各方面社会力量，以彝族服饰、彝绣、彝族羊毛擀毡技艺等国家级非遗项目为重点，在产品设计、工艺提升、打造品牌、扩大市场等方面进行支持，最终让当地民众在传承传统工艺的同时，能够增加收入，脱贫奔康。（《川报观察》）

# 3月

**3月8日** "蜀韵中华——四川非物质文化遗产精品进京展"在北京工艺美术博物馆正式开展。该次展览活动是贯彻习近平新时代中国特色社会主义思想、落实政府工作报告提出的"加强文物保护利用和非物质文化遗产传承，推动文化事业和文化产业改革发展，提升基层公共文化服务能力"的具体举措。它在宣传推介四川优秀文化旅游资源，促进优秀传统文化创造性转化、创新性发展，实现非遗"见人见物见生活"的同时，也希望依托四川丰厚的非遗资源，鼓励和支持省内外文旅企业等社会力量积极参与到优秀传统文化的传承发展和传播弘扬中，共同推进四川文化强省、旅游强省建设。（中国非物质文化遗产网）

**3月12日** 以"织言绣语"为主题的2019中国纺织非物质文化遗产展在中国国际家用纺织品及辅料（春夏）博览会上惊艳亮相。该次展览主要展现贵州少数民族地区的纺织非物质文化遗产项目。秉承"活态"非物质文化遗产的设计思路，结合展示展演与互动体验模式，此次展览精选出贵州地区最具有代表性的传承人和纺织非物质文化遗产品类，运用新技术和新的设计理念，把传统非遗元素嫁接到新的民间工艺产品中，以体现中国纺织非遗文化的多样性与创新性。（"中家纺"论坛）

**3月16日** 为推进文化扶贫、振兴贫困地区传统工艺，文化和旅游部确定了首批10个"非遗+扶贫"重点扶持地区，支持在当地设立非遗扶贫就业工坊，凭借藏香制作技艺、尼木经幡、普松雕刻、雪拉藏纸等多个非遗项目，有着悠久历史的尼木县成功入选。西藏自治区首批10个非遗扶贫就业工坊在拉萨市尼木县挂牌，涉及藏香、藏纸、藏鼓、木雕等领域。（《中国民族报》）

**3 月 19 日** 为激励国家级非遗代表性项目代表性传承人更好地开展传承活动，促进非物质文化遗产代表性项目传承发展，按照文化和旅游部工作部署，甘肃省全面启动了国家级非物质文化遗产代表性项目代表性传承人传承活动评估工作。本次评估，是文化和旅游部非物质文化遗产司根据《中华人民共和国非物质文化遗产法》《国家非物质文化遗产保护专项资金管理办法》，在全国范围内组织实施的国家级非物质文化遗产代表性项目代表性传承人传承活动评估工作，先由甘肃、山西、吉林、浙江、湖南 5 个省份开展试点，在取得经验后将在全国组织实施。（文化和旅游部官网）

**3 月 25 日** "壮族三月三·崇左花山国际文化旅游节"于 3 月 25 日至 4 月 25 日举办，邀请了国内外宾朋参与联欢，体验当地独特的壮乡风情和边关风情。"壮族三月三"是广西最为隆重的民族传统节日和歌圩日，每年农历三月初三，广西区内的壮、汉、苗、瑶、侗等各族民众欢聚一堂，举办各种民族特色文体活动，这一传统民俗已入选国家级非物质文化遗产名录。2019 年，广西各地组织 900 多场民俗活动，致力于打造"壮族三月三·八桂嘉年华"。（中国文化传媒网）

**3 月 27 日** 由内蒙古自治区文化和旅游厅、北京服装学院共同主办的"额吉牧歌"——内蒙古自治区非遗传承人群扶贫研培成果展在京举行。这是中国非遗传承人群研培计划成果首次亮相中国国际时装周。该次活动以"额吉牧歌"为主题，意为草原美好生活是母亲一针一线缝制出来的，重点展示了兴安盟阿尔山市树皮画和科尔沁右翼中旗蒙古族刺绣两个非遗项目的传承人通过研培实现脱贫的成果。45 套民族服装、30 套充满民族元素的设计创新服装、35 位模特和 22 位演员，通过"生产"、"生活"、"盛典"和"感恩" 4 个篇章，展现了蒙古族典型的文化风情。（《光明日报》）

# 4月

**4 月 7 日** "踏歌起舞三月三"——西南省区市传统音乐舞蹈类非物质文化遗产代表性项目展演活动在广西民族博物馆拉开帷幕，来自重庆、海南、云南、内蒙古、四川、西藏等省区市的代表与南宁5000多名市民一起踏歌起舞，共襄"壮族三月三"盛会，同谱民族团结华章。本次展演以"汇民族歌舞，展非遗新姿"为主题，通过歌舞等艺术形式展现各民族的独特风情和多彩的民俗文化，是"壮族三月三"举办6年来，首次和其他省区市以非遗项目展演的形式进行的大联动、大联欢，进一步加强了"壮族三月三"的传承与传播，展现了我国传统音乐舞蹈类非遗的独特魅力。（《中国文化报》）

**4月17日** 为深入贯彻党的十九大精神和省委、省政府决策部署，全面落实习近平总书记关于文化遗产保护工作的重要指示批示精神，深入贯彻"保护为主、抢救第一、合理利用、加强管理、传承发展"的文化遗产保护方针，更好地推动云南文物、非遗保护事业的健康发展，云南省人大常委会把开展文化遗产保护法律法规检查列入2019年执法监督计划，组织了对云南省贯彻实施《中华人民共和国文物保护法》《中华人民共和国非物质文化遗产法》《云南省非物质文化遗产保护条例》情况的执法检查。（云南非物质文化遗产保护网）

**4月28日** 宁夏文化和旅游厅对全区非遗保护工作进行全面督查，按照文化和旅游部安排部署，自治区文化和旅游厅组成督查小组，由分管领导带队赴五市对国家级和自治区级非遗项目保护计划实施、保护传承现状、传承基地建设、传承人工作室建设及运行、非遗保护利用等方面进行全面督查。具体对银川市推进非遗进商圈、石嘴山市推进非遗进景区、吴忠市推进非遗进校园、固原市推进非遗加扶贫、中卫市推进非遗进景区开展了督查工作。（宁夏回族自治区文化和旅游厅官网）

# 5月

**5月6日** 由黔南州非物质文化遗产保护中心主办、贵州省吾土吾生民族工艺文化创意有限公司承办的扎染培训在吾土吾生民族蓝染文创中心举办。扎染古称扎缬、绞缬、夹缬和染缬，是中国民间传统而独特的染色工艺。布依族扎染上手快，提升空间大，应用广泛，极受人们的青睐。此次培训为期5天，课程包括理论知识、设计构思、专业技能、实际操作、市场营销5个部分。该次培训人数为20人，学员免费学习，优先招收少数民族贫困户、少数民族待业家庭妇女、少数民族在校大学生等学员，旨在通过培训帮助少数民族妇女拓宽就业渠道，增加收入。（贵州省非物质文化遗产保护中心官网）

**5月21日** 由文化和旅游部非物质文化遗产司主办、文化和旅游部民族民间文艺发展中心指导、广西壮族自治区文化和旅游厅承办的"文化和旅游部2019年基层非物质文化遗产保护工作队伍培训班"在广西壮族自治区桂林市开班。来自广西、云南、贵州三地的240名基层非遗保护工作者参加了培训。该次培训覆盖了广西、云南和贵州三省区，为不同地区和岗位从事非遗保护的基层工作者搭建了学习平台，提供了交流探讨的机会。目的是让基层工作队伍能够正确地认识非遗，能够准确理解当前国家对非遗工作的总体要求和政策指向，能够对当前主要的非遗法律法规有所了解，为开展非遗工作打好基础。（广西非物质文化遗产网）

# 6月

**6月2日** 贵州省人民政府公布第五批省级非遗代表性项目名录，并要求各地、各有关部门认真贯彻落实中央、省级非物质文化遗产保护相关法律法规，坚持"保护为主、抢救第一、合理利用、传承发展"的工作方针，切实做好非物质文化遗产代表性项目的传承、保护和合理利用工作，为弘扬中华民族优秀传统文化和推动贵州多民族文化大发展大繁荣做出新的贡献。（贵州省非物质文化遗产保护中心官网）

**6月6日** 柳州非遗学堂第58期"文化和自然遗产日"特别活动暨侗族木构建筑营造技艺进社区进校园启动仪式成功举办。6月6日上午，柳州市群众艺术馆以"非遗学堂"的形式，让侗族木构建筑营造技艺走进市民身边。由来自三江县林溪乡的侗族木构建筑营造技艺传承人、掌墨师杨云东向所有学员介绍了侗族木构建筑的历史与特点以及掌墨师的古老习俗，并带领大家动手用木槌体验侗族木构建筑"不用一颗钉"的纯榫卯拼插结构，感受侗族先民的智慧与神奇技艺。该活动也为侗族木构建筑营造技艺进社区进校园的一系列活动拉开了帷幕。（广西壮族自治区文化和旅游厅官网）

**6月8日** 随着"非遗＋旅游"深入推进，"非遗＋旅游"成为文旅融合发展新亮点。由中国旅游报社开展的"2019非遗与旅游融合优秀案例征集展示"活动取得佳绩。"江苏南京：秦淮灯会彰显文旅融合新生态"、"江西景德镇：古窑红店让非遗'活'起来"、"江西婺源：非遗让中国最美乡村更有'味道'"、"福建龙岩：看世遗永定土楼，体验非遗传经典"、"湖南长沙：非遗馆让非遗项目活态发展"、"四川凉山：彝族火把节推动非遗与旅游融合发展"、"陕西韩城：让非遗在景区发展中绽放魅力"、"湖北十堰：'郧西七夕'将非遗与旅游深度融合"、"贵州凯里：非遗与旅游融合推动麻塘精准扶贫"和"浙江东沙：非遗让古渔镇焕发新活力"10个案例入选。各地开展了一批"非遗进景区"活动，推出了一批"非遗主题旅游线路"优秀案例。（《中国旅游报》）

**6月29日** 由哈密传统工艺工作站承办的"丝路·密绣——传承与创新"传承人对话活动在哈密宾馆举办。活动以"丝路密绣传承"为主题，推动非遗更好地融入当代生活，维护社会稳定发展。提出在非遗传承建设过程中，要以社会需求和实际问题为导向，以调动和维护传承人的积极性为核心，把传承人的利益放在首要位置。（文化和旅游部官网）

# 7月

**7月4日** 中国非物质文化遗产传承人群2019年度"绿茶制作技艺"培训班来到安徽省黄山市黄山区参加太平猴魁茶手工制作技艺实训课程，太平猴魁茶手工制作技艺2008年被列入国家级非物质文化遗产代表性项目名录。该次培训内容分为理论认知（非遗理论、绿茶基础和产业经济）、绿茶制作实训、研讨交流、考察研学、展示总结5个模块，共计180个学时。来自安徽、贵州、重庆、浙江、江苏、江西等地的绿茶制作技艺项目非遗传承人、绿茶制作从业者及部分茶企销售人员共计46人参加培训。此次太平猴魁茶的制作实训课程，使学员通过与国家级、省级非遗代表性项目代表性传承人对话交流、太平猴魁茶手工制作技艺实践操作，以及体验其制作工序，包括鲜叶拣尖、摊晾、杀青、整形捏尖、做形（压扁）、高温烘焙、中温复烘、低温提香等，学习了太平猴魁茶的手工制作技能，进一步提升了传承实践能力。（《中国文化报》）

**7月15日** 习近平总书记在内蒙古考察调研非物质文化遗产时做出重要指示。观看了古典民族史诗《格萨（斯）尔》说唱展示，并同《格萨（斯）尔》非遗传承人亲切交谈。习近平总书记指出，党中央支持扶持非物质文化遗产，要培养好传承人，一代一代接下来、传下去。（《中国文化报》）

**7月21~25日** 2019中国原生民歌节在云南省楚雄市桃源湖月亮广场进行第一场"进社区·进村寨"展演，打响了"中国·楚雄2019彝族火把节暨丝路云裳·七彩云南民族赛装文化节和2019中国原生民歌节"三节的第一炮！活动现场，进行了"乡音点歌平台"启动仪式。该次活动整合了方言歌曲资源和优质平台资源，精选全国各地的传统歌曲、戏曲等而打造的乡音曲库，充分展示了近年来我国传统音乐类非遗传承保护成果，总结交流了传统音乐类非遗传承发展经验，广泛传播我国传统民歌，推动文旅融合，促进全民共享。展演节目坚持弘扬社会主义核心价值观，反映民族精神和时代精神，向社会传递向上向善的正能量。（《中国文化报》）

# 8月

**8月1日** 在内蒙古自治区兴安盟乌兰浩特，中国手工刺绣传承创新大会在以"草原红色文艺轻骑兵"乌兰牧骑命名的群众文化艺术活动中心——乌兰牧骑宫举行，开幕式结束后，中国手工刺绣高峰论坛召开。论坛以"承荣·思新"为主题，围绕中国手工刺绣的文化内涵、传承创新、产业发展等议题，邀请有关专家学者以分享、沙龙的形式进行了演讲发言，共

话以刺绣为焦点的传统工艺的现代化价值创新，共同推动蒙古族刺绣等民族刺绣的传承保护与创新发展。（《中国纺织报》）

**8月5日** 来自湘黔两省三县（天柱、锦屏、靖州）四十八寨的万余名苗侗群众聚集在天柱县竹林镇滨江村，共同欢度四十八寨歌节麻阳歌会。2010年，"四十八寨歌节"被列入国家级非物质文化遗产代表作名录。舞台上有来自湘黔两省70多个代表队的120多个歌堂；歌手们放声歌唱，唱响党的好政策，歌颂美好新时代，"以歌传情、以歌会友、以歌代言"，表达了对乡村振兴的祝愿和对美好生活的向往。（贵州省非物质文化遗产保护中心官网）

**8月8日** 湘西土家族苗族自治州苗族赶秋节在花垣县举行。花垣县苗族赶秋历史悠久、文化内涵丰富，已于2016年11月被正式列入联合国教科文组织人类非物质文化遗产代表作名录，民族节庆品牌的社会效应日益显现。该届花垣苗族赶秋节以"世界的赶秋·赶秋的世界"为主题，通过打造苗族赶秋品牌，推进全域旅游，助力苗乡脱贫攻坚。通过综合展现苗族赶秋多种文化元素，让大家体验和参与这场全民族的节日盛会。（湖南省人民政府官网）

**8月16～22日** 由中华文化联谊会、海峡两岸旅游交流协会、中国非物质文化遗产保护中心、内蒙古自治区文化和旅游厅及台湾中华翰维文化推广协会共同主办，内蒙古自治区非物质文化遗产保护中心和锡林郭勒盟文化旅游广电局承办的"共同传承 共同弘扬——两岸非物质文化遗产传承与保护对话"活动在锡林郭勒盟举办。该活动以"共同传承 共同弘扬"为主题，邀请两岸近30位专家到内蒙古非遗传习所调研，在那达慕上体验非遗项目，并就非物质文化遗产保护进行学术对话。该活动是"守望精神家园——第六届两岸非物质文化遗产月"暨"美丽中华行"推广活动的一部分。（内蒙古自治区非物质文化遗产保护中心官网）

**8月19日** 习近平总书记在甘肃考察调研非物质文化遗产时强调，要加强对国粹传承和非物质文化遗产保护的支持和扶持，加强对少数民族历史文化的研究，筑牢中华民族共同体意识。（《中国文化报》）

# 9月

**9月2日**　"中国非物质文化遗产传承人群研修培训计划"云南艺术学院研修培训班第四期、第五期开班仪式在设计学院举行。云南艺术学院副院长、设计学院院长陈劲松教授致欢迎辞，来自全国各地的40名学员参加培训。该次培训的两期研修班旨在遴选具有较高技艺水平的传统工艺传承人或资深从业者，以"云南扎染"和"云南剪纸"为内容开展教学。（云南非物质文化遗产保护网）

**9月2～6日**　由文化和旅游部非物质文化遗产司、国务院扶贫办开发指导司主办，河北省文化和旅游厅承办的2019年基层非遗保护工作队伍"非遗＋扶贫"专题培训班在河北丰宁满族自治县举办。本次培训班为基层非遗助力精准扶贫工作搭建了深入交流和相互学习的平台，将有力推动该项工作深入开展。（文化和旅游部官网）

**9月23日**　中国西藏摄影及非遗文创服饰展在蒙古国举行。中国驻蒙古国大使馆和乌兰巴托中国文化中心同蒙古国政府、学校等机构合作举办了一系列庆祝活动，向蒙古国民众介绍丰富多彩的中国文化。该次展览共设摄影、唐卡、服饰、非物质文化遗产（文化衍生产品）等四大板块，集中展示了中国西藏自治区百余件摄影产品、文化衍生产品和特色文创产品。（新华网）

**9月30日**　由宁夏回族自治区文化和旅游厅、苏州市国家历史文化名城保护区管委会、苏州市园林和绿化管理局主办，联合国教科文组织亚太地区世界遗产培训与研究中心（苏州）、宁夏非物质文化遗产保护中心支持的"非遗进世遗"——"西北风·江南韵"宁夏·苏州非遗展，在苏州沧浪亭园林景区开幕。该活动主要目的是加强相互交流合作、加快推进文旅融合新进程，以"旅游＋艺术＋传媒"的新模式、以"非遗进世遗"的新形式举办。其间重点展出宁夏和江苏两省区的精品非遗项目，如宁夏贺兰砚、宁夏剪纸、宁夏花儿、宁夏小曲等非遗项目与苏州昆曲、评弹、苏绣（发绣）、

白洋湾山歌、苏州澄泥石雕刻砚台、苏州剪刻纸、古琴古萧、玻璃画等非遗项目。（宁夏回族自治区文化和旅游厅官网）

# 10月

**10月14～17日**　内蒙古自治区参加在香港九龙湾国际展贸中心举行的"首届少数民族地区成就展暨非物质文化遗产展示活动"。该次展览集中展现了中华人民共和国成立70年以来，我国五大少数民族自治区取得的辉煌成就和各具特色的非遗文化。这是内地首次在港展示少数民族地区突出成就，也是首次在港展示具有民族特色传统文化的重要活动。内蒙古活动分为"成就图片展"和"非物质文化遗产展示"两个展区，充分展示了蒙古族金银铜器、皮雕、毡绣、桦树皮画等非遗精品以及具有内蒙古区域特点的蒙古族部落传统服饰。（内蒙古新闻网）

**10月18日**　由内蒙古自治区奈曼旗成立的塔塔统阿蒙古文字博物馆正式开馆，这是内蒙古首家蒙古文字博物馆。该馆重点展示我国蒙古族一直使用的回鹘式蒙古文字从元朝时期发展到今的历史演变。同时，展示托忒文、索永布文等5种蒙古民族在历史上使用过的文字以及相关珍贵文物、图书。除了蒙古族使用的文字之外，博物馆还展示作为文字雏形的岩画以及古代北方少数民族使用过的多种文字。（内蒙古自治区民族事务委员会官网）

**10月22日**　交流·交心·交棒——内蒙古非遗团队走进台湾地区。"草原文化走亲"为"守望精神家园——第六届两岸非物质文化遗产月"暨"美丽中华行"大型公益交流活动在台画下圆满句点。这是内蒙古草原文化首次以大规模、立体化样态展现在台湾民众面前。该次交流活动主要实现了内蒙古非遗技艺惊艳宝岛、"草原文化走亲"拉近彼此距离、把传统文化瑰宝一代代传下去。（新华网）

**10月28日**　由国家艺术基金支持的黔西南州非遗扶贫与乡村振兴研讨交流会在册亨县板万村举办。该次研讨会旨在组织非遗保护及传统工艺相关专家、学者等多方力量，根据当前"乡村振兴"工作的实际需求与传统工艺现状，共同研讨传统手工技艺如何有效地融入国家"脱贫攻坚"大战略，带动乡村传承优秀文化，提升脱贫能力，激活乡村发展的新机制。有针对性地开展传承人群培训，使当地人们能够依靠传统工艺发展经济、脱贫致富，给乡村带来生气，活化乡村。（贵州省非物质文化遗产保护中心官网）

# 11月

**11月4日** 由中国纺织工业联合会主办的第三届中国纺织非遗大会于11月在云南省昆明市成功举办。大会以"开启纺织非遗传承发展新时代"为主题，通过主题演讲、研讨、展览、体验等方式，推进纺织非遗的传承、发展与创新。该次大会发布了《中国纺织非物质文化遗产发展报告（2018/2019）》，揭晓了2019年度中国纺织非遗推广大使，宣布了"我与非遗"微电影评选和文创纪念品设计征集活动结果，举办了以"锦绣中华·七彩云裳"为主题的非遗服饰秀活动。（《中国青年报》）

**11月12日** 文化和旅游部部务会议审议通过《国家级非物质文化遗产代表性传承人认定与管理办法》。该办法立足于完善非物质文化遗产传承体系，明确国家级非遗代表性传承人认定与管理的指导思想和工作原则，完善国家级非遗代表性传承人的认定条件和程序，对传承活动实行年度评估和动态管理，激励、支持、规范传承人开展传承工作。（文化和旅游部官网）

# 12月

**12月5日** 铸牢中华民族共同体意识，全面推进西藏非遗保护工作，2019年西藏自治区的非物质文化遗产保护成果报告正式出炉。在党中央、国务院的关怀下，西藏自治区的非物质文化遗产保护事业取得了丰硕成果。主要表现为：非物质文化遗产保护的保障体系逐步完备、非物质文化遗产保

护的制度性工作得以全面推进、中华民族共同体意识得以铸牢等。(《中国旅游报》)

**12月6~7日** 非遗品牌建设与非遗扶贫对话暨第二届多彩贵州传统工艺振兴研讨交流会在清镇市贵州省旅游学校举办。该次对话研讨活动得到文化和旅游部非遗司指导,由贵州省文化和旅游厅、苏州工艺美术职业技术学院主办,贵州省非物质文化遗产保护中心、苏州工艺美术职业技术学院手工艺术学院、贵州省旅游学校、传统工艺贵州工作站承办。该次对话研讨活动分别围绕"非遗品牌建设与非遗扶贫对话""非遗品牌建设研讨""非遗扶贫及创新发展研讨""非遗保护利用研讨"等主题进行交流。(贵州省非物质文化遗产保护中心官网)

**12月25日** 文化和旅游部正式公布了首批7个国家级文化生态保护区名单。分别是:闽南文化生态保护区、徽州文化生态保护区、热贡文化生态保护区、羌族文化生态保护区、武陵山区(湘西)土家族苗族文化生态保护区、海洋渔文化(象山)生态保护区、齐鲁文化(潍坊)生态保护区。该次验收评定确认,有利于进一步夯实地方政府建设管理生态保护区的主体责任,推动各地积极探索对非遗进行区域性整体保护。(文化和旅游部官网)

**12月31日** 由光明日报社主办、光明网承办的2019"中国非遗年度人物"在北京揭晓。该次选出的10位2019"中国非遗年度人物"包括中国社会科学院荣誉学部委员刘魁立、国家级非物质文化遗产代表性项目凤翔木版年画国家级代表性传承人邰立平、国家级非物质文化遗产代表性项目新疆维吾尔木卡姆艺术(十二木卡姆)自治区级代表性传承人依力哈木·热依木、国家级非物质文化遗产代表性项目苗绣省级代表性传承人石丽平等。(《中国文化报》)

**12月31日** 2019年,文化和旅游部与国务院扶贫办联手推进文化和旅游扶贫工作取得阶段性成果,以深度贫困地区"三区三州"和部分少数民族地区为重点,支持设立了156家非遗扶贫就业工坊。各地依托非遗扶贫就业工坊,开展技能培训5600多期,培训人员17.67万人次。据不完全

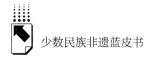
统计，全国 393 个国家级贫困县和 150 个省级贫困县已开展非遗助力精准扶贫工作，建设非遗扶贫就业工坊 2310 个，涉及非遗项目 2206 个，带动建档立卡贫困户 22.92 万人参与就业，其中 22.02 万人实现脱贫。（《中国文化报》）

# Abstract

The intangible cultural heritage ofethnic minorities is an essential component of China's intangible cultural heritage. It is invaluable but endangered. Inheritors of intangible cultural heritage are the main body of intangible cultural heritage inheritance and protection, functioning as an important carrier to reflect the "liveness" of intangible cultural heritage. At present, the Ministry of Culture and Tourism has announced five batches of representative inheritors of national intangible cultural heritage projects, and provinces (autonomous regions, municipalities directly under the central government), cities (autonomous prefectures), and counties (autonomous counties, districts) have also announced the list of representative inheritors of intangible cultural heritage, forming a four-level protection system. After years of protection practice, China has made fruitful explorations and achievements in the protection of intangible cultural heritage inheritors, yet still it has faced with serious problems such as serious aging of inheritors. Concerning the large number of inheritors and their exquisite skills, it is of great practical and academic significance to review and summarize the protection experience of inheritors of intangible cultural heritage of ethnic minorities in China, to explore policies to promote the protection and cultivation of it and to break through the plight of lack of successors. This book *The Development Report on China's Intangible Cultural Heritage of Ethnic Minorities (2020)* is compiled by Research Institution for Southern Ethnic Intangible Cultural Heritage and College of Humanities and Sciences of Guizhou Minzu University. Many other research teams and institutions also contribute to the writing of this book, including the Innovation Research Center of Folk Culture Education and Inheritance funded by the Ministry of Education, the Development Research Center of National Culture Industries in Guizhou Minzu University and other non-governmental organizations.

With the theme of protectingintangible cultural heritage inheritors of ethnic

minorities, this book contains the latest related researches. Based on the 2019 edition, it continues to conduct a statistical analysis of the four lists of national intangible cultural heritage representatives and five lists of national intangible cultural heritage representative inheritors by different minorities and places. Using various research methods such as literature data analysis, qualitative and quantitative research methods, case analysis, and comparative studies, this book presents diversified modes and feasible paths of the future development of minority intangible cultural heritage.

This book consists of seven parts.

The first part is the general report, mainly reviewing the protection and development status of representativeintangible cultural heritage inheritors of ethnic minorities in China from 2006 to 2019, pointing out the problems and difficulties faced by the inheritors in the process of protection and development, and proposing the future development strategies accordingly.

The second part, based on different ethnic minorities, makes an analysis on the representative intangible cultural heritage projects and inheritors of Jingpo, Pumi and Ewenki ethnic minorities at or above the provincial level from 2006 to 2019, points out the existing problems, and puts forward corresponding solutions and development suggestions.

The third part is about different regions, mainly carrying out an analysis on the intangible cultural heritage representative projects and inheritors at or above the provincial level in Yunnan Province, Xiangxi Tujia and Miao Autonomous Prefecture and Gannan Tibetan Autonomous Prefecture from 2006 to 2019, presenting the existing problems while seeking corresponding solutions and development strategies.

The fourth part, from the theoretic perspective, makes in-depth discussions on the construction of national cultural and ecological protection areas, the protection mechanism of national intangible inheritors of ethnic minorities, and the protection and development of traditional Tibetan skills from the perspective of poverty alleviation.

The fifth part is about poverty alleviation. Under the background of "intangible cultural heritage plus poverty alleviation", it studies the development status and constructive paths of intangible cultural heritage brands, traditional food production techniques, Guizhou minority village tourism, and food culture brands of Miao ethnic minority in the post-poverty-alleviation era.

The sixth part, from the perspective of intangible cultural heritage legislation, discusses the revision of intangible cultural heritage law of China, the research status of intangible cultural heritage legal theory, and the conflicts between intangible cultural heritage and criminal law.

The seven part is the Events, annotating the important governmental or academic events closely related to the intangible cultural heritage of ethnic minorities in 2019.

**Keywords**: Intangible Cultural Heritage; Inheritance of Intangible Cultural Heritage; Protection of Intangible Heritage; Intangible Cultural Heritage and Poverty Alleviation

# Contents

## I General Report

**Abstract:** Inheritors of intangible cultural heritage are the main body of intangible cultural heritage inheritance and protection, functioning as an important carrier to reflect the "liveness" of intangible cultural heritage. Since the first list of representative inheritors in 2007, the Ministry of Culture and Tourism has successively announced five batches of representative inheritors of national intangible cultural heritage projects in various provinces (autonomous regions, municipalities directly under the central government), and cities (autonomous prefectures). Counties (autonomous counties, districts) have also announced the list of representative inheritors of intangible cultural heritage, forming a four-level protection system. Among the representative inheritors of national intangible heritage, 27.87% are intangible cultural heritage inheritors of ethnic minorities. Based on the statistics and analysis of representative inheritors of national intangible cultural heritage, this report summarizes relevant protection experience and characteristics. It also points out that the protected inheritors get older, gradually showing the characteristics of "individualized, professionalized, and marketed" and exposing the imperfection of supervision mechanism. Therefore, the report puts forward the suggestions of expanding the scope of ethnic minority inheritors, improving relevant evaluation and reward mechanisms, establishing social supervision and expert-assisting systems, and continuing to implement the inheritance training programs.

**Keywords:** Ethnic Minorities; Inheritors of Intangible Cultural Heritage; Protection of Inheritors of Intangible Cultural Heritage

# II   Reports of Ethnic Minorities

B. 2   Development Report on Safeguarding Intangible Cultural

Heritage of the Jingpo (2006 −2019)

*Wang Yue, Wang Yueyue and Zhu Jing /* 030

**Abstract:** Jingpo nationality is one of the ethnic minorities with a long history in China, mainly inhabiting in the Autonomous Prefecture of Yunnan Province. It is a cross-border ethnic group between China and Myanmar, continuously creating, developing, inheriting and accumulating in the long history some rich and colorful intangible cultural heritages, which have survived as an important part of China's intangible cultural heritage. By sorting out intangible cultural heritage of the Jingpo people and their inheritors in the national and provincial intangible cultural heritage, the report discusses the basic experience, existing problems and deficiencies in the protection and inheritance. According to the report, we can strengthen the protection and inheritance of intangible cultural heritage of Jinpo nationality by improving the related laws and regulations and by perfecting the declaration and management of heritage projects. It can also make improvements by strengthening the support from talents, promoting the reform of Jingpo cultural heritage modes, reinforcing the construction of new media, and enhancing the communicative power of intangible cultural heritage.

**Keywords:** Jingpo Nationality; Intangible Cultural Heritage; Cultural Heritage

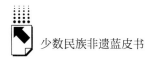

B. 3　Development Report on Safeguarding Intangible Cultural

　　Heritage of the Pumi（2006 −2019）　　　　*Yang Qi* / 045

**Abstract**：Yunnan is a province with the largest number of ethnic minorities in China, and the Pumi ethnic group is an important member of 26 ethnic groups in Yunnan Province, each enjoying a unique and colorful culture. Considering that culture is the source of the continuation and development of each ethnic group, the protection and inheritance of the intangible cultural heritage of Chinese ethnic minorities gain a great significance for Chinese outstanding traditional cultural diversity. With the development of economic and cultural globalization, the Pumi people's connections with the outside world have increased, making their intangible cultural heritage gradually spreading over the world. In the wave of cultural changes, the Pumi culture still maintains its distinctive characteristics based on its national cultural consciousness, self-confidence and self-improvement. However, the protection and inheritance of the Pumi people's intangible cultural heritage is facing many new problems due to factors such as population movement, scattered settlement and aging of inheritors. Therefore, it is necessary to connect the government, inheritors, non-governmental organizations, and the public together to protect the endogenous power of Pumi's intangible cultural heritage.

**Keywords**：Pumi Nationality；Intangible Cultural Heritage；Inheritors

B. 4　Development Report on Safeguarding Intangible Cultural

　　Heritage of the Ewenki（2006 −2019）

　　　　　　　　　　　　*Li Yajie*，*Lu Xiaolong* / 059

**Abstract**：Ewenki is one of the ethnic minorities in northern China, having excellent national culture and rich ethnic craftsmanship. Ewenki intangible cultural heritage is an important part of the intangible cultural heritage of ethnic minorities in China. With the continuous development of modern society, the Ewenki people who originally lived in grasslands and forests gradually moved to cities and towns, making some excellent traditional ethnic culture forgotten unknowingly. Recording and protecting the excellent national culture of Ewenki people is an important part of promoting China's national progress.

**Keywords**: Ewenki Nationality; Intangible Cultural Heritage; Protection of Intangible Cultural Heritage

# Ⅲ    Reports of Regions

B. 5    Report on the Protection and Development of the Intangible
Cultural Heritage of Ethnic Minorities in Yunnan Province
(2006 −2019)

*Research Group on Educational Approaches to Inheritance of*
*Traditional Cultures of Yunnan Cross-border Ethnic Minorities / 077*

**Abstract**: Yunnan province is rich in the intangible culture heritage in our country. Of the four batches of national intangible cultural heritage lists published since 2006, Yunnan has 122 items in all, of which 109 are ethnic intangible cultural heritage, accounting for 89. 34% of intangible cultural heritage in Yunnan province. Over the years, Yunnan has taken special measures to protect the intangible cultural heritage of ethnic minorities and has made great achievements. At the same time, there are also some difficulties such as the decline in the number of ethnic intangible cultural heritage, the aging of inheritors, the disappearance of ethnic cultural characteristics, and the weakening of school heritance. To promote the protection and development of ethnic intangible cultural heritage, we can make full use of individuals, families, schools and the society.

**Keywords**: Yunnan; Ethnic Minorities; Intangible Cultural Heritage

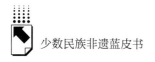

B. 6　Report on the Protection and Development of the Intangible Cultural Heritage in Xiangxi Tujia and Miao Autonomous Prefecture（2006 −2019）　　　*Sun Liqing*, *Yuan Li* / 104

**Abstract**：Xiangxi Prefecture is the only minority autonomous prefecture in Hunan Province. It is a national cultural and ecological protection experimental area and an enrichment area for material and cultural heritage of Hunan. In the context of the steady advancement of poverty alleviation and the rapid development of the tourism industry, the Xiangxi Prefecture has stood out in the protection and development of intangible cultural heritage by strengthening the inventory protection, promoting institutional construction, creating a heritage display platform, and achieving living heritage. This report believes that the protection and development of the intangible cultural heritage of the Xiangxi Prefecture is facing the problems of rapid changes in cultural ecology, shrinking inheritance groups, insufficient effectiveness of capital use and social participation. The research team believes that the Xiangxi Prefecture needs to achieve the protection and development of the intangible cultural heritage by promoting comprehensive protection, carrying out systematic research, realizing new media communication, and integrating with the cultural and tourism industry.

**Keywords**：Intangible Cultural Heritage; Innovative Development; Xiangxi Tujia and Miao Autonomous Prefecture

B. 7　Report on the Protection and Development of Intangible Cultural Heritage in Gannan Tibetan Autonomous Prefecture （2006 −2019）　　　*Liu Yuan*, *NgaWang Gyatso* / 123

**Abstract**：With a long history, a vast territory and rich intangible cultural heritage resources, Gannan Tibetan Autonomous Prefecture has strengthened the protection of intangible cultural heritage projects and has made outstanding achievements in recent years. Starting from the national and provincial intangible cultural heritage projects and representative inheritors, the report summarizes the important experience of Gannan Prefecture in formulating laws and regulations, holding various performances, and developing intangible cultural heritage with the help of "poverty alleviation". It also analyzes the problems of serious aging of inheritors, lack of professionals and funds, and low participation of the public in intangible cultural heritage inheritance and development. Besides, it shows that we can promote the protection and development of intangible cultural heritage in Gannan Prefecture by training inheritors of the new era in various colleges and universities based on various subjects.

**Keywords:** Intangible Cultural Heritage; Mode of Inheritance; Gannan Tibetan Autonomous Prefecture

# Ⅳ   Theoretical Researches

**Abstract:** The key to protecting and inheriting the intangible cultural heritage of ethnic minorities lies in the inheritors, especially the national inheritors. The national intangible cultural heritage inheritor of ethnic minorities is an excellent creator, disseminator and inheritor of ethnic minority intangible cultural heritage, with exquisite skills, great influence and active inheritance. However, with the development of social economy and the changes of the times, the inheritors are facing a huge challenge. A series of new requirements and new dilemmas follow one after another. The traditional way of inheritance can no longer meet the needs of the society, paving a bright road for cloud inheritance. Based on great challenges of inheritance, cloud inheritance

centers on the logic of "inheritance, promotion and development", taking the inheritors as the core, while establishing the systematic inheritance mechanism of "cloud inheritance, cloud communication, cloud communication, cloud empowerment, cloud evaluation". With a better integration of the national intangible cultural heritage inheritors of ethnic minorities into the cloud era, we can truly achieve living inheritance.

**Keywords**: Ethnic Minorities; National Inheritors; Cloud Inheritance; Living Inheritance

B. 9 Research on the Protection and Development of Traditional Tibetan Skills in Diqing from the Perspective of Intangible Cultural Heritage Poverty Alleviation

*Zhou Yuhua, Ma Yong and Liao Zhiying* / 162

**Abstract**: During the long-term historical development of the Tibetan people in Diqing (hereinafter referred to as "Diqing Prefecture"), the Tibetan people have created a series of production knowledge and skills heritage by relying on the specific natural, geographical, humanistic and historical environment of Diqing Prefecture. These knowledge and heritage lies mainly in the form of traditional handicraft in the production and daily life of the Tibetan people. This paper takes the traditional handicrafts in the national and provincial intangible cultural heritage list as an example to demonstrate the inheritance status and the development of the traditional handicrafts of the Tibetans in Diqing from the perspective of poverty alleviation. At present, some achievements have been made in the inheritance and development of Diqing Tibetan traditional handicrafts, but there are still some problems to be solved. The report believes that through commercialization, industrialization, productive development and targeted poverty alleviation measures, we can protect and inherit the traditional handicrafts of the Tibetan people in Diqing, and help the Tibetan people lift out of poverty and become rich.

# Ⅴ  Poverty Alleviation Based on the
# Intangible Cultural Heritage

**Abstract**: Relative poverty is the main battlefield of poverty governance in
China after 2020. As a cultural resource and cost, intangible cultural heritage, as
an important part of comprehensive governance system, must actively participate in
the governance of relative poverty. In order to give full play to the brand
effectiveness of intangible cultural heritage, increase the economic benefits of the
poor, and alleviate the structural relative poverty of the economy, this paper sorts
out the development of brand protection policies and regulations, the
standardization of terms, and the construction of brand image. The paper also
analyzes the existing intangible cultural heritage protection modes from the trend of
life, product, systematization, and digitization. The aim is to improve the
accuracy of brand operation by tailor-made design, to dig into the essence, and to
refine the core brand symbols and values. Besides, driven by innovation, we can
strengthen the creative development of brand image. By clarifying the main targets,
we can enhance the intellectual property protection of brand value to transform
cultural resources into cultural productivity, and finally build an innovation system
for intangible cultural heritage brands in post-poverty-alleviation era, serving the
comprehensive system for poverty governance policy.

**Keywords**: Post Poverty Alleviation Era; Intangible Cultural Heritage;
Innovative Design; Digital Heritage

B. 11    Research on Poverty Alleviation and Development Paths of
Guizhou's Intangible Cultural Heritage of Traditional Food
Production Techniques          *Wang Weijie，Wang Yanni* / 197

**Abstract**：Guizhou is deep located in the southwest inland of China. Due to its underdeveloped economy, it used to be the province with the largest population and area suffering from poverty, facing great difficulties in the arduous task of poverty alleviation. It is one of the innovative means to tackle the task of poverty alleviation by making use of traditional culinary arts and other intangible cultural heritages. With the feature of obvious policy dominance, poverty alleviation and the development of intangible cultural heritage require both protection and development, relying greatly on endogenous motivation. Since the related projects have cultural and technological characteristics, they are greatly feasible. It becomes an important way to promote the development of poverty alleviation projects by utilizing cultural capital, combining talents training with product research and development, connecting endogenous motivation with exogenous support to build a cross-regional and cross-industry resource integration and sharing mechanism.

**Keywords**：Intangible Cultural Heritage；Traditional Food Production Techniques；Poverty Alleviation and Development；Guizhou

B. 12    Research Report on the Integration of Industry and Tourism
Development of Ethnic Minority Villages in Guizhou Province
*Chen Pindong，He Miyue and Yu Jie* / 210

**Abstract**：Based on the field survey of more than 30 villages in Guizhou Province, this paper presents the tourism development mode of Guizhou ethnic minority villages through questionnaires and field interview. It also sorts out the problems existing in the industry and tourism integration development of Guizhou ethnic minority villages. The first is "singleness, homogeneity and uneven distribution of interests". The second is the single product structure and weak brand power. The third is the lack of talents in professional tourism planning. The fourth is the lack of industrialization of tourism resources. The article also puts forward policies for the promotion of the development of industry and tourism in ethnic minority villages in Guizhou Province. The first is to promote integration to improve the constructive capacity of ethnic minority villages. The second is to create distinctive tourism brands and promote rapid industrial development. The third is to cultivate industry-planning professionals. The fourth is to make overall plans and concentrate on promoting industrial development.

**Keywords**: Ethnic Minority; Characteristic Village; Integration of Industry and Tourism; Guizhou

B. 13   Research on the Brand of Miao Diet Culture

—*A Case Study of Laokaili Sour Fish Restaurant in Guiyang*

*Liu Mingwen, Zhu Huxiang and Zhang Zexiong / 223*

**Abstract**: The ethnic diet culture is an important part of ethnic traditional culture. The investigation and study of it can help us understand the living habits, living environment, folk characteristics, national spirit and other aspects of a certain ethnic group. In the fast-paced life of modern society, people's demand for spiritual culture is increasing. In the fast-food-style living environment, people need more and more different consumption to alleviate the pressure and brought by life. "Laokaili" sour soup fish is a dish with Miao characteristics. As an influential catering brand of Miao Nationality in Guizhou, "Laokaili" presents unique ways in its brand shaping, including regional display, store packaging, star promotion, and scenic design to fully display local culture and attract customers. The summary of the above methods can provide materials and experience summary for exploring the status quo of the development of the Miao nationality food culture branding.

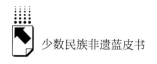
**Keywords**: " Laokaili " Sour Fish Soup; Diet of Miao Nationality; Cultural Brand

# Ⅵ  Legislation of Intangible Cultural Heritage

B. 14  Ideas and Plans for the Amendment of Intangible Cultural

Heritage Law                                      *Zhou Gangzhi* / 232

**Abstract**: In order to protect the intangible cultural heritage, it is imperative that we promote the amendment of the intangible cultural heritage legislation. The amendment of *Intangible Cultural Heritage Law* should first adhere to strengthen the overall protection and active protection of the intangible cultural heritage, support the training of inheritors of the intangible cultural heritage, promote the creative transformation and innovative development of the intangible cultural heritage, and protect the development of the intangible cultural heritage. Secondly, we should expand the participants and inheritors, broaden the inheritance and transmission channels and promote the classification, the rational utilization and the legal responsibility of intangible cultural heritage. Specific modification plans include improving the overall design of inheritance and protection of intangible cultural heritage, strengthening the social participation mechanism, improving the classification protection system, promoting the integrated development of intangible cultural heritage protection and public cultural service, and establishing the rational utilization system of intangible cultural heritage.

**Keywords**: *Intangible Cultural Heritage Law*; Law Amendment; Protection of Intangible Cultural Heritage

**Abstract**: The amendment and improvement of the legal system of intangible cultural heritage has always been the focus of academia. The current domestic research on the legal system of intangible cultural heritage focuses on two levels: one is the improvement of the legal system of intangible cultural heritage at the macro level; the other is the improvement of the specific legal regulations at the micro level. From the first level, it includes the improvement of the public law system of intangible cultural heritage, the improvement of the private law system of intangible cultural heritage, and the legislative coordination of the legal system of intangible cultural heritage. From the second level, it covers the protection subjects of intangible cultural heritage, the identification of representative items, inheritance and dissemination, classified protection, development and utilization. This paper summarizes the research status of the legal system of intangible cultural heritage in domestic academia, and points out the deficiencies of the research.

**Keywords**: *Intangible Cultural Heritage Law*; Theoretical Research of Legal System; Protection of Intangible Cultural Heritage

**Abstract**: Traditional medicine is an important part of intangible cultural heritage. In legal practices, there are many cases where the professional qualifications of traditional medicine inheritors conflict with those of criminal law. In order to protect the knowledge of traditional medicine, this article puts forward relevant suggestions on perfecting the legal system of traditional medicine intangible cultural heritage by

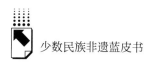
analyzing two crimes and six cases involving the crime of producing and selling counterfeit medicines and the crime of illegal practice of medicine. The suggestions lie in three aspects: improving the evaluation procedure of traditional medicine intangible cultural heritage project, traditional medicine patent protection system and medical practice qualification system.

**Keywords**: Traditional Medicine; Intangible Cultural Heritage; Criminal Law; Patent Protection; Qualifications

# Ⅶ  Key Events

# 皮 书

## 智库报告的主要形式
## 同一主题智库报告的聚合

### ❖ 皮书定义 ❖

皮书是对中国与世界发展状况和热点问题进行年度监测，以专业的角度、专家的视野和实证研究方法，针对某一领域或区域现状与发展态势展开分析和预测，具备前沿性、原创性、实证性、连续性、时效性等特点的公开出版物，由一系列权威研究报告组成。

### ❖ 皮书作者 ❖

皮书系列报告作者以国内外一流研究机构、知名高校等重点智库的研究人员为主，多为相关领域一流专家学者，他们的观点代表了当下学界对中国与世界的现实和未来最高水平的解读与分析。截至2021年，皮书研创机构有近千家，报告作者累计超过7万人。

### ❖ 皮书荣誉 ❖

皮书系列已成为社会科学文献出版社的著名图书品牌和中国社会科学院的知名学术品牌。2016年皮书系列正式列入"十三五"国家重点出版规划项目；2013~2021年，重点皮书列入中国社会科学院承担的国家哲学社会科学创新工程项目。

# 中国皮书网

（网址：www.pishu.cn）

发布皮书研创资讯，传播皮书精彩内容
引领皮书出版潮流，打造皮书服务平台

## 栏目设置

### ◆关于皮书
何谓皮书、皮书分类、皮书大事记、
皮书荣誉、皮书出版第一人、皮书编辑部

### ◆最新资讯
通知公告、新闻动态、媒体聚焦、
网站专题、视频直播、下载专区

### ◆皮书研创
皮书规范、皮书选题、皮书出版、
皮书研究、研创团队

### ◆皮书评奖评价
指标体系、皮书评价、皮书评奖

### ◆皮书研究院理事会
理事会章程、理事单位、个人理事、高级
研究员、理事会秘书处、入会指南

### ◆互动专区
皮书说、社科数托邦、皮书微博、留言板

## 所获荣誉

◆ 2008 年、2011 年、2014 年，中国皮书
网均在全国新闻出版业网站荣誉评选中
获得"最具商业价值网站"称号；
◆ 2012 年,获得"出版业网站百强"称号。

## 网库合一

2014年，中国皮书网与皮书数据库端口
合一，实现资源共享。

中国皮书网

**权威报告·一手数据·特色资源**

# 皮书数据库
## ANNUAL REPORT(YEARBOOK)
## DATABASE

## 分析解读当下中国发展变迁的高端智库平台

### 所获荣誉

● 2019年，入围国家新闻出版署数字出版精品遴选推荐计划项目

● 2016年，入选"'十三五'国家重点电子出版物出版规划骨干工程"

● 2015年，荣获"搜索中国正能量 点赞2015""创新中国科技创新奖"

● 2013年，荣获"中国出版政府奖·网络出版物奖"提名奖

● 连续多年荣获中国数字出版博览会"数字出版·优秀品牌"奖

### 成为会员

通过网址www.pishu.com.cn访问皮书数据库网站或下载皮书数据库APP，进行手机号码验证或邮箱验证即可成为皮书数据库会员。

### 会员福利

● 已注册用户购书后可免费获赠100元皮书数据库充值卡。刮开充值卡涂层获取充值密码，登录并进入"会员中心"—"在线充值"—"充值卡充值"，充值成功即可购买和查看数据库内容。

● 会员福利最终解释权归社会科学文献出版社所有。

数据库服务热线：400-008-6695
数据库服务QQ：2475522410
数据库服务邮箱：database@ssap.cn
图书销售热线：010-59367070/7028
图书服务QQ：1265056568
图书服务邮箱：duzhe@ssap.cn

社会科学文献出版社 皮书系列
SOCIAL SCIENCES ACADEMIC PRESS (CHINA)
卡号：454892595115
密码：

## 基本子库 SUB DATABASE

**中国社会发展数据库**（下设 12 个子库）

整合国内外中国社会发展研究成果，汇聚独家统计数据、深度分析报告，涉及社会、人口、政治、教育、法律等 12 个领域，为了解中国社会发展动态、跟踪社会核心热点、分析社会发展趋势提供一站式资源搜索和数据服务。

**中国经济发展数据库**（下设 12 个子库）

围绕国内外中国经济发展主题研究报告、学术资讯、基础数据等资料构建，内容涵盖宏观经济、农业经济、工业经济、产业经济等 12 个重点经济领域，为实时掌控经济运行态势、把握经济发展规律、洞察经济形势、进行经济决策提供参考和依据。

**中国行业发展数据库**（下设 17 个子库）

以中国国民经济行业分类为依据，覆盖金融业、旅游、医疗卫生、交通运输、能源矿产等 100 多个行业，跟踪分析国民经济相关行业市场运行状况和政策导向，汇集行业发展前沿资讯，为投资、从业及各种经济决策提供理论基础和实践指导。

**中国区域发展数据库**（下设 6 个子库）

对中国特定区域内的经济、社会、文化等领域现状与发展情况进行深度分析和预测，研究层级至县及县以下行政区，涉及省份、区域经济体、城市、农村等不同维度，为地方经济社会宏观态势研究、发展经验研究、案例分析提供数据服务。

**中国文化传媒数据库**（下设 18 个子库）

汇聚文化传媒领域专家观点、热点资讯，梳理国内外中国文化发展相关学术研究成果、一手统计数据，涵盖文化产业、新闻传播、电影娱乐、文学艺术、群众文化等 18 个重点研究领域。为文化传媒研究提供相关数据、研究报告和综合分析服务。

**世界经济与国际关系数据库**（下设 6 个子库）

立足"皮书系列"世界经济、国际关系相关学术资源，整合世界经济、国际政治、世界文化与科技、全球性问题、国际组织与国际法、区域研究 6 大领域研究成果，为世界经济与国际关系研究提供全方位数据分析，为决策和形势研判提供参考。

# 法律声明